대화를 위해서

TAIWANO TAMENI
TEIKOKUNO IANHU TOIU TOIWO HIRAKU

By Asano Toyomi, Kizo Ogura, Masahiko Nishi
Copyright ⓒ 2017 by Crane, Ltd.
All rights reserved.

Originally published in Japan by Crane, Ltd.
Korean Translation Copyright ⓒ 2017 by PURIWA IPARI Publishing Co.
This Korean Edition was Published by arrangement with Crane, Ltd.

対話のために

대화를 위해서

『제국의 위안부』라는 물음을 펼치다

아사노 도요미
도고 가즈히코
도노무라 마사루
나카야마 다이쇼
요모타 이누히코
구마키 쓰토무
나카가와 시게미
니시 마사히코
가노 미키요
후지이 사다카즈
구마가이 나오코
우에노 지즈코
아마에 요시히사
오구라 기조
김철

이권희 외 옮김

뿌리와
이파리

일러두기

1. 2013년 8월에 한국어판이 출간된 지 1년 3개월 후인 2014년 11월에 아사히신문출판에
   서 나온 『제국의 위안부』 일본어판은 저자가 구성을 달리하고 문장, 표현도 다듬어 "다시
   쓴" 책이지만, 이 책의 필자들이 인용하는 문장이나 표현이 실린 일본어판 쪽수는 되도록
   그곳에 해당하는 한국어판 쪽수를 밝혀두었다.

2. '위안부'의 호칭과 관련하여, 최근 학계와 시민운동에서는 '종군위안부'라는 말이 '(자발
   적으로) 군을 따라갔다'는 뉘앙스를 준다는 이유에서 주로 "일본군 '위안부'"라는 말을 쓴
   다. 이 책에서도 글쓴이가 쓴 '종군위안부'라는 표현은 특별한 경우가 아니면 "일본군 '위
   안부'"로 바꾸었음을 밝혀둔다.—편집자

머리말

2015년 12월 28일의 '한일 합의'는 '위안부 문제'의 행방을 염려하는 한일 두 나라의 시민·주민에게 일종의 의표를 찌른 일이었다. 그것은 '위안부 문제'를 둘러싼 '후퇴를 허락하지 않는다'는 의미의 '불가역적인 한 걸음'으로 간주할 수 있는 것인지, '더 이상의 전진은 있을 수 없다'는 체념에 기초한 '최소한의 타협'에 지나지 않는 것인지, 사람들은 희망과 절망 사이에서 흔들렸다.

그러나 한일 두 나라 정부가 어떤 '합의'에 이르렀다고 해도 '위안부 문제란 무엇이었는가'를 둘러싼 입장이나 국적을 초월한 '대화의 자유'가 보장되지 않는 한 진정한 의미의 '화해'는 이루어지지 않을 것이다. 예컨대 그런 식으로 생각하는 사람에게 그 '합의'가 '후퇴를 허락하지 않는 한 걸음'으로서 후속 시책을 전망할 수 있는 것이기만 하다면 나름대로 긍정적으로 평가할 수 있었을 것이다.

그런데 '합의'에 찬성하는 사람들 속에서도 반대하는 사람들 속에서도, 폭넓은 '대화의 장'이 필요하다고 주장하는 목소리는 거의 들리지 않았다. 의견이 다른 사람들은 각각 자신과 대치하는 상대가 '이야기를 들을 생각이 없다'고 단정하고, 결국은 앵무새처럼 과거의 주장만 되풀이했다.

다만 그런 가운데 『제국의 위안부』의 저자 박유하의 입장은 일관되었다. 한국에서, 그리고 일본에서 큰 화제가 된 이 책에서 다음과 같이 쓴 그녀는 '한일 합의' 후에도 자세를 무너뜨리지 않았다.

"한일 정부는 당장 이 문제의 해결을 협의할 (당사자와 지원자, 지식인을 포함한) 국민협의체를 만들어야 한다"[1]고 제안했던 박유하는 나아가 미디어의 자세에 대해 이렇게 주장했다.

> 한국과 일본의 매스컴은… 서로의 이해를 심화시킬 수 있는 기사를 써야 한다. … 한국과 일본의 지원단체에 대한 취재나 조사도 필수적일 것이다.(『제국의 위안부』 일본어판, 2014, 312쪽)

'한일 합의'가 조금이라도 박유하의 '협의체 구상'에 귀를 기울인 것이었다면 그 후에 설치된 '화해·치유 재단'은 더욱 원만하게 임무를 수행할 수 있었을 것이다. 또한 반대로, 금후의 정국 변화의 결과 설

---

[1] 이 인용문은 일본어판 312쪽에 나온다. "日韓政府はただちに、この問題の解決を話し合う協議体(当事者や支援者や識者をまじえた)を作るべきだ. そして期間を決めて(半年長くて一年)ともかく<合意>を道きだすことを約束して対話を始めるのが望ましい." 한국에서는 『제국의 위안부』가 출간된 지 8개월 후인 2014년 4월 29일 서울에서 열린 심포지엄에서 처음 밝혔다. "양국 정부는 위안부 문제 해결을 위해 정부 당국자, 위안부 당사자 대표, 지원단체, 관련 전문가 등으로 구성되는 협의체를 만들고, 합의 도출을 전제로 기간을 정해 문제 해결을 위한 실질적 논의를 하여야 한다. 그 과정과 협의 내용은 공개하여 양 국민의 공감을 얻을 수 있도록 한다."(동아시아 미래를 생각하는 사람들 주최 심포지엄 〈위안부 문제, 제3의 목소리〉 자료집 중 「제언」에서)-편집자

령 '한일 합의'가 철회된다고 해도 '협의체 구상'은 더욱 심도 있는 다음 '합의'를 위한 기초를 구축할 것이다.

이 책은 박유하가 『제국의 위안부』에서 제기한 '협의체'의 도마 위에 올려야 할 여러 문제를 '논쟁'의 형식이 아니라 어디까지나 '대화'를 위한 소재로 제시하는 것이다.

◆

지금에 와서 생각하면 거짓말 같지만, 『제국의 위안부』는 한국어판이 간행(2013년 8월)되고 열 달이 지날 때까지 한국에서도 비교적 호의적으로 받아들여졌다. 그러나 2014년 6월에 민사상, 형사상의 고소와 '판매 금지' 등의 가처분신청이 이루어진 뒤로, 이 책은 활발한 '대화'를 촉진하기는커녕 '명예훼손'을 포함하고 있는지 여부, 즉 흑인가 백인가 하는 평가를 다투는 논쟁의 도구가 되기에 이르렀다.

그리고 그러한 가운데 아사히신문출판사에서 이 책의 일본어판이 간행(2014년 11월)되자마자 이를 높이 평가하는 논자와 매스컴, 그런 정황을 (일본) 지식인이 '타락(頹廢)'한 증거로 간주하는 진영이 정면으로 대립하여 한국에서도 일본에서도 이 책은 '후미에'(踏み絵: 일본의 에도 시대에 막부가 금지령을 내렸던 기독교의 신자를 색출하기 위해, 십자가에 못 박힌 예수나 성모 마리아가 새겨진 목재 또는 금속 성화판을 밟고 지나가게 한 일-옮긴이)와 같은 상징이 되기에 이르렀다. 박유하가 제기하는 '협의체'의 장에서는 지식인의 한 의견으로서 다른 의견과 대등하게 부딪치는 데에 지나지 않았을 주장이 홀로 '심판'의 장으로 끌려나오게 된 것이다.

더군다나 한국에서의 재판과 일본을 중심으로 한 이 책의 평가를 둘러싼 논쟁이 연동하는 듯한 양상을 드러내게 되어, 이 책에 대한 '비판'은 그대로 '명예훼손'을 주장하는 원고 측을 엄호하는 것으로 그 위치가 변경되고 말았다.

이런 사태를 우려한 도노무라 마사루外村大는 2016년 3월 연구모임〈'위안부 문제'에 어떻게 대응할 것인가─박유하의 논저와 그 평가를 소재로「慰安婦問題」にどう向き合うか ─朴裕河氏の論著とその評価を素材に〉를 기획했는데(3·28집회), 거기서는『제국의 위안부』를 어디까지나 '대화'의 실마리로 삼는 일에 전력을 기울였다. 하지만 거기에서도 '도그마'(『제국의 위안부』에 나오는 말을 쓴다면 '정의의 독점', 308쪽, 한국어판 308쪽)에 매달리려는『제국의 위안부』비판의 목소리는 상상 이상으로 완고하여 '대화'다운 '대화'가 이루어지지 않았다. 이 책의 저자인 박유하를 일본에 초대하는 선택지를 배제하면서까지 참석자들이 흉금을 털어놓는 '대화'를 기대하며 임했는데도 그 자리를 '결석재판'으로 바꾸려는 발언자가 적지 않았던 것은 안타까운 일이었다.

이 모임에 관해서는 당일의 발언이나 사전에 제출된 자료, 참관기 등이 인터넷에 공개되어 있으니 관심이 있는 분은 참고했으면 한다(〈'위안부 문제'에 어떻게 대응할 것인가「慰安婦問題」にどう向き合うか〉로 검색할 수 있다).

◆

이러한 가운데, 사태는 원고 측에서 당초 지적했던, 지원단체에 대한 비판을 포함하여 명예훼손이 의심된다는 109곳 중에서 가처분신청 담당 재판부의 '일부 인용' 결정을 거쳐 결과적으로 34군데를 어쩔 수 없이 복자로 한 '제2판 34곳 삭제판'『제국의 위안부』의 간행(2015년 6월), 민사소송 1심의 손해배상 판결(2016년 1월, 그 후 항소), 형사재판 1심의 무죄 판결(2017년 1월, 검찰 측 항소)로 이어졌고, 2015년 12월의 '한일 합의' 역시 그 행방이 불확실한 상황이다.

이 책의 엮은이 세 사람은 '도그마'에 '도그마'로 대항하는 우를 범하지 않고 어떻게든 이 교착상태를 해소하기 위한 실마리를 제공할 수 있는 문제제기를 하고 싶은 마음에서 지난해 6월 이 논문집을 기획했고, 최종적으로 15명에게서 원고를 받았다.

사실 이 책의 간행을 형사소송 판결에 맞추고 싶었다. 하지만 박유하의 법정싸움은 아직 끝나지 않았고, 무엇보다 '대화'에 관해서 말하자면 여전히 그 땅고르기 작업조차 시작되었다고 말하기 힘든 형편이다. 그러나『제국의 위안부』는 역사인식의 흑백을 묻는 책이 아니라 어떤 쟁점도 '대화'로 대처해야 한다는 가르침을, 거기서 물어야 할 구체적인 개념을 제시함으로써 보여준 책이다. 이 책 역시『제국의 위안부』가 제창한 한일의 경계를 넘어선 '대화'를 위해 논점을 정리하려고 시도한 것이다. '심판의 시간'이 아니라 '대화의 시간'을 의미 있게 보내고 싶다고 생각하는, 한 사람이라도 더 많은 독자가『제국의 위안부』와 함께 이 책을 읽어준다면 다행이겠다.

◆

또한 이 책에 수록한 김철의 논고는 형사 기소가 이루어지기 직전인 2015년 10월, 리쓰메이칸立命館대학 국제언어문화연구소가 주최

한〈한일 기획 한일의 경계를 넘어 — 제국 일본을 대하는 방법④日韓企畫 日韓の境界を越えて—帝国日本への対し方④〉에 발제자로 초청되었을 때 강연한 원고이다. 그날 김철 외에 아사노 도요미淺野豊美, 오구라 기조小倉紀藏, 박유하가 함께 참석하여 '제국 일본'이라는 괴물, 즉 현재 한국과 일본이 모두 '진정한 의미의 청산'을 이뤄내야 할 그 '괴물'과 싸우는 방법을 논의했다. 그로부터 벌써 1년 반이 흘렀다. 김철 교수는 박유하 교수와 나란히 사상이 '도그마'에 빠지는 일에 강력히 저항하는 한국문학 연구자인데, 이번에 이 책을 위해 그 원고를 흔쾌히 제공해주었다.

그리고 이 책의 간행에 즈음하여 도서출판 크레인圖書出版クレイン의 문홍수文弘樹 대표에게 진심으로 감사드린다. 책제목에 '대화'라는 한 단어를 덧붙이고 싶다는 착상은 문 대표의 아이디어이다.『제국의 위안부』를 법정투쟁이나 찬반을 둘러싼 싸움으로 매몰시키지 않고 다가올 '대화'를 위해 적극적으로 이바지하고 싶어하는 문 대표의 강한 의지를 느꼈다. 이를 마지막에 덧붙여두고 싶다.

2017년 3월 1일
엮은이를 대표하여
니시 마사히코西成彦

차례

머리말　5

제1부 역사인식의 탈국민화를 향하여

국민적 가치로부터 보편적 가치의 독립과 재융합의 길 … 아사노 도요미　15

외교관으로 눈으로 읽는 『제국의 위안부』 ……………… 도고 가즈히코　29

위안부를 둘러싼 역사 연구의 심화를 위하여 ………… 도노무라 마사루　48

왜 '수'를 묻는가? …………………………………… 나카야마 다이쇼　57

제2부 문학으로 보는 전쟁과 섹슈얼리티

더 큰 조감도를 바탕으로 …………………………… 요모타 이누히코　89
　—박유하를 변호한다

한국문학에서 본 위안부상, 그 기록의 형성 ………… 구마키 쓰토무　111

국가와 성 …………………………………………… 나카가와 시게미　143
　— 문학으로 『제국의 위안부』를 읽다

전시 성폭력과 미소지니 …………………………… 니시 마사히코　163
　—아쿠타가와 류노스케의 『덤불 속』을 읽다

제3부 페미니즘의 발판을 응시한다

'제국의 위안부'와 '제국의 어머니' ·························· 가노 미키요　185

『가라유키상』과 『제국의 위안부』 ····················· 후지이 사다카즈　206

조선인 '위안부'를 둘러싼 지배권력구조 ············· 구마가이 나오코　219

『제국의 위안부』의 탈식민지주의 ························· 우에노 지즈코　236

제4부 동아시아의 미래를 생각한다

타산지석 ··· 아마에 요시히사　253
　—타이완에서 『제국의 위안부』 문제를 생각한다

위안부 문제에서 인간과 역사 ······················· 오구라 기조　268

저항과 절망 ··· 김철　307
　—주체 없는 주체를 향하여

옮기고 나서　　　323

글쓴이·옮긴이 소개　331

제1부

———

역사인식의 탈국민화를
향하여

국민적 가치로부터
보편적 가치의 독립과
재융합의 길

아사노 도요미淺野豊美

2015년 말 위안부 문제에 대한 한일 정부 사이의 합의는 한국에서도 일본에서도 여전히, 트랜스내셔널한 운동을 해온 사람들에게 뿌리 깊은 불만을 사고 있다. 외교 실무에 종사하는 사람이 보기에는 국민감정, 안전 보장, 경제, 다양한 균형 위의 미묘한 '타협', 좋게 말하자면 '일종의 예술'로 만들어진 양국 관계의 정치적 틀이겠지만, 입장을 바꿔 보편적 가치, 또는 민족적 가치의 실현을 내세우며 운동해온 측에서 보면 그것은 부정한 야합·타협이라는 식으로 간주되고 말기 때문이다.

헌법재판소의 '위헌' 결정에 따라 한국 정부가 본격적인 교섭을 해야 하게 될 때까지의 일본 측 접근방식의 기본자세는, 이 문제에 굳이 대응하지 않음으로써 진정되기를 기다리는 것, 또는 외교와 역사 문제를 분리하고 격리하는 것이었던 것 같다. 한일 역사 공동연구가 정체된 현황은 그런 상황을 보여주는 것일 것이다.

이 글은 역사인식 문제가 어떤 과정을 거쳐 한일 외교관계의 주요 안건으로 부상했는지, 그 20여 년의 궤적을 되돌아보면서 대외관계에서의 독자적인 동향을 설명하고, 동시에 그 정체 현상을 푸는 데에 『제국의 위안부』가 갖고 있는 가능성을 평가하려는 것이다.

그러나 먼저 말해두지만, 『제국의 위안부』 때문에 한일 합의가 이루어졌다고 보는 것은 한일 교섭 자체가 한국 헌법재판소의 판단에서 시작된 것임을 볼 때 사실과 전혀 다르다. 오히려 『제국의 위안부』는 외교관계의 정체를 초래한 배경인 양국 국민감정의 악화라는 사태를 마주하면서 국민감정과 연계된 국민사·민족사의 틀에서 위안부를 둘러싼 역사를 해방시켰고, 그로써 오히려 국민이나 민족을 역사의 산물로 바라볼 수 있는 인식틀을 제공했다고 나는 생각한다.

1. 1990년대 이래의 역사인식 문제
─국민적 가치와 보편적 가치

1990년대는 전 세계 차원에서 냉전이 종결되고 중국 대륙의 천안문 사건에 이어 한국과 타이완이 민주화되는 시대였다. 전후戰後라 불렸던 시대가 오랫동안 이어지며 자민당 단독의 보수 정권이 계속되어온 일본에서도 정권이 교체되어 1995년에는 3당(자민, 사회, 사키가케)의 연립을 기반으로 한 무라야마村山 내각이 '무라야마 담화'를 발표했다. 이것이 1990년대 일본의 역사인식 문제 대응에서 정점을 이루었다는 사실은 의심할 수 없을 것이다.

제국 시대의 '부정의不正義' 문제는, 한국이 독립하고 나아가 자유나 민주적 가치관이 보장된 사회가 탄생되어가는 민주화 과정에서 당연히 어느 정도 구제책이 모색되지 않으면 안 되었다. 실제로 1990년대 초 미야자와宮澤 내각 시대에서 무라야마 내각, 그리고 하시모토橋本 내각에 이르기까지 한국사회와 화해하는 것을 목표로 진지한 대처가 이루어졌다는 사실은 기억되어야 할 것이다.

나도 예전에 전후 70년이라는 시점에서 이와나미쇼텐岩波書店에서 출판된 『시리즈 일본의 안전보장』 강좌에서 이렇게 썼다.[1] "1995년 종전기념일에 당시 무라야마 도미이치村山富市 수상이 발표한 담화, 이른바 '무라야마 담화'는 전년 8월에 있었던 '위안부' 모집이나 이동·관리에 군이 관여했다는 사실을 인정한 '고노 담화'와 함께 식민지지배 일반의 책임을 인정하고 아시아 사람들에게 '다대한 고통'을 준 일을 '통절히 반성하는' 문서로서 역사인식 문제에 중요한 의미를 가지는 '담화'였다. 그런 1990년대의 유산 위에서 현대의 전후 70년 담화를 둘러싼 논의가 전개되고 있다는 것은, 아베 수상의 2015년 4월 28일 미국 의회 연설이 무라야마 담화를 어떻게 계승하는가를 하나의 초점으로 하여 전개된 점에서도 분명할 것이다."

되풀이하게 되어 송구스럽지만 독자의 편의를 위해 그 내용의 일부를 소개하자면, 애초에 무라야마 담화는 당시 사회당과 자민당이라는 전후사에서 유래하는 각각 다른 주체성의 합작에 의한 것이었다. 사회당은 자민·사회·사키가케 3당 연립정권의 주축으로서 자위대의 존재를 승인했는데, 오랜 '비무장 중립' 노선에서 전환하는 것을 사

---

1 浅野豊美, 「第1章 歴史と安全保障問題·連環の系譜－戦後50年村山談話と戦後70年安倍総理訪米」, 木宮正史編 『シリーズ 日本の安全保障(全8巻) 第6巻 朝鮮半島と東アジア』, 岩波書店, 2015, pp.15~44.

회당이 승인하고 비무장이 아닌 노선으로 전환할 때 자민당에 요구한 대가가 바로 주변 나라들과의 '화해' 실현이었다. 애초에 '비무장 중립'이라는 목표는 주변 나라들과의 화해 실현과 같은 것이었기 때문이다.

또한 자민당도 주변국과의 '화해'를 일본의 국제공헌을 추진하기 위한 대전제로 평가하고 있었다. 1989년에 성립한 가이후海部 내각이 걸프 전쟁에 자위대를 파견하려고 힘쓴 것을 전제로 그다음 미야자와 내각은 1991년 말부터 1993년 8월 9일의 정권 교체에 이르기까지 국제교류 정책 추진의 목표로서 '과거의 역사 인식의 문제'를 '전후' 최초로 내세웠다.[2] 이는 역사에 입각한 국제교류를 추진하는 정책으로, 한국이나 중국의 경계를 풀고 깊은 신뢰를 쌓기 위해서는 역사 문제를 피해갈 수 없다는 자각에 따른 것이었다.

미야자와 수상은 취임 직후에 위안부 문제로 한일관계가 크게 흔들리는 가운데 첫 외국 방문지로 한국을 택해 노태우 대통령과 회담했을 뿐 아니라 그 직후인 1월 24일의 시정방침 연설에서 전후 처음으로 '과거의 역사 인식의 문제'를 국제협력의 문제로 제창했다. 그것은 "새로운 세계평화의 질서를 구축하는 시대가 시작"되는 가운데 "일본이 거대한 경제력과 그것을 배경으로 하는 영향력"에 어울리는 '책임과 역할'을 다하기 위한 전제이기도 했다.[3]

---

2 사실 역사인식, 또는 역사와 관계된 국민감정 문제가 외교의 과제가 된 것은 전후가 처음은 아니다. 1935년 전후의 중일관계는 참으로 국민감정을 어떻게 연착륙시킬 것인가 하는 과제와 씨름하고 있었다. 이와 관련해서는 별도의 원고를 준비하고 있다.

3 "아시아·태평양 지역 사람들은 과거 한 시기 우리나라의 행위로 견디기 힘든 괴로움과 슬픔을 겪었습니다."(「미야자와 수상 소신 표명 연설」, 중의원 본회의, 1992년 1월 24일)

사회당과 자민당의 합작으로 무라야마 담화가 탄생하게 된 정치적 배경은 주변 나라들과의 국민적 화해의 필요성이 민주화와 함께 생겨 났다는 것, 그때까지 만들어진 '국교 정상화'의 틀이 민주화 이후의 동 아시아에서는 충분히 기능할 수 없게 되었다는 것을 상징하는 것이 다. 동시에 이 담화에 기초하여 민관협력기관으로 설치된 아시아여성 기금은 이런 민주화와 냉전 종결의 물결 속에서 전후 일본이 국민적 사 죄를 토대로 하여 주체적으로 대응하려고 한 상징이라고 할 수 있다.

2. 교착화의 위상—새로운 보편적 가치와 국민적 가치

하지만 이런 접근에 대항한 일부 시민운동이 취한 전략은 국경을 초 월한 연대를 기초로 '여성의 존엄'이라는 보편적 가치에 호소하며 제 국을 계승한 일본 국가의 '법적 책임'을 인정하게 하고, 그것으로 한국 의 민족적 비원을 달성함으로써 성평등이라는 새로운 가치를 확대하 려고 한 것이라고 할 수 있다.

그 배경에는 한국어로 '과거 청산'이라 번역되고 일본어로는 '이행 기 정의移行期正義'로 번역되는 이론의 융성이 있었다.[4] 민주화 과정에 서 언론의 자유가 보장되자 그때까지 오랜 권위주의 체제하에서 목소 리를 낼 수 없었던 피해자들이 예전에 유린당한 자신들의 정의를 회 복하기 위해 목소리를 내고 진상 규명과 명예 회복을 요구하는 현상 을 일반적으로 '이행기 정의transitional justice'의 문제로 본다. 이는

---

[4]   梅森直之・八尾祥平,「東アジアを徘徊する歴史という怪物」, 早稲田大学アジア研究機構編,
       『ワセダアジアレビュー』第15号(特集・歴史的和解と移行期正義).

사회가 피해자의 요구에 어떻게 대처해나갈 것인가 하는 규범적인 이론의 전개로 이어졌다. 동아시아에서 그런 이행기 정의의 문제로 다루어진 대표적 사건으로는 1948년에 제주도에서 일어난 4·3항쟁, 1980년의 광주민주항쟁, 그리고 1947년에 일어난 타이완의 2·28사건[5]을 들 수 있다.

그러나 위안부 문제를 복잡하게 만드는 것은, 이 문제가 인명 희생과 관련된 피해자의 명예 회복에 그치지 않고 성평등이라는 새로운 가치를 보급시키며 피해자의 명예를 회복시키려는 성격, 즉 정의의 창조적 회복이라는 성격을 갖고 있다는 점이다. 즉, 귀국한 생존 피해자가 전후의 사회에서도 주변적 위치에 놓인 원인으로서, 가부장제하에서 여성의 존엄이 유린당한 문제를 다루지 않을 수 없는 것이다.

또한 그와 관련된 두 번째 복잡한 요소는 위안부가 실제로 어느 정도 살아서 귀환했는지에 대한 자료가 부족하고 단편적이기 때문에 역사학적 실증 연구 방법의 한계가 문제가 되고, 그에 따라 피해자의 기억과 실증적 자료를 어떻게 평가할 것인가 하는 문제가 제기된다는 점이다.

그리고 세 번째로 문제를 복잡하게 만드는 요인은, 제국 시대의 '부정의'에 맞선 보편적 정의가 민족적 가치와 떼어놓기 힘들 만큼 결합해 있다는 점이다. 오히려 의식적으로 결합시키는 작업을 통해 성평등에 기초한 여성의 존엄이라는 새로운 가치를 사회적으로 승인할 것이 요구되었던 것이다. 이런 점에서 위안부 문제는 그저 생명의 훼손

5　1947년 2월 28일 타이완의 타이페이臺北에서 발생하고 그 후 타이완 전역으로 확대된, 중국 국민당 정권(外省人)의 장기적인 민중(內省人) 탄압의 방아쇠가 된 사건. 이 사건으로 희생된 사람은 3만여 명에 이르는 것으로 추산된다.-옮긴이

이라는, 이미 그 양태가 뚜렷이 드러난 인권 유린 문제와는 다르다.

　바로 이 세 번째 성격 때문에 제국 시대의 '부정의'가 남긴 이행기 정의의 과제는 제국으로부터 독립한 국민과 그것을 계승한 국민, 굳이 제3자적으로 관찰하자면 '분열'된 다른 국민 상호간의 내셔널리즘 공방으로 흡수되어버렸다고 할 수 있다. 말하자면 이런 상황에 대한 신중한 배려 없이 보편적 정의를 강조하면 할수록 사태는 점점 더 국민감정의 충돌이라는 위상을 심화시킨다. 그것은 최근의 상황에서 분명히 드러난다. 근본적으로 양립할 수 없는 민족적 가치의 충돌에 의해 본래 보편적 정의 · 인권 · 여성의 존엄 · 성평등이어야 할 문제가 더더욱 각자가 믿는 보편성으로 떠받쳐지는 국민감정의 공방 속으로 매몰되어버린 것이다.

　이러한 매몰 양상은 외교 당국에서도 시민운동가에게서도 이따금 보이는 인식론적 문제와도 결부되어 있는 것으로 생각된다. 무엇이 보편적 정의의 실현인지에 관해 상대가 보는 실현과 이쪽에서 보는 실현은 같은 모습이 아니다. 결국 양쪽 다, 상대는 민족적 가치를 기반으로 하면서 보편적 가치를 '방패막이'나 '구실'로 이용하고 있을 뿐이라는 비판을 주고받는 상태가 되어버린다. 그 지점에서 상호 불신이 생겨나고 커져간다. 물론 양쪽 내부에 약간의 이질적인 찬동자가 생겨나지만, 그런 이들은 화해를 향한 매개자가 되지 못하고 오히려 국민 여론 앞에서 '민족의 배신자'라는 비판을 받게 된다. 또한 국내 정치의 맥락에서 역사 문제는 재빠르게 인기를 모으는 데에 알맞은 수단이 되기 십상이다.

　또한 이런 민족적 가치와 보편적 가치의 융합을 어떤 의미에서 재촉하는 것은, 민족의 주체성, 자주성을 일본이 손상했다는 경험이 종전 이후 일본의 역사학이나 지역 연구의 출발점이 되어, '(한국)민족주의에 문제가 있어도 일본인에게는 지적할 자격이 없다'고 하는 심리, 혹은 그것에 반발해 1990년대 이후에 일본의 민족주의가 대두했다는 사정인 것으로 보인다. 지금은 제국 시대의 '부정의'가 각 국민 내부의 '부정의'와는 다르다는 사실을 깨닫지 못한 채로, 제국에서 독립한 국민과 제국을 계승한 국민이 각각 근본적으로 다른 기억을 갖고 있는 상태에서 제국 시대의 '부정의'를 앞에 두고 여성의 존엄이나 인권이라는 보편적 가치를 둘러싸고 논쟁하는 상태이고, 논쟁을 하면 할수록 그런 보편적 가치는 더욱더 강고하게 국민적 가치와 결부되는 경향을 강화하는 것으로도 보인다. 그 결과가 바로 지금 우리가 직면하고 있는 국민 상호간의 민족주의 공방이라는 현실이다.

3. 『제국의 위안부』의 위치

이러한 현실과 담론 상황 속에서 『제국의 위안부』(2013, 일본어판은 2014)는 어떤 위치에 있는 것일까. 한마디로 말하자면 나는, 작금의 국민적 가치에 종속된 보편적 가치를 독립시키고, 그리하여 진정으로 자립한 보편적 가치를 축으로 한 국민적 가치들의 대화를 회복시킬 가능성을 여는 책이라고 생각한다. '간단하고 알기 쉬운' 국민적 가치에 실질적으로 봉사하는 보편적 가치가 아니라 보편적 가치 자체를 역사의 맥락 안에서 추구하기 위한 담론의 문을 연 것이 바로 『제국의 위안부』인 것이다(그것은 이 책에 수록된 구마가이 나오코와 우에노 지즈코의 논문을 읽으면 더욱 명확해질 것이다).

요컨대 '제국 시대의 부정의'를 국민사와 결합시키고 국민사를 작동시키기 위해 보편적 가치를 이용하는 것이 아니라, '보편적 가치'가 때로는 국민적 가치에 편입되어 이용되는 것을 경계하면서도 국민사의 사각지대가 된 젠더와 계급 문제를 조명함으로써 여성의 존엄, 나아가 인간의 존엄을 추구한 것이 바로 『제국의 위안부』의 담론이라고 나는 생각한다.

내가 이렇게 생각하는 데에 커다란 계기가 된 것은, 2016년 3월 28일 도쿄대학 고마바駒場캠퍼스에서 열린 대화모임에 참가한 일이었다. 그것은 박유하가 쓴 『제국의 위안부』의 의의를 인정하는 측과 인정하지 않는 측의 대화모임이었다. 결국 대화라기보다는 그때까지 각자가 품고 있던 생각을 되풀이할 뿐인 선전장이 되는 유감스러운 결과로 끝났지만, 거기에서 중요한 초점이 된 것은 복수의 민족사회를 끌어안은 제국이라는 국가 안에서 '구조적 강제'가 이루어졌다는 저자의 틀이었다.

국민국가를 기반으로 하는 일국사一國史적 이해에서는, 억압한 측 국민과 저항한 측 국민이라는 이분법이 근대사 모든 사건의 전제가 된다. 그러나 내가 보기에 이 책은 민족주의만으로는 이해할 수 없는 제국의 사회구조에 초점을 맞추고, 거기에서 가부장제나 계급 문제와 관련시켜 민족주의 자체를 역사 속에서 대상화하려는 것이었다. 그런 방식, 과거 속에 잠겨 있는, 아직 보지 못한 무엇인가를 건져내는 작업이야말로 역사의 작업이라고 나는 생각한다. 당시 가족에게도 동포에게도 배신당했다는 점에서 위안부의 고뇌를 민족주의 사관보다 『제국의 위안부』가 더 깊이 그려냈다는 니시 마사히코西成彦의 말은, 나도 모르게 귀가 번쩍 뜨이는 지적이었다.

그러나 이 책의 의의를 인정하려고 하지 않는 이른바 '반대파'의 기조가 된 것은 일본 정부의 책임을 면죄하고 있는가 아닌가 하는 '알기 쉽고 단순한' 관심이었다. 그것은 일본 국가의 법적 책임이라는 말을 마치 '후미에'처럼 깔아두고 그것을 밟는지 여부만을 주시하는 시선이다. 민족주의를 작동시키는 의식에 참가하는 동료인가 아닌가에만 집중하는 시선조차 느껴졌다. 논의는 맞물리지 않았고 무슨 논의를 했는지조차 제대로 전달되지 않은 채 시끄러운 가운데 대화의 가능성이 사라져간 것은 안타까운 일이었다.

실제로 『제국의 위안부』에는 조선 측에서 동원된 위안부만이 아니라 일본 측에서 징병으로 동원된 가난한 농촌 출신의 병사, 전에 게이샤였다가 위안부가 된 일본인 여성들도 등장한다. 조선인 위안부의 병사兵舍 생활은 이런 사람들에 둘러싸여 이루어졌다. 게다가 농촌 출신의 '일본인' 병사의 묘에 꽃을 바치는 위안부의 모습은 소박하게 일본인의 국민감정에 호소하여 조선인 위안부에 대한 관심을 환기하는 것으로 보였다. 그러나 비판하는 사람들은 이런 담론이 바로 일본을 면죄하고 '남성이 좋아하는 역사관'에 알랑거리는 짓이라며 규탄 대상으로 삼았다.

『제국의 위안부』는, '제국 시대의 부정의'의 궁극적 책임은 당시 일본 정부에 있다고 하면서, 만약 오늘날에도 여전히 '법적 책임'을 물어야 한다면 가부장이나 업자라는 사회적 존재의 '법적 책임'도 물어야 한다고 말했을 뿐이다. 요컨대 뒤집어 말하자면, 현재의 일본 정부가 질 수 있는 것은 정치적·도덕적, 다양한 뉘앙스를 포함한 '책임' 일반일 수밖에 없고 그 책임을 실제로 느끼고 먼저 행동하는 것은 정치가 아니라 국민 자체여야 하는 것이다. 『제국의 위안부』는 '일본을 면죄'

하는 것이 아니라 일본 국민에게 직접 호소하고 그것을 통해 정부의 책임을 환기시키려고 한 것이라고 할 수 있다.

이 책에서는 이행기 정의·과거청산에서 문제가 되는 '법적 책임'을 재판에서 물음으로써 피해자의 존엄을 구제한다는 방식은 피해자를 초점으로 한 서로의 민족주의적 가치관의 대립을 유발한다는 것도 경고하고 있다. 역사적 실체에서 보면 조선 사회의 주변적인 위치에 놓인 소녀들을 동원하는 것은 '가부장'이나 '취업 사기'를 행한 업자들, 그것을 묵인한 사람들이 있었기에 비로소 가능했다. 그런 구조가 현재의 한국사회에 여전히 계속되고 있는데도 모든 것을 현재의 일본 정부의 '법적 책임'으로 돌려버리면, 청구권 교섭에서 상쇄되었을 한국에 있는 일본 자산 등의 다른 법적 '망령'이 되살아나 무엇이 법적 청구권인가를 둘러싸고 사태를 수습할 수 없게 될 것이라는 건 분명하다.[6]

오히려 이 책은 정치적·도의적·다양한 '책임'을 일본 정부가 인정한 상태에서 과거의 모든 관계를 끈기 있게 '복원'할 필요가 있다고 주장한다. 또한 그것을 위해서도 『제국의 위안부』는 보편적 가치를 어느 한쪽에만 이용되는 존재로 두는 것이 아니라 독립된, 실로 보편적 가치로 삼기 위한 틀을 모색한 것이라고 할 수도 있다.

거듭 말하지만, 보편적 가치가 때로 국민적 가치와 융합해버리는 점이 내셔널리즘의 상호 충돌을 불러일으킨다는 사실을 자각할 필요가 있다. 문제는 제국 시대의 '부정의'가 한 나라 안에서 벌어진 민주화 이전의 '부정의'와는 다른 성격을 갖는다는 데에 있다. 제주도

---

6 그 상세한 사정에 대해서는 '주 1'을 참조할 것.

4·3항쟁이나 5·18광주민주항쟁이라는 국내 부정의의 진상 규명이나 피해자의 명예 회복조차 국내에서 상당한 알력과 긴장을 낳았다. 하물며 제국 시대의 '부정의'에는 제국으로부터 독립한 국민과 그것을 계승한 국민, 굳이 말하자면 '분열'된 국민 상호간 국민적 가치의 상극, 즉 내셔널리즘의 공방이라는 현상도 얽히게 된다. 인간의 존엄이라는 보편적 가치의 문제가 민족주의로 매몰되거나 국민적 가치로 받아들여져 이용되는 현상을 자각해야 국민적 화해의 기반 위에 각 국민으로서의 통합이 양국 민간의 화해(굳이 말하자면 '반성'과 '용서'로 이야기되는, 새로운 관계 구축에 대한 집합적 의사의 공유라고 나는 정의하고 싶다)와 모순되지 않고 오히려 보편적 가치를 매개로 하면서 지역적인 통합으로 자연스럽게 향하게 되지 않을까. 그런 가능성을 나 자신이 화해학和解學의 탐구라는 형태로 계속 찾아나가고 싶다.

박유하의 문제제기는 구축주의constructivism적 입장에서 민족적 가치 대립이라는 악순환을 그치게 하기 위한 담론틀을 '구축'하는 데에 있었던 것으로도 보인다. 요컨대 한국 내부에서도 일본 사회 내부에서도 자국의 민족주의에 비판적인 입장을 유지하면서, 상호관계의 복원을 전제로 한 국민적 화해의 바탕 위에 '제국 시대의 부정의'의 회복을 모색했던 것이다. 제국주의에 대한 반성을 전제로 하면서도 민족주의에는 편들지 않는다. 위안부가 되지 않을 수 없었던 당시 여성들을 둘러싼 사회구조를 분석하고 그것을 제국이라는 국가와 그것이 일으킨 전쟁이라는 상황과 관련시켜 심도 있게 논한 점이 이 책의 신선함이라고 나는 생각한다. 각각의 민족주의가 '반일'이나 '혐한'으로부터 재생산되는 담론구조에 도전한 문학적 역사 연구라고도 할 수 있을 것이다.

이 책을 둘러싼 비판이 이제까지의 민족사관을 자각하지 않은 채 세세한 주제를 자료를 통해 파고드는 데에 주안점을 둔 실증주의적 분석방법을 취하지 않았다는 점에만 집중한 것은 유감이었다. '책에서 근거로 삼은 사실이 잘못된 것이라 논의할 가치가 없다'는 취지의 발언이 나왔는데, 사실로부터 담론틀이 귀납적으로 생겨나는 것이 아니라 연역적인 틀이 먼저 존재하고 그것에 대응하는 사실이 수집되며 동시에 사실이 나오지 않을 때는 가설이 수정되는 것은 역사학의 상식이다.

현대에 요구되는 것은 새로운 연역적 틀에 의한 역사의 공유라고 생각한다. 그것이야말로 동아시아의 지역사라 부를 수 있을지도 모른다. 그것은 민족주의나 그것이 낳은 국민감정 자체를 역사가 낳은 것으로 대상화하고 설명할 수 있는 것이다. 그리고 그것을 통해 역설적으로 보편적 가치와 민족적 가치의 독특한 결부가 타국민에게도 설득력 있는 형태로 제시되고 설득력을 갖고 서로에게 받아들여지는 새로운 역사 틀의 '구축'으로 나아가는 힘을 주는 것이다.

그렇게 시간을 들인 지역사의 구축 과정—그것은 국민이라는 집단 자체가 기억을 기초로 만들어져온 과정 자체를 논할 수 있는 이야기를 수반하는 것이 될 것이다—은 격렬한 정치적 비용을 수반하지만, 궁극적으로는 미래세대를 이롭게 할 것이다. 제국 시대의 부정의에 함께 마주함으로써 민족주의가 강화되는 것이 아니라 오히려 국민 사이의 신뢰관계가 회복되고 강화된다. 그런 형태의 새로운 단계에 함께 들어서기 위한 첫 발걸음이 문학적 탐구에 의해 떼어진 것이 아닐까 하는 생각까지 든다. 앞으로 국민이나 민족이 만들어져온 거시적인 역사틀에 대한 담론이 더욱 심화되기를 바라마지 않는다.

한국에서 신설되는 화해·치유재단이 보편적 가치로서 여성의 존엄에 마주하면서 한국이든 일본이든 새로운 세대가 각각의 국민적인 감정까지도 논의의 대상으로 삼아 구체적인 위령이나 추도 방식까지 포함한 논의를 할 수 있는 장으로 운영될 수는 없을까, 하고 생각한다. 한국과 일본의 젊은이가 베트남, 라오스, 버마 등을 순회하며 제2차 세계대전에서부터 베트남전쟁에 걸쳐 이루어진 다양한 피해와 가해가 뒤얽힌 문제와 동시에 씨름하면서 각각 해야 할 일을 생각하는 세미나나, 그러한 세미나를 근거로 하여 위안부 할머니들과 대화하고 자신이 태어난 시대를 다시 바라볼 수 있는 가능성을 추구할 수는 없는 것일까. 그런 시도야말로 보편적 가치를 민족적 가치와 엄격하게 구별하기 위한 첫걸음이다. 외교 당국도 시민도 2015년의 '정부' 사이의 합의를 토대로 '국민' 상호의 신뢰관계를 착실히 확대해가기 위한 방책과 진지하게 마주해야 한다. 『제국의 위안부』가 불러일으킨 논쟁은 그렇게 마주하는 방식을 생각하기 위해서는 피해갈 수 없는 것이다. 두 가치를 엄격하게 구별하면서 그 긴장관계를 자각하며 재융합시킴으로써 국민 사이의 신뢰를 재구축하는 것, 그 신뢰관계 위에 보편적 가치를 함께 떠받치는 것, 그것이 앞으로의 해결을 향한 다양한 방책·담론의 기초가 될 것이다.

(번역: 송태욱)

외교관의 눈으로 읽는
『제국의 위안부』

도고 가즈히코東鄉和彦

들어가며: 역사인식 문제의 자리매김[1]

나는 34년 동안 외무성에서 근무를 했는데 이 근무기간의 반에 해당하는 17년 동안 러일관계와 북방영토 문제에 관련된 일을 했고, 2002년 퇴임 후에는 대학에서 강의와 연구의 길을 걷게 되어 그 이후로 동아시아의 영토 문제와 역사인식 문제에 관심을 가지게 된 사람이다.

따라서 이 글의 주제인 위안부 문제에 대해서도 주로 외교 문제라는 측면에 중점을 두고 생각해왔다. 외교 문제로서 생각한다는 것은 무슨 이야기인가? 그것은 이 문제가 일본 외교에서 어떤 위치를 차지

---

1 이 글, 특히 후반 부분은 『허핑턴포스트』(일본)에 실린 졸론 「위안부 합의와 제국의 위안부」(2016년 7월 19일)를 참조할 것: http://www.huffingtonpost.jp/kazuhiko-togo/agreement-of-confort-women-problem_b_11063434.html

해왔는지, 그리고 일본 외교에서 앞으로 어떻게 위치되어야 하는지에 대해 생각한다는 말이다.

그렇지만 외교 문제로서의 위안부 문제에 관해 나름의 답을 찾기 위해서는, 개별 외교 문제로서 정책의 옳고 그름을 생각하기보다는 우선 훨씬 더 넓은 시야가 필요했다. 단적으로 말하면 메이지明治 시대 이후 일본의 전쟁이 일본과 세계 속에서 어떤 의미를 가지며, 그 전쟁이 전후 일본 외교의 존재방식을 어떻게 규정해왔는지, 그리고 어떻게 규정해야 하는지 하는 문제이기도 했다. 넓은 시야로 본다면 위안부 문제는 메이지 시대 이후 일본이 싸워온 모든 국가와의 관계의 기반에 존재하는 문제라고 할 수 있다.

일본의 전쟁과 평화 문제를 넓은 시야에서 크게 생각해보는 외교 문제를, 역사적인 사건으로 열거해본다면, 패전의 결과로서의 항복―점령과 신헌법과 전쟁재판―샌프란시스코 강화조약과 구안보조약―평화조약을 체결하지 않았던 국가들과의 이후의 각 국가별 관계 정상화―이 과정에서 일본인으로서 생각해온 일본인 자신에 의한 전쟁 총괄의 문제라는 계보가 있다. 이 문제는 일본인에게는 대단히 어려운 문제이고 그 해답을 구하는 영혼의 편력은 아직도 계속되고 있다고 해야겠지만, 현 시점에서의 내 의견을 종합해보면 대략 다음과 같다.

① 도쿄 재판의 '사후법事後法으로서의 평화에 대한 죄'는 용인할 수 없다.

② 그러나 일본은 이 판결을 샌프란시스코 강화조약 11조에 따라 수용했다. 따라서 이를 국가로서 번복하는 선택지는 존재하지 않는다.

③ 바로 그렇기 때문에 일본인들은 과거의 전쟁을 정치적·도덕적

으로 어떻게 평가할지의 문제를 생각해야 한다.

④ 1995년의 무라야마 담화는 자민당과 사회당, 신당 사키가케의 연립정권이라는 특이한 정치상황에서 나온 것이기는 했지만, 일본인의 대체적인 공감대를 형성했으며, 그 후 20년간 일본 정부의 화해를 위한 대화를 위해 결정적으로 중요한 기반을 제공했다.

⑤ 2015년의 아베 담화도 그 기본은 무라야마 담화 이래의 일본 정부의 입장을 계승하는 것이었다.

역사인식 문제는 이상의 광범위하고도 기본적인 시각의 기반이 되는 거시적 문제와 함께, 특정한 개별 문제로서의 미시적인 문제가 존재한다. 난징南京 사변, 731부대, 징용노동자 문제, 전쟁포로 문제 등이 그런 문제들인데, 지금까지 가장 광범위하게 논의되어온 개별 문제가 위안부 문제일 것이다. (또한 언뜻 보기에는 개별 문제로 보이지만, 야스쿠니靖國 문제는 전쟁의 전체상과 그 본질이라는 관점에서 논의되어왔기 때문에 거시적 문제로 이해하는 것이 좋을 것 같다.)[2]

외교 문제로서의 위안부 문제의 경위

위안부 문제는 일본 외교에서 대충 다음과 같은 세 단계를 거치며 진행되어왔다.

(1) 제1단계는 1980년대 후반 이 문제가 '한국의 위안부 문제'로

---

2 역사인식을 '거시적 문제'와 '미시적 문제'로 나누어 생각하는 이상의 견해에 대해서는 졸론 "Japan's Historical Memory: Overcoming Polarization toward Synthesis", Tsuyoshi Hasegawa and Kazuhiko Togo edited *East Asia's Haunted Present*, Praeger Security International, 2008, pp. 59~79를 참조할 것.

서 제기된 이후부터 '아시아여성기금'이 설립되기까지의 약 10년 동안의 기간이다. 일본 정부는 처음에는 이 문제에 관여하지 않았다는 입장을 취했지만 조금씩 입장을 바꾸어, 일본 측은 미야자와 정권, 한국 측은 김영삼 정권 때에 가장 진지한 대화가 이루어졌으며, 그 결과 1993년 8월 고노 담화가 발표되기에 이르렀다. 군의 관여를 인정하고 여성들의 고통을 인정하며 사죄와 반성을 표명했던 이 담화가 이후에는 일본 정부의 기본적인 입장이 되었다. 미야자와 정권 후에 비자민당 정권의 하나로 등장한 무라야마 내각하에서 1995년 '아시아여성기금'이 설립되었고, 고노 담화의 정신을 실천하기 위해 한국뿐만 아니라 타이완, 필리핀, 인도네시아, 네덜란드를 대상으로 위안부에 대한 속죄활동을 시작했다.

(2) 제2단계는 '아시아여성기금' 활동의 개시에서 활동이 끝나는 2007년 3월까지의 12년 동안이다.[3] 아시아여성기금은 활동 대상국들과의 화해를 거의 대부분 성사시켰지만, 한국만은 예외였다. 한국에서는 정신대문제대책협의회(이하 정대협)를 중심으로 하는 시민단체가 기금의 속죄금을 민간인에게 모금한 것은 일본 정부의 책임 회피라는 비판을 제기했으며, 여론도 이와 같은 방향으로 움직였다. 결국 기금의 속죄금과 사죄를 받아들인 일곱 명의 위안부 할머니들은 격렬한 국민적 비판을 받게 되었다.

또한 정대협은 일본에 있는 지지자들과 함께 이 문제를 유엔에 제소했고, 1996년의 『쿠마라스와미 보고서Coomaraswamy Report』, 1998년의 『맥두걸 보고서McDougall Report』를 통해 위안소는 '강간

---

3 아시아여성기금의 활동은 '디지털 기념관'(www.awf.or.jp)에 기록되어 있다.

센터'이며 위안부는 '성노예'라고 인식하는 '제도적 강간파'의 견해
가 정착되게 되었다.

이 기간 동안 일본 국내에서는 이와는 완전히 정반대의 입장에서
위안부는 군이 해외 주둔 시 데리고 간 공창이라고 주장하는 '공창파'
의 견해가 확대되었다. 1997년 2월 자민당에서 결성된 '일본의 장래
와 역사교육을 생각하는 소장파 의원의 모임'과 그 모임이 발전해 만
들어진 '~의원의 모임'이 그 중심적 역할을 했다고 할 수 있다. '고노
담화파'는 '제도적 강간파'와 '공창파' 양쪽으로부터 공격을 받게 되
었다.

이 기간 동안 위안부 논의는 미국으로도 확산되었다. 특히 아시아
계 이민이 많은 캘리포니아주에서 마이크 혼다 하원의원이 하원 외교
위원회 '아시아태평양 및 환경 소위원회'에 위안부 문제에 관한 결의
안을 상정하고, 일본 정부에게 "완벽한 공식 사죄"를 요구하는 움직
임을 보이게 되었다. 2007년 3월 1일 아베 신조安倍晋三 수상이 언론
에 "협의의 강제성을 증명하는 자료는 없었다"는 발언을 한 데에 대해
"아베 수상은 위안부 문제를 부정하는 사람"이라는 비판이 매스컴에
오르내렸다. 이에 더해 6월 14일자『워싱턴 포스트』에 일본인 오피니
언 리더들이 낸 '강제연행은 없었다'라는 광고가 불에 기름을 끼얹는
결과가 되었다. 이런 과정을 거쳐 7월 30일 역사상 처음으로 미 하원
본회의가 위안부 문제에 관한 공식 사죄 요구 결의안을 채택했으며,
이러한 움직임은 같은해 가을 네덜란드, 캐나다, EU로 확대되었다.[4]

(3) 제3단계는 2007년 3월부터 2015년 12월 28일의 한일 정부 간

4　제2단계까지의 움직임은 졸저『역사와 외교歷史と外交』제2장「국가의 긍지로서의 위
　　안부 문제」(講談社現代新書, 2008, pp. 63~106)를 참조할 것.

화해 성립까지의 약 8년의 시기이다.[5] 이 기간 동안 주목할 만한 움직임은 위안부 문제가 한일 사법대결의 색채를 띠게 된 점이다. 우선 2007년 4월 27일 일본 최고재판소는 전시 중의 강제노동, 위안부 문제 등 5건의 안건에 대해, 일본이 전후 체결한 조약으로 청구권 문제가 해결되어온 것을 논거로, 5건 모두에 대해 원고(중국과 한국) 패소 판결을 내렸다. 선례구속성先例拘束性, stare decisis을 지닌 이 최고재판소 판결은, 이후 한국 위안부·시민단체가 일본 법원에 문제를 제기하더라도 승소할 가능성이 없다는 것을 보여주었다.

그 후 2011년 8월 한국 헌법재판소가 "한국 정부는 위안부들의 권리를 지키지 않고 있다"는 내용의 '위헌 결정'을 내렸다. 행정부의 책임자로서 비판을 정면으로 받을 수밖에 없었던 이명박 대통령은 2011년 12월 교토 회담에서 노다野田佳彦 수상과 타개책을 찾아내려고 했으나 실패로 끝났다. 위안부 문제가 양국 대립의 상징이라도 되듯, 2011년 12월 14일 서울 일본대사관 앞에 '소녀상'이 세워졌다.

2013년 박근혜 정권 성립과 함께 위안부 문제는 이른바 '일본의 사죄와 진정성 유무'를 판단하는 시금석과 같은 양상을 띠게 되었으며, '소녀상' 설립의 움직임은 미국에도 확산되었다. 그러면서 '소녀상'의 이미지는 사실과는 다르다는 일본인과 재미 일본인의 목소리도 나오기 시작했다. 이러한 긴장감이 조성되는 가운데 2012년 12월 제2기 아베 신조 정권이 성립된 것이다.

정권 성립 직후, 고노 담화의 수정을 시사하는 듯한 아베 수상의 발

---

5   제3단계 전반의 움직임은 졸저 『역사인식을 다시 묻는다歷史認識を問い直す』의 「재연하는 위안부 문제再燃する慰安婦問題」(角川ワンテーマ21, 2013, pp. 166~179)를, 후반의 움직임은 졸저 『위기의 외교危機の外交』의 「위안부 문제慰安婦問題」(角川新書, 2015, pp.154~164)를 참조할 것.

언에 한국과 미국의 여론은 맹렬히 반발했다. 그 후 아베 수상이 발언을 자제하면서 2013년 후반에는 사태가 일단 진정되었다. 그러나 2013년 12월 아베 수상의 야스쿠니 신사 참배에 의해 일본의 내셔널리즘의 불똥이 위안부 문제로 옮겨붙는 듯한 언론 보도가 등장했다. 오바마 정권은 사태를 우려했다. 아베 수상은 2014년 3월 다시 발언을 자제했다. 그리고 이런 아베 수상의 겸허한 태도가 헤이그에서의 박근혜·오바마·아베 3자회담의 길을 열게 된 것 같다. 돌이켜보건대 이 무렵부터 확실히 조류가 조금씩 바뀌기 시작한 것으로 보인다.

6월 20일에는 '고노 담화 실태조사'의 결과가 발표되어, '아시아여성기금'의 지원을 받은 위안부 할머니가 61명에 이른다는 등의 새로운 사실이 보도되었고, 또한 동시에 이 발표의 결과로서 담화를 수정해야 할 만큼 이상한 일이 벌어진 것은 아니라는 점이 명백해졌다. 그후 『아사히 신문』의 '반성 보도'는 있었지만 결국 큰 흐름을 바꾸지는 못했다.

2015년 4월 미국을 방문한 아베 수상은 "고노 담화를 계승하고 이를 수정하지 않는다"는 메시지를 명확히 표출했다. 일부에서는, 정대협 측도 일본이 마땅히 내놓아야 하는 메시지에 대해 좀 더 유연하게 생각한다는 보도도 나오기 시작했다.

2015년 12월 28일의 위안부 합의와 그 후

20년간의 혼란을 거치고 나서 성립된 2015년 12월 28일의 위안부 합의는 박근혜·아베 양자가 그때까지의 주장을 어느 정도 양보하고 이견을 좁힌 용기 있는 합의로서 관계자들을 놀라게 만들었다. "위안부로서 많은 고통을 겪고 심신에 걸쳐 치유하기 어려운 상처를 입은 모든 분들에 대해 마음으로부터 사죄와 반성의 마음을 표명"한다고 발표된 아베 수상의 발언은 과거에 아베 수상 자신이 비판해온 고노 담화의 문장을 직접적으로 계승하는 것이며, 일본 정부의 10억 엔 예산 출연은 정부 예산을 사용하지 않았다는 아시아여성기금에 대한 정대협의 비판에 직접 대답하는 것이었다.

한편 이번 합의에서 표명한 조치를 일본 정부가 착실히 실시한다는 것을 전제로 "이 문제가 최종적 및 불가역적으로 해결될 것임을 확인"한다는 한국 정부의 태도는 한국 내에서 제기될 수 있는 반발을 생각하면 과감한 결정이었다. 또한 정부 간에 "향후 유엔 등 국제사회에서 동 문제에 대해 상호 비난·비판을 자제"한다는 약속까지 했다.

12월 28일 합의는 한일 외교관계 전체라는 관점에서는 확실하게 의미 있는 결과를 낳았다. 이 합의 후에 핵실험과 미사일 발사를 거듭하는 북한 문제를 협의하는 한일 간의 의사소통은 그 이전과는 비교할 수 없을 만큼 긴밀해졌다. 한일 간에는 한미자유무역협정, TPP 등의 지역경제협력의 존재방식이나 사드로 상징되는 지역 안전보장 문제 등 대화를 나눔으로써 서로 이익이 되는 과제들이 많이 존재한다. 다양한 정보들을 종합해보면 위안부 합의가 이루어지고 나서 한일 간의 대화는 분명히 원활해졌다.

그러나 위안부 문제에 대해 이번 정부 간의 합의가 한일관계 전체 속에서 진정으로 뿌리를 내리게 하기 위해서는, 양국은 아직 앞으로도 먼 길을 가야 한다고 생각한다.

우선 양국 정부는 이번 합의를 성실히 실행해야 할 것이다. 10억 엔의 기금을 창설하는 것은 한국 측의 약속사항이다. 이에 대해 일본 정부가 10억 엔을 출연한다. 이는 일본 정부의 약속사항이다. 그렇다면 그 기금을 무엇을 위해 어떻게 사용할 것인가. 어디까지가 한국 측 판단만으로 실행할 수 있는 것인가, 어디까지가 일본 정부와 협의해서 결정할 수 있는 것인가. 이 원고를 집필하고 있는 시점에서 그 메커니즘이 서서히 명확해지고 있는 듯하다. 이번 합의에 이르게 된 상호 양보와 상호 존중의 정신에 기초하여 마땅한 메커니즘을 만들어 기금을 운영할 필요가 있다.

일본 쪽에서 보자면, 이번 정부 간 합의가 일본 전체 안에서 지니는 의미는 다음과 같은 것으로 보인다. 앞에 쓴 것처럼 정부 간에 약속한 것을 서로 착실히 실행해야 하는 것은 당연하지만, 문제가 이것으로 사라졌다는 것을 의미하지는 않는다. 상처를 입은 분들의 감정이 이것으로 완전히 치유되었다는 것을 의미하지도 않는다.

아베 수상이 내린 결단은 2015년 8월 14일의 '전후 70주년 담화'에서 한 말대로 "우리들의 아이들과 손자들, 그리고 그 다음세대의 아이들에게 사죄를 계속해야 하는 숙명을 짊어지지 않게" 하기 위한 행동이었다고 할 수 있을 것이다. 그러나 그것은 다시 말해 이 결단 이후 "우리 일본인들은 세대를 초월하여 과거의 역사와 정면으로 마주하고… 겸허한 마음으로 과거를 계승하고 미래로 이어나가기" 위해 무엇을 해야 하는가, 라는 아베 담화의 가장 무거운 메시지가 정면으로 표출되었음을 의미한다.[6] 이것이 일본 정부로서, 그리고 일본 국민으로서, 8·14 아베 담화와 12·28 위안부 합의에서 이끌어내야 할 기본

---

6 『아사히 신문』 2015년 12월 30일자의 졸론을 참조할 것.

적인 태도라고 생각한다.

한국은 어떨까? 현재 살아계신 위안부 할머니들의 복지를 위해 써야 하는 것은 당연하지만, 위안부 문제라고 하는, 70년 전에 끝났지만 그 이후 40년 동안 양국 간에 이야기되지 않은 문제들에 대해, 새로운 기금은 무엇을 할 것인가. 그리고, 기금을 통해 한일의 연구자들이 서로 역사와 마주하려 할 때, 아마도 가장 어려운 문제는 역사로서의 위안부 문제를 어떻게 이해하면 좋을지에 대해 한일 간에 공감대가 없다는 것이 아닐까? 이러한 가운데 향후 논의에서 쌍방이 의견의 접점을 찾을 수 있는 공통 원칙이 있다고 한다면, 그것은 '역사를 그 모든 다의성과 다양성을 포함해서 일어난 그대로의 사실로서 이해하는 것'이 아닐까? 그러나 식민지주의 시대에 관한 역사해석의 상징적인 의미가 부여되어버린 위안부 문제에서 한국과 일본이 그러한 공통이해에 도달하는 것은 대단히 어려운 과제임은 말할 것도 없다.

그러한 새로운 책임의 존재방식을 연구자들이 추구해나가는 시대의 도래를 예측이라도 하듯, 세종대 교수 박유하의 『제국의 위안부』가 출판되었다.

『제국의 위안부』의 의의

2013년 8월에 한국어판이, 그리고 2014년 11월에 일본어판이 출판된 『제국의 위안부』는 그 용기와 각오에서 일본의 수많은 독자들을 놀라게 했다.

첫 번째로, 위안부의 증언을 통해서, 생명의 위험에 노출된 가혹한 전선戰線에 있던 위안부가 전선前線에서 싸우는 병사와의 사이에 '함께 싸운다'는 이른바 '동지적' 관계에 처해 있었다는 사실을 심리적·사회적인 현상으로서 책 전반부에 생생하게 묘사하고 있다.

두 번째로, 나아가 사용된 증언에 박유하 자신이 한 인터뷰에 의거한 것은 없었고, 대부분의 증언은 정대협이 모아 엮은 방대한 양의 증언집을 꼼꼼하게 읽어가는 가운데 선택된 것들이었다. 이는 저자 자신이 밝힌 대로, 위안부의 상황을 망라하거나 전체 상황을 축소한 묘사는 아니다. 하지만 그 어떤 의미에서도 '날조'라고 할 수는 없는 내용들이었다.

세 번째로, 그렇지만 여기에서 이야기되는 위안부의 심리적·사회적 실정은 지금까지 '제도적 강간파'가 일관되게 만들어온 '일본군 또는 일본 권력에 의한 순수한 피해자'라는 위안부에 대한 고정관념을 무너뜨리는 것이었다. 조선인 위안부의 조달과 위안소 경영에 한국인 사회의 일부가 참가한 실태를 위안부들의 증언을 통해 부각시킨 것 또한 '제도적 강간파'가 만들어온 고정관념에 대한 도전이라고 할 수 있다.

네 번째로, 위안부를 지원하는 한국 내의 다양한 '운동'에 대한 박유하의 비판은 가차없다. 정대협이 초기 단계에서 정신대와 위안부를 혼동한 사실, 아시아여성기금의 진지한, 선의에서 나온 활동을 한국사회에서 차단한 일들이 기술되어 있다. 처음에는 7명, 최종적으로 61명의 위안부 할머니들이 아시아여성기금의 속죄금(償い金: 한국에서는 주로 '위로금' 또는 '보상금'으로 번역되었는데, 이를 둘러싼 전후 사정은 『제국의 위안부』179-186쪽에서 살펴볼 수 있다-옮긴이)을 받았지만, 정대협에 의해 비국민적 존재로 배제되어, 받았다는 사실을 밝힐 수 없

게 된 경위도 당연히 여기에 추가된다.[7] 지금도 '위안부' 할머니들 가운데 일부가 공동생활을 하고 있는 복지시설 '나눔의집'에 대해서도, 이곳은 "'완벽한 피해자'의 기억만이 필요한 공간이었"다고 신랄하게 비판했다.[8]

그러나 가장 날카로운 서술은 "대사관 앞 소녀상은 협력과 오욕의 기억을 당사자도 보는 이도 함께 소거해버린 '민족의 피해자'로서의 상일 뿐"[9]이라는 위안부 소녀상에 대한 엄중한 비판일 것이다.

다섯 번째로, 이 책 전체를 읽어보면, 이러한 비판이 제국이라는 구조를 만들고, 그 안에 구조적인 식민지를 만들고, 그 안에 구조적으로 한국 여성들을 끌어들인 일본 제국과 그 식민지주의에 대한 예리하고 본질적인 비판 위에 놓여 있음이 명백하다. 따라서 '공창파'에 대한 비판은 당연하지만, 동시에 이 책은 '제도적 강간파'의 논의에도 전혀 가담하고 있지 않은 것이다.

이 책이 이 문제에 관심을 가진 많은 일본인, 특히 '고노 담화파'라고도 할 수 있는 일본의 '중도 리버럴'(일본에서 '리버럴'은 '자유주의자'보다는 '보수에 대비되는 혁신' 또는 '진보/좌파'에 가까운 어감을 갖는다-편집자)의 큰 관심과 지지를 얻은 것은, 어찌 보면 당연한 일이다.

---

7 졸저『위기의 외교』159쪽을 참조할 것.

8 『제국의 위안부』145쪽(한국어판 122쪽)을 참조할 것.

9 『제국의 위안부』155쪽(한국어판 206쪽)을 참조할 것.

'제도적 강간파'의 비판에 대한 답변

그러나 이 책이 식민지 시대 역사에서 한국인들이 결코 인식하고 싶지 않을 일들, 즉 스스로가 식민통치와 일체화된 부분이 있었다는 것을, 위안부와 그 주변에 있었던 사람들이라는, 말하자면 최대성역 안에 들어가 서술하고 있는 이상, 그 성역을 만들어온 '제도적 강간파'들의 박유하에 대한 비판은 격렬해질 수밖에 없었다. 그리고 2014년 6월 '제도적 강간파'들의 지원하에 9명의 위안부 할머니들은 ① 명예훼손(형사), ② 손해배상(민사), ③ 책의 판매 금지 등의 가처분신청(민사)이라는 3건의 소송을 제기한다. 2015년 2월, ③은 박유하의 일부 패소(→항소). 같은해 11월 18일에 ①에 대해 검찰의 형사재판 기소. 2016년 1월, ②는 패소(→항소). 그 후 한동안은 ①의 명예훼손 형사재판만 진행되었다.

2015년 12월 28일 이후로, 한일 합의가 일본에 법적 책임과 범죄성을 인정하도록 하지 못했다는 이유로 전면 철회를 요구하기 시작한 정대협을 포함한 '제도적 강간파'들의 움직임은 박유하 교수에 대한 형사소추를 지지하는 운동과 병행하는 형태가 되었다. '제도적 강간파'인 일본의 이른바 좌파 논객들이 일제히 이러한 움직임을 지지하며 한국어·일본어·영어로 메시지 발신을 강화했고, 이 비판의 화살은 2015년 11월 26일 박유하의 형사소추에 항의하여 목소리를 낸 54명(필자를 포함. 이 글 집필 시점에서는 70명)[10]의 일본 및 미국 언론인과 그 밖의 이른바 '중도 리버럴'파를 향하기도 했다.[11]

---

10 http://www.ptkks.net을 참조할 것.

11 http://fightforjustice.info/?lang=ko을 참조할 것.

그러나 이 '제도적 강간파'의 움직임에 대해 다음과 같은 점을 말해둘 필요가 있다. 우선 "위안부들의 목소리를 듣지 않고 한일 정부가 마음대로 합의했다"는 비판에 대해서는, 박근혜 대통령이 2016년 1월 13일에 연 기자회견에서 "외무부는 각지에서 15차례에 걸쳐서 관련 단체나 피해자들과 만나 다양한 경로를 통하여 진정으로 무엇을 원하는지에 대해 물었다"라는 명확한 반론을 했으며, 정대협도 적어도 2015년 봄 즈음부터 명백하게 유연한 대응을 하기 시작했다는 정보가 있다는 사실이다.[12]

한편 박유하 교수의 명예훼손 소송에 대해서도, 소추 과정에서 선봉 역할을 하고 있는 나눔의집 안신권 소장은 위안부 할머니 두 분과 함께 2016년 1월 일본을 방문하여 중의원회관에서 강연을 할 때, 위안부 할머니들에게 이 책의 문제점을 설명하기 위해 "추출된 백수십 곳의 문제로 지적된 부분을 몇 번이고 낭독했다"고 말했다고 한다. 죄의 내용이 작위적으로 만들어진 '명예훼손'이라면, 한국의 언론 형성에 대해 심각한 의문을 갖지 않을 수 없다.

'제도적 강간파'와 '고노 담화파' 사이의 감정의 골은 매우 깊다.

그렇지만 이러한 대립과 견해의 차이는 역사에 대한 진지한 대치라는 입장을 공유하고 인내심 깊은 대화와 상호 이해에 대한 희구를 통해 극복해야 하는 게 아닐까.

그런 과정에서는, 법률상 범죄로서의 '명예훼손'으로 한쪽의 견해를 배제해버리는 일은 절대로 해서는 안 된다고 생각해야 하는 게 아닐까.

---

12 졸저 『위기의 외교』 160~161쪽을 참조할 것.

한국과 일본, 세계의 양식 있는 언론인들은 더욱더 마음을 기울여 박유하에 대한 법적 소송이라는 언론에 의한 폭력을 중지시키기 위해 한층 더 목소리를 높여야 하는 게 아닐까.

2016년 9월: 일본인 연구자로서의 자문자답

마지막으로 이 글을 마무리하면서 꼭 언급해두어야 하는 점이 있다. 거듭 썼듯이, 나는 위안부 문제를 일본 외교가 안고 있는 과제의 하나로 생각해왔다.

위안부 문제는 전전戰前에 일본이 어떤 전쟁을 했으며 전후 어떤 평화적인 국가를 만들어왔는가, 이를 어떻게 총괄해야 하는가 하는 '역사인식 문제'의 하나이다. 이는 바로 지금, 최선으로 간주되는 국가 구축과 대외관계는 무엇인가 하는 문제로 귀결된다. 나는 그 커다란 기초가 되는 것은 1995년의 무라야마 담화로 정착시킨 '겸허하게 과거를 되돌아본다'는 정신이라고 생각하고, 이 발상의 기초에 스즈키 다이세쓰鈴木大拙의 '일본적 영성靈性'이라는, 아마도 무라야마 수상 자신은 연결시켜 생각한 적이 없을 사상을 떠올려보았다.[13] 다행히 아베 담화는 가장 본질적인 의미에서 무라야마 담화의 연속성 위에 자리하고 있으며, 나는 역대 총리대신(수상)이 그 역사인식을 기회 있을 때마다 새로 만드는 시대는 이것으로 끝내도 되지 않을까 생각한다.

이러한 커다란 기반 위에 개별 문제로서 몇 가지 문제가 있고, 위안

---

13 졸저 『역사인식을 다시 묻는다』 134~140쪽을 참조할 것.

부 문제는 바로 그중 하나인 것이다. 나는 이 문제에 대한 많은 사람들의 의견을 '공창파', '고노 담화파', '제도적 강간파'의 셋으로 나누고, 나 자신의 위치를 '고노 담화파'로 자리매김하여 이 문제에 대해 공부하고 발언해왔다.

지금 뒤돌아보면, 2015년 12월 28일의 박근혜·아베 합의가 고노 담화 계승·발전의 선상에 위치하고 있는 것을 확인하고, 대체적으로 역사의 흐름이 내가 생각한 방향으로 가고 있는 것 같아서, 정말이지 어깨의 무거운 짐이 사라지는 듯한 안도감을 느낀다.

'고노 담화파'임을 자처하고 밝히는 것은 나 자신의 대체적인 자리매김을 명확하게 하는 것이다. 그렇지만 그 이상으로 나 자신은 '공창파'가 아니고 '제도적 강간파'도 아니라고, 구체론으로 뛰어들어 내 쪽에서부터 논의를 한 적은 없었다. 왜 그랬을까? 그 주된 이유는 외교의 언사로서의 철칙에 있다. 대화하는 사람에 따라 자기 논의의 내용과 질을 조정하지 않고는 상대의 마음을 움직일 수 없다. 상대방이 받아들일 수 있는 범위를 잘 판단해가면서 던지는 공의 속도를 조정하지 않는 한 캐치볼은 이루어지지 않는다. 아무리 속도감 있는 훌륭한 공을 던져도 상대의 포수석 밖으로 떨어져서는 어떠한 대화도 성립되지 않는다. 의미 있는 공을 던지고 싶다면 최소한 상대의 포수 미트를 벗어나지 않는 공을 던져야 할 것이다.

정부 간의 위안부 합의에 입각하여 앞으로 어떠한 발언을 해나가는 것이 최선인지에 대해 나 자신도 생각해야 할 것이다. 그러나 이러한 앞으로의 논의에 절대적으로 필요한 대화의 지평, 또는 대화의 규칙 같은 것이 있을 것이다. 그것은 문제를 하나의 이데올로기로 수렴하고 그 밖의 모든 것을 배제하는 교조주의에 빠지지 않는 것이다.

박유하는 엄연한 한국인이다. 그런 박유하가 지금 양국의 연구자들에게 가장 어려운 '일어난 일 그대로의 역사'의 다의성과 다양성을 향해, 진정으로 용기 있는 볼을 던지고 있다. 지금 그녀는, 그녀를 아는 사람에게도 모르는 사람에게도 격렬한 비판을 당하고 있다. 그러나 지금에야말로 더더욱 필요한 것은, 박유하와 같은 소수의견일지라도, 문제의 다의성·다양성을 파악하기 위해 노력하고 있는 사람을 대화의 틀 안에 위치지우고 성실한 화자로서 수용해가는 게 아닐까?

최근에도 박유하는 어느 한국통 미국인 학자로부터 "당신은 위안부의 목소리를 듣고 있습니까?"라는 격렬한 비판적 논평의 대상이 되었다. 그러나 박유하야말로 정대협이 수록한 위안부들의 목소리에 성실하고 조용하게 귀를 기울이면서 지금까지 아무도 하지 못한 제국의 조직의 최말단인 전쟁터라는 극한의 위치에 처해진 여성들의 인간으로서의 목소리를 듣고 모아 내놓은 사람이 아닌가!

그런 박유하에게 '위안부의 목소리'에 귀를 기울이는 겸허함이 없다고 비판하는 사람이야말로 오히려 가장 비정한 곳으로부터 들려오는 위안부의 목소리들을 '정치적 스테레오타입'으로 소거하려고 하는 것은 아닐까? 그렇기 때문에, 설령 기존의 역사의 이미지에서 벗어난다 하더라도 자신의 거울에 비치는 것들에 성실하게 대응하고자 하는 이들을 질식시키려고 하는 사람들에게 박유하는, 형사처벌이라는 벌까지도 받게 해야만 하는 괴물로 보일지도 모른다 .

그런 일들이 허용되어도 좋다는 것인가.

그런 일들은 이제 그만두었으면 좋겠다.

글을 마치며: 한국 정치의 격동 속에서

여기까지 글을 쓴 뒤로, 2016년 가을 한국 정치는 생각지도 못한 격동에 휩싸였다. 이러한 상황이 2015년 12월 28일의 위안부 합의 실행에 영향을 미치고, 또한 박유하 사태에도 어떤 영향을 끼칠 가능성이 없다고는 할 수 없다.

이제 여기서 언급할 필요도 없겠지만, 2016년 10월부터 최순실 게이트로 불리는, 박근혜 대통령과 그와 절친한 사이였던 최순실을 진원지로 하는 다양한 스캔들이 한국 정계를 뒤흔들었다. 이 글을 집필하는 중에, 2017년 3월 10일 헌법재판소가 박근혜 대통령 탄핵 소추안을 '인용'하는 결정을 내리고, 형사소추 문제가 어떻게 결말지어질지의 문제와 함께 5월 9일 실시되는 대통령선거의 귀추가 중대한 정치적 과제가 되고 있다.

위안부 합의가 박 대통령의 정치적 결단에 의해 이루어진 만큼 박 대통령의 권위 실추는 이 합의의 상태에 눈에 띄게 영향을 미치기 시작했다.

일본 정부는 8월 하순 한국 측과 약속한 대로 10억 엔을 한국 측이 설립한 재단에 보냈다.[14] 그러나 박근혜 퇴진운동의 고조는 위안부 합의 파기 요구의 격화와 궤를 같이하는 것처럼 보인다.

일본대사관 앞의 위안부상 철거 문제는 해결의 전망이 서지 않는 가운데, 2016년 12월 31일 부산의 일본 총영사관 앞의 위안부상 설치가 부산시 동구청에 의해 허가되었다. 이틀 전에는 일단 철거를 지시

---

14 『아사히 신문』 2016년 8월 25일자 기사 「일한외무장관회담: 전 위안부에게 100만 엔 유족 200만 엔 8.5억 엔 지급 재단지출로 합의」.

했지만 "시민들의 항의가 빗발쳐 결과적으로 굴복하고 말았다"는 것이다.[15] 또한 대통령선거에 나서는 유력 후보 다수가 위안부 합의 파기를 주장하기 시작한 것 같다. 2016년 12월 말의 보도에서도 문재인, 이재명, 안철수 등의 야당 후보들이 모두 '위안부 합의 파기'를 주장하기 시작했다고 한다.[16]

이렇게 여론이 격화되는 가운데, 2016년 12월 20일 서울동부지법에서 열린 박유하 교수 형사재판에서 검사의 구형이 떨어졌다. '징역 3년'이라는 가혹한 구형이었다. 최순실 게이트로 시작된 정치적 상황이 이 판결에 어떠한 영향을 미칠지 주목되었지만, 2017년 1월 25일 "본건 도서의 출판은 명예훼손에 해당되지 않는다"는 무죄 판결이 선고되었다.

검찰은 다음날 항소했고, 한국의 여론도 이 판결로 인하여 박유하 비판의 끈이 느슨해지지는 않았다. 금후의 사태에 대한 우려와 걱정은 사라지지 않는다. 그렇지만 이 판결 자체는 위안부 문제를 둘러싼 정치상황이 급속히 악화되는 가운데 한 줄기 시원한 바람이 되었다. 이 사건의 기소에 대한 항의성명에 최근 들어 피터 두스, 놈 촘스키, 브루스 커밍스 같은 세계적인 지식인들도 동참했다.

위안부 문제 자체에 대해서, 그리고 박유하 재판에서 겸허와 타자의 식견을 받아들이는 관용이 사태를 움직여가기를 기도할 따름이다.

(번역: 배승주)

---

15 『산케이 뉴스』 2016년 12월 31일 16:00.

16 『아사히 신문』 2016년 12월 27일자 기사 「일한합의의 그늘, 내일로 1년, 수용하는 전 위안부, 여론 여전히 반대」

위안부를 둘러싼
역사 연구의
심화를 위하여

도노무라 마사루外村大

박유하의 『제국의 위안부』는 그동안 많은 비판을 받아왔다. 그리고—
내가 역사 연구자이기 때문에 특히 신경쓰이는지도 모르지만—역사
연구자의 비판이 눈에 띈다.

이 책에는 확실히 역사적 사실에 대한 오인이나 부적절한 설명[1]이

---

1 이를테면, 일본어판 58~59쪽(한국어판 42~46쪽에 해당한다)의 여자근로정신대 설명
에서 혼란과 오류가 보인다. 여자정신대의 법적 근거가 되는 법령의 명칭은 '여자정신
대령'이 아니라 '여자정신근로령'일 뿐만 아니라, 이 법령이 나오기 전인 1943년 8월의
차관회의를 통해 법적 뒷받침이 없는 여자근로정신대 결성이 추진되었다는 것, 제도와
법, 그 강제성에 대한 설명(시·군·읍·면장과 학교장이 선발해 조직했는데, 형식상으
로는 지원이지만, 경우에 따라서는 국가총동원법 제6조에 의한 명령을 내릴 수 있기 때
문에 그것을 위반하면 벌칙이 있다는 의미에서 지원을 전제로 한 강제였다는 사실 등
등)에도 이해가 부족하다고 생각된다. 그러나 지금까지 여자정신대의 법·제도에 대해,
조선에서 시행된 상황을 포함하여, 지금까지 존재하는 오해를 정정하면서 사실로서 확
인할 수 있는 것을 정리하고 제시하는 일은 거의 이루어지지 않았다. 이러한 작업은 역
사 연구자의 임무이다. 그런 의미에서, 『제국의 위안부』에 이러한 사실 설명의 오류가
있다는 것에 대한 비판은 정당하다고 치더라도 역사 연구자의 자기반성 또한 동시에
이루어져야 한다고 생각한다.

있고 사료 비판에도 '섣부른 감'은 있다. 역사적 사실이 어떠했는지, 사료 해석의 절차에 문제가 없는지에 특히 민감한 역사 연구자가 이 책을 비판하는 데에는 충분한 이유가 있다고 할 수 있다.

이런 시각에서는, 『제국의 위안부』는 역사 연구에 "도움이 안 된다"고 평가할 수도 있을 것이다. 그리고 『제국의 위안부』에 호의적이거나 적어도 어떤 의의를 발견한 사람들 사이에서도 "애당초 박유하가 역사학자는 아니니까…" 운운하는 말이 오르내린다. 그런 얘기에도 이 책이 "역사 연구에 도움이 되는 책은 아니다"라는 인식이 깔려 있는 듯하다.

그런데, 정말로 이 책은 위안부 문제에 관한 역사 연구에 참고할 만한 가치가 없는 것일까? 나는 그렇지 않다고 생각한다.

먼저, 일반론으로 볼 때, 역사 연구를 진전시키는 사람이 반드시 고등교육에서 사료 취급에 대한 훈련을 받은 실증사학자만은 아니다. 그렇지 않은 사람들에 의한, 어느 시대의 중요한 요소를 나타낸 문장, 어느 개인이나 집단에 대한 날카로운 통찰(문자 이외의 예술작품으로도), 사실에 대한 대담한 정리 등 역사 연구에 힌트가 될 만한 것은 많을 것이다. 단지 실증적으로 결점이 눈에 띈다는 이유만으로 역사 연구에 도움이 안 되는 것은 더더욱 아니다.

그렇다면 『제국의 위안부』는 어떨까? 이 점과 관련하여 내가 주목하는 것은 박유하의 다음과 같은 주장이다. 즉, 박유하는 위안부의 증언에 대해 지금까지 "그 이야기를 듣는 이들은 자신들이 듣고 싶은 것만 가려서 들어온 셈이다. 그건 위안부 문제를 부인하는 이들이건 지원하는 이들이건 다를 바 없었다"(101쪽, 한국어판 80쪽), "이 20년은 그중에서 듣고 싶은 이야기만 취사선택해서 들어왔고 그에 바탕해 위안부에 관한 새로운 '기억'을 만들어온 세월"(101쪽, 한국어판 6쪽)이었다고 비판하고, 그것을 있는 그대로 들어야 한다고 쓰고 있다.

이와 관련하여 아라라기 신조蘭信三는 박유하의 책을 이렇게 평가한다. "'위안부'들의 다양한 이야기를 끌어내어 한국사회의 '위안부' 문제에 관한 중심모델 스토리를 상대화했다", "거시적인 규정성을 명확하게 확인하면서도 미시적인 사람들의 삶의 방식을 살피는 것", "거기에 개재된 중시적 차원mesolevel의 상황을 자세히 살피는 것이 식민지지배에 대해 생각하는 시점"으로서 중요하며, 그것에 의거하지 않으면 "식민지지배의 폭력성은 정확히 보이지 않는다는 현재의 식민지 연구에 관한 작금의 한 흐름 위에 박유하는 위치한다"[2]는 것이다. 나도 동감한다.

이것으로 충분하다고 할 수 있겠지만, 사회학 분야에서 활약하며 구술 청취 작업을 많이 해온 아라라기 신조 이외에 문헌을 바탕으로 세심한 사실史實 확인 작업만 꾸준히 해온 나 같은 연구자의 발언도 뭔가 참고가 될지도 모르기에 짧게나마 몇 마디 써두고자 한다.

무릇 역사 연구가 일정한 문제에 대한 관심이나 목적, 가설 없이 이루어지는 것은 없다. 과거= '현 시점보다 앞선 시간'에 일어난 일에 관련된 모든 사료를 수집하여 앞뒤 맥락 없이 늘어놓기만 하는 것이 얼마나 의미 없는 것인지는 너무나 명백하다. 자기의 관심사와 관련된 사료 조사를 가능한 한 폭넓게 한다고 해도, 어떤 역사의 연구나 서술,

---

2　蘭信三, 「3·28집회가 남긴 것三·二八集会の残したもの」(三·二八集会実行委員会編, 『「慰安婦問題」にどう向き合うか―朴裕河氏の論著とその評価を素材に 研究集会記録集』, 2016. (http://www.0328shuukai.net/pdf/0328shuukaikiroku.pdf)

그리고 이야기는 그것을 연구하는 자신의 문제의식이나 관심과 관련 있다고 판단한 사료만을 가지고 행한다. 요컨대 사료를 바탕으로 증명하고 싶은 것 자체가 흐릿한 것일지라도 처음부터 자신의 마음속에 정해져 있다.

다만, 거기서 어려운 것은 사료의 취사선택과 해석이다. 다양한 사료들을 조사해갈 때, 성실하게 사료 조사에 임하는 사람이라면 맨 처음에 설정한 문제의식이나 관심, 목적, 가설과는 관계가 없지만 중요한 사료와 마주할 확률이 꽤 높다. 혹은 자기가 실증하고 싶어하는 것과는 다른 사실의 기술을 포함하고 있는 사료가 나오는 경우조차 이따금 있을 것이다. 알기 쉽게 말하자면 자신의 연구에 '불편한 사료'와 마주치고 마는 경우도 가끔 있을 수 있다.

그럴 경우의 대응으로 '불편한 사료'는 무시하고 모르는 척하는 방법이 있다. 그렇게까지 노골적이지는 않더라도, 뭔가 이유를 대서 그것을 대수롭지 않은 것으로 간주하기도 한다. 또한 실제로 '불편한 사료'가 단순한 예외여서 그다지 중요시하지 않아도 되는 사례가 없는 것은 아니다.

그러나 '불편한 사료'를 무시하는 것은, 선전에서는 용서될지는 모르지만 연구의 세계에서는 있어서는 안 될 일이다. 그것은 윤리적으로 문제가 될 뿐 아니라, 연구를 심화시키는 데에 있어서 권할 만한 방책이 아니기 때문이다. 왜냐하면 '불편한 사료'와 마주하면서 생각해봄으로써 애초에 자기가 품고 있던 문제의식이나 가설의 문제점이 보이기 시작할 수도 있고, 더 나아가 자기가 관심을 갖고 있는 역사적 사상事象에 대한 시야가 넓어지고 이해가 깊어질 수 있기 때문이다.

내 개인적인 경험을 소개하면, 전시기의 조선인 노무동원(탄광, 광산, 토목공사 및 항만 하역노동 등에 배치된 남성노동자의 동원)에 대한 내 연구가 그런 식으로 전개되었다. 이 문제에 대해 공부하기 시작했을 무렵, 나 역시 인력 확보의 강제성과 현장에서 일어나는 대우의 잔혹성에 관한 실태를 해명하고 일본 국가의 책임을 증명하는 작업을 추구했던 것을 기억한다. 그렇지만 실제로 남아 있는 사료는 그러한 강제연행·강제노동, 국가의 직접적인 관여를 증명하는 유력한 증거가 되는 것만이 아니었다. 그것을 뒷받침하는 사료는 상당히 있지만, 동시대의 사료나 당사자의 회상 등에 따르면 전시에도 일본 내지에서 취업하고 싶어하는 조선인들이 있었다는 사실을 전하는 것도 있다. 또한 전쟁 말기를 제외하고, 일본 정부가 직접 명령하고 법적 강제력이 있는 징용(국가총동원법 제4조에서 말하는 징용)이 조선인 대상으로는 발동되지 않았다는 사실도 있다. 이러한 사실을 무시하거나 안이하게 예외로 처리하지 않은 것이 내 나름의 발견으로 이어졌다. 즉 조선인 노무동원이라는 역사적 사상에 대해 단순히 국가가 관여한 폭력적인 정책이라는 기존의 설명을 넘어서 몇 가지를 해명할 수 있었던 것이다.[3]

여기서 전시하의 일본군 위안부를 둘러싼 역사 연구를 보면, 상당히 명확한 문제의식을 가지고 연구가 진행되어왔다고 할 수 있을 것이다. 그것은 강제성의 증명, 거기에 일본 국가가 관여했다는 사실의 증명이 명제였다. 이 문제가 국정과 외교 문제로 인식되기 시작한 초기에 정부 관계자는 일본 국가의 관여를 부정하는 듯한 발언을 하고

---

[3] 구체적으로는 전시동원을 시행했던 시기의 조선의 노무수급상황 및 노동행정기구의 실정, 징용을 발동하지 않은 것의 의미, 발동하지 못한 조건, 근원으로 돌아가 원래 징용이란 어떤 제도인가 등이다. 관심 있는 분들은 졸저『조선인 강제연행朝鮮人强制連行』(岩波新書, 2012)을 참고하기 바란다.

있었고,[4] 그 이후에도 일부 일본인들은 위안부 제도에서 성매매의 강요나 국가 관여를 부정하는 주장을 계속해왔다. 그런 가운데 위안부의 명예 회복과 보상을 실현하기 위해서는, 일본 국가의 관여하에 강제로 위안부를 모집하고 이송하여 성매매를 강요했다는 것을 증명하는 것이 말하자면 사회적 요청으로서 중요해졌다. 위안부 문제의 역사적 해명에 임해온 역사학자들은 이 점을 강하게 의식하고 있었다.

1990년대 초반에는 위안부 제도에 관한 일본 정부의 관여를 동시대의 문서로는 증명하기 어렵다고 생각하고 있었고, 애당초 위안부에 대해 상세하게 알고 있는 역사 연구자 자체가 없었다. 그런 가운데 이 시기 이후 시민운동단체 관계자와 요시미 요시아키吉見義明를 비롯한 전문적인 역사 연구자가 중요한 사료를 발굴하여 위안부를 둘러싼 역사 연구는 큰 성과를 올렸다. 이 일은 높이 평가되어 마땅하다. 부언한다면, 그 작업은 가해의 역사와 마주하고, 사실史實에 근거하여 발언할 수 있는 공간이 좁아지고 역사수정주의자의 비판과 공격을 받는 가운데 계속되어왔다.[5] 그런 의미에서도 그동안 위안부 문제를 붙들

---

4 지금은 거의 거론되는 일도 없지만, 위안부 문제가 관심을 끌게 된 계기 중 하나로서 1990년 6월 이 문제에 대한 질문을 받은 일본 정부 관료가 국회에서 답변한 발언이 있다. 그것은 사회당 의원의 질문에 대한 노동부 직업국장의 답변인데, 구체적으로는 "종군위안부라고 불리는 존재에 대해서는, 예전에 살았던 분의 이야기 등을 종합하여 들어보면, 역시 민간업자가 그런 이들을 군과 함께하며 데리고 다녔습니다" 운운하는 내용이었다.

5 요시미 요시아키는 그 저작은 '날조'라고 비판한 일본의 보수 정치인을 상대로 명예훼손 소송을 벌이고 있다. 또한 우파 논단, 우파 시민운동가들은 신문기자였던 우에무라 다카시植村隆가 과거에 쓴 위안부 문제에 대한 기사를 놓고 그를 공격하여 퇴직 후에 일본의 대학에서 교단에 서는 것을 방해했다. 박유하를 둘러싼 한국의 재판 등에 관한 정보를 접할 때, 나는 한국에서 위안부 문제를 놓고 자유롭게 의견을 말하기가 어려운 정황이 있는 것은 아닐까 하는 우려를 갖고 있다. 동시에 일본에 있는 사람들도 자신이 속한 사회의 시민적 자유가 심각한 위기에 처해 있음을 의식하고 이에 대처해나가야 한다고 생각한다.

고 해결을 위해 애써온 시민단체 관계자, 역사 연구자에게 경의를 표한다.

하지만 그러한 현실의 요청에 의해 규정된 문제의식에 기반한 연구 속에서, 그것과는 관계없는, 바꿔 말하면 매춘 강요와 그것에 관한 국가 관여의 실증과는 직접적인 관계가 없는 사료, 언뜻 보기에 그것을 입증하는 데에 '불편한 사료'(증언을 포함하여)에 대해 생각해보는 작업은 경시되어온 건 아닐까?

이에 반해, 앞서 쓴 것처럼 박유하는 다양한 사료(증언)를 있는 그대로 받아들여 생각하려 한다. 그녀가 책에서 언급하고 있는 것은 앞에서도 쓴 바와 같이, 처음에 설정한 목적에 맞는 사료(증언)를 취사선택하는 게 아니라 '노이즈'(잡음-옮긴이)를 포함하여 그동안 무시되어온 목소리를 들어야 한다는 것이다. 거기에 착안함으로써 보이게 되는 새로운 문제에 대한 설명이 충분히 이뤄졌다고는 말할 수 없을지도 모른다.

하지만 '강제성'이나 '국가 책임'과는 직접적인 관계가 없거나, 혹은 언뜻 보기에 그것을 부정하는 증거가 될 수도 있을 듯한 사료(증언)도 똑바로 응시하는 것이 장기적인 안목에서 일본사회, 한국사회 각각의 역사 이해를 촉진하는 것으로 이어지는 게 아닐까?

그렇다 하더라도, '노이즈'를 발하는 당사자의 생각, 그것이 발화되는 문맥이나 배경 등등을 생각하는 것이 오히려 위안부 문제에 대한 더 넓고 더 깊은 고찰을 이끌어낼 가능성이 있다. 예를 들어, "우리도 완전히 군인이지"[6]라고 하는 전 위안부의 말에 대해서도, 그렇게 말한

---

6   박유하, 『제국의 위안부』, 뿌리와이파리, 2013, 6쪽. 다만 이 말은 『강제로 끌려간 조선인 위안부들 3』 246쪽에서 인용한 것으로 쓰여 있다.

배경, 문맥에 대해 (위안부가 되기 전의 인생이 어떠했는지도 포함해서) 생각하는 것은 단순히 직접적인 폭력뿐만이 아니라 경제적·심리적인 면에까지 영향을 미친 식민지지배의 상상을 초월한 가혹함을 알게 해주는 연결고리가 될지도 모른다(물론 그때는 어떤 맥락에서 이런 말이 나왔는지에 대해서도 신중하게 생각하지 않으면 안 되지만). 혹은 위안부 모집에 직접 관여한 조선인 업자가 어떤 존재이며 어떻게 그러한 활동이 가능했는지에 대한 사실의 제시도 피압박민족 내부의 분열이라는, 더욱 심각한 식민지지배의 문제성에 눈을 향하는 계기가 될 수 있다. 우회작업이 될지도 모르지만, 안이하게 일본 국가의 폭력과 강제성으로 환원하지 않고 다양한 사상事象에 대해 생각해보는 것이 총력전과 식민지지배 속에서 각각의 사람들이 직면한 곤란, 또는 각각의 민족·국가나 사회의 문제점에 대한 이해의 폭을 넓힐 수 있지 않을까? 또한 그것이 지금보다 더 많은 일본인·한국인이 위안부의 피해를 자신의 문제로 생각하고 위안부와 함께하고자 하는 의식을 키워주는 일로 이어지지는 않을까?

나는 박유하의 논저에서 중요한 부분을 차지하는 '화해'라는 이미지도 그러한, 한일 양국 사회에서 좀 더 심화된 역사인식을 전제하고 있다고 이해한다. 그러기 위해서는, 당연한 이야기이지만 역사 연구를 진전시켜나갈 필요가 있다.

그런 점에서 나는 박유하의 책이 역사학에는 도움이 안 된다고 생각하지 않는다. 물론 박유하의 책에서 배울 필요도 없이 그런 '노이즈'를 포함한 사료(증언)와 마주하며 역사를 연구하고 있는 이도 없지 않을 것이다. 그러나 개별적인, 위안부 문제를 둘러싼 역사 연구에 대해서는, 박유하가 지적하는 것처럼 일종의 전형적인 이야기가 영향력이 강했던 것도 부정할 수 없다. 그런 점을 생각한다면, 역시 "진정한 의미에서 위안부 할머니들과 마주하기 위해서는 노이즈에야말로 귀를 기울여야 한다"[7]는 박유하의 주장을 문제제기로 받아들이는 것은 중요하다. 『제국의 위안부』를 비판하는 역사 연구자도 그 책의 의미에 대해 한번 더 생각하고 그에 입각해 실증 연구를 심화시켜야 하는 것 아닐까.

(번역: 최순애)

---

7   朴裕河, 『帝国の慰安婦』, 朝日新聞出版, 2014. 146쪽.

왜 '수'를 묻는가?

나카야마 다이쇼中山大將

1. 들어가며

닌나지仁和寺에 있는 류교호인隆曉法印이라는 이가, 이렇게 하여 사람들이 셀 수 없을 만큼 죽어 있는 것을 슬퍼해 죽은 사람의 머리가 보일 때마다 이마에 아자阿字를 적어 부처와 죽은 사람의 연을 맺어주었습니다. 죽은 사람의 수를 헤아리기 위해 4월과 5월에 세어보니, 교토京都 내 이치조一条 거리에서는 남쪽, 구조九条 거리에서는 북쪽, 교고쿠京極 거리에서는 서쪽, 스자쿠오지朱雀大路에서는 동쪽 길 근처에 있는 주검의 수가 전부 4만 2300구 정도였습니다.(鴨, 1989, 21쪽)

이것은 『호조키方丈記』 중, 요와養和 기근饑饉[1]에 관한 구절이다. '죽

---

1 요와 원년(1811)에 일어난 대규모 기근으로, 교토를 비롯한 서일본 지역에 아사자가
   속출했다.-옮긴이

음'[2]을 '수數'라는 추상적인 것으로 바꾸어 파악하려고 하는 류교호인의 이러한 행위에 대해 미시마 유키오三島由紀夫는 "잔혹함을 통해 무엇인가를 얻고자 한다면 주검 하나를 계속해서 쳐다보면 된다"는 생각과는 다른 자세를 찾아내고 있다.[3] 인생의 무상함을 깨닫기 위해 미녀의 시체가 무참하게 썩어가는 과정을 그린 구상도九相圖라는 것이 있는데, 류교호인은 구태여 '숫자를 세는 일'로 무엇을 얻고자 했던 것일까? 그리고 또한, 가모노 조메이鴨長明는 "어미가 죽은 것도 모르고 어린아이가 젖을 빨며 쓰러져 있는 광경도 보았다"(鴨, 1989, 21쪽)는 참상을 서술하면서, 류교호인의 이러한 행위를 왜 기록한 것일까. 당시에는 주검이 넘쳐났을 가모가와鴨川 강변을 매일같이 바라보며, 나는 때때로 이런 생각을 하게 된다.

역사인식 문제에서 '희생자'나 '피해자'의 '수'가 종종 쟁점이 되곤 한다. 자료가 부족한 경우에는 특히 극대화와 극소화, 양극의 움직임이 더욱 현저해진다. 전자는 '피해'의 막대함을 강조하기 위해, 후자는 그것의 한정성限定性이나 때로는 처음부터 그런 일은 없었다는 주장을 펴기 위해 '많고 적음'을 묻게 되고, 그에 따라 다양한 종류의 추계치가 나돌기 시작한다. 한편으로, '수는 문제가 아니다'라는 의견 또한 제기된다. 설사 같은 피해경험이 있는 사람이 그 밖에 수만 명이 있더라도 혹은 단 한 명도 없더라도, 그 '피해자' 개인이 받은 상처 그 자체는 달라지지 않기 때문이다. 이러한 상황은 '위안부' 문제에서도 마찬

---

2 이 글에서는 직접인용을 나타낼 때는 " "를, 강조나 요약인용을 나타낼 때는 ' '를 썼다. 묵독할 때는 물론이거니와 타인에게 읽어주거나 혹은 인용, 번역 등을 할 때도 특히 이 점에 유의해주기 바란다.

3 미시마三島·후루바야시古林(1989). 미시마는 시체를 센 사람이 가모노 조메이 자신이라고 말했지만, 출처가『호조키』라면 시체를 센 이는 류교호인이다.

가지라 할 수 있다.

'숫자를 묻는 일'은 '많고 적음을 묻는 일'과 같은 일일까. 이 글에서는 이 점에 대해 젊은 연구자 나름대로 생각을 정리해보고자 한다. 위안부, 특히 제2차 세계대전 중 일본군이 주둔했던 지역에 있었던 조선인 위안부를 둘러싼 연구와 논의를 접했을 때, 거기에는 내 전문분야인 사할린 잔류자 문제와도 공통되는 구조가 내재되어 있다는 생각이 들었다. 그리고 그 구조의 보편성을 제시하는 작업을 통해 동아시아의 근현대를 둘러싼 역사인식 논의가 좀 더 긍정적인 방향으로 흘러가는 데에 조금이나마 도움이 될 수도 있지 않을까 하는 생각에서 이 글을 쓰게 되었다.

사할린 잔류자 문제는 당연히 당사자는 물론 관련자, 그리고 외교관계자 등에게는 이미 알려져 있었지만, 일본에서는 1970년대 중반 이후 '사할린樺太 재판'과 같은 형태로 조선인 강제연행 문제로서 널리 인식되기 시작한 것으로 생각된다. 1989년 사할린섬의 외국인 출입금지구역 지정 해제 이후 언론의 취재가 용이해짐에 따라 잔류 한인韓人에 관한 보도가 많아지고, 동시에 사할린 잔류 일본인[4]에 관한 보도 또한 늘어나 사회적 인지도도 어느 정도 높아져 있었다. 사할린 잔류자의 경우는 잔류 한인의, 잔류 일본인의 경우는 중국 잔류 일본인의 그늘에 가려 결코 그들보다 사회적 인지도가 높다고는 할 수 없지만, 사할린 잔류 일본인도 전쟁으로 인한 비극의 상징 중 하나로서 언급되기에 이르렀다.

---

4   또한 내가 '일본인'과 '조선인'이라고 말하는 경우, 기본적으로는 일본제국기의 호적을 기준으로 한 것으로, 반드시 문화·언어적 기준을 적용한 것은 아니다(中山, 2013, 740, 749쪽).

일본제국 외지 사할린의 이민사회 형성 과정을 연구하고 있었던 나는, 그 해체 과정 연구의 일환으로서 사할린 잔류 일본인에 관한 연구를 시작했다. 사할린 잔류 일본인의 잔류 요인으로는 당연히 국제관계를 들 수 있을 것이고, 또 그렇게 설명되어오기도 했다. 그러나 나는 연구를 통해 사할린 잔류 일본인의 귀국을 방해한 요소에는 그렇게 거시적인 것뿐만 아니라 좀 더 미시적인 요인도 있었다는 사실을 지적해왔다. 나는, 이 요인들 중에는 사적인 영역에 속하는 것이 있지만, 사적 영역에 속하면서도 동시에 집단에서 공통적으로 발견되는 빈도가 높은 것도 있으므로 결코 무시해서는 안 된다고 생각한다.

내가 처음으로 사할린 잔류 일본인에 관해 글을 쓴 것은 2010년(中山, 2010)이다. 그 후로도 해마다 1편 정도의 논문 등[5]을 쓰고 또한 국내외 학회 등에서 발표를 해왔다.[6] 그런데도, 전후의 인구이동 연구에 관한 심포지엄 등에서 '사할린 잔류 일본인에 관한 연구가 전혀 되어 있지 않다'는 취지의 발언을 눈앞에서 들은 적이 있다. 내 연구가 아직까지 세간의 평가를 받기에는 부족한 것이거나 혹은 그 존재조차도 알려지지 않았다는 사실을 통감하지 않을 수 없었고, 그저 스스로의 부족함이 부끄러울 따름이다. 그러나 지금까지의 연구를 통해 밝혀온

---

5 주된 것으로는 中山(2011, 2012a, 2013, 2014, 2015a, 2017)가 있다.

6 "Land or People?: The Organization of Japanese Repatriates from Sakhalin (Karafuto) and the Remaining Japanese and Koreans of Sakhalin."(Association for Borderlands Studies Annual Conference 2015 at Western Social Science Association 57th Annual Conference, Marriot Portland Downtown Waterfront, Portland, Oregon, USA, April1 1th 2015), 「사할린 귀국자와 일본: 냉전기 · 포스트냉전기의 사할린 잔류 일본인 귀환 문제サハリン帰国者と日本 : 冷戦期 · ポスト冷戦期における樺太残留邦人帰還問題」(일본이민학회 제24회 연차대회 자유논제 발표, 와카야마和歌山대학, 2014년 6월 29일) 등.

것들을 이런 지면을 통해 세상에 물을 수 있는 기회가 주어진 만큼, 연구자로서의 책무를 조금이나마 다할 수 있기를 바라고 있다.

다만, 이 글은 실증적인 논문을 지향하기보다는, 한 사람의 젊은 연구자로서 위안부 문제와 사할린 잔류자 문제에서 함께 찾을 수 있는 보편성에 대한 고찰을, 어디까지나 수필 수준에서 쓴 것이라는 점을 미리 밝혀둔다.

2. '수'를 통해 본 사할린 잔류 일본인

내 사할린 잔류 일본인 문제 연구의 원점 하나는, 다음과 같은 일본국 후생성日本國厚生省(이하 후생성)의 기술에 대한 의문이다.

> 국제결혼한 일본 여성은 종전 후 사할린에서 조선인의 지위 및 생활상태가 높아짐에 따라 이들과 결혼한 사람이 많고, 이 일본 여성들 중에는 우리나라로 돌아오는 부모형제 등과 헤어져 남편인 조선인과 함께 사할린에 잔류한 이들이 있다.(厚生省, 1977, 107쪽)

먼저, '국제결혼'이라고 되어 있는데, 적어도 한국이 일본에 병합된 1910년부터 샌프란시스코 평화조약이 발효된 1952년 사이에 이루어진 조선인 남성과 일본인 여성의 '결혼'은 일본 국적을 가진 사람들의 혼인으로서, 성혼 시점에서 '적제결혼籍際結婚'이라 할 수는 있어도 국제결혼이라 부를 수는 없다. 따라서 이런 용어를 쓰는 것은 샌프란시스코 평화조약 이후의 전후질서를 전제로 하여 그것을 소급적용한 인식의 산물이라 할 수 있다. "조선인의 지위 및 생활상태가 높아짐에 따라 이들과 결혼한 사람이 많고"라는 부분은, 전쟁 직후 일본에서 갑자기 '전승국민' 행세를 하기 시작해 일본인들에게 반감을 산 일본 내지의 조선인들, 그리고 그들에게 잘 보이려 하며 다가간 일본인 여성들의 이미지와도 겹쳐지는 부분일 것이다. 물론, 이것은 설령 일부에서 그러한 실태가 있었다 하더라도 일반화할 수 있는 것이 아니고, 사할린의 상황에 대해서도 검증의 여지가 남아 있을 것이다. "우리나라로 돌아오는 부모형제 등과 헤어져 남편인 조선인과 함께 사할린에 잔류"했다는 표현은 마치 '육친을 버렸다'는 것을 독자에게 간파시키려는 것처럼 보이기도 한다.

이러한 표현들은 과연 사할린 잔류 일본인에 대한 이해로 타당한 것일까, 바로 그것이 내 의문이었다. 물론, 현 시점에서 일본국후생노동성厚生労働省(이하 후생노동성)이 이와 같은 인식을 표명하고 있는 것은 아니다. '사할린 잔류 일본인'에 대해 후생노동성 홈페이지[7]는 "여러 가지 사정이 장해가 되어 부득이하게 사할린에 잔류(소련 본토로 이주당한 분을 포함한다)하게 된 분들", "전후의 혼란 속에서 육친과 이별하는 등, 어쩔 수 없이 국외에 잔류하게 되어, 오랫동안 필설로 다할 수 없는 고생을 하셨습니다"라고 해설하고 있으니, 1977년 시점의 인식에서 변화가 있었던 것은 사실이다. 그러므로 질문은 '왜, 1977년 단계에서 후생성은 이러한 인식을 표명하고 있었을까'가 타당할 것이다.

나는 사할린 잔류 일본인 문제에 접근하기 위해, 공문서뿐만 아니라 당사자 및 관련 기관·단체를 방문했고 민간단체의 자료 분석 또

---

[7] 「중국 잔류 일본인 등에 대한 지원」, 일본국후생노동성 홈페이지(http://www.mhlw.go.jp/stf/seisakunitsuite/bunya/hokabunya/senbotsusha-/seido02/)

한 중요하게 여겨왔다. 연구 초기에 당면한 첫 번째 문제는 '사할린 잔류 일본인은 대체 몇 명이나 있었을까'라는 단순한 질문이었다. 이 질문은 매우 단순하지만, 이에 대한 충분한 답을 가진 자료는 당시 존재하지 않았고, 지금도 존재하지 않는다. 나는 이 질문의 답을 구하기 위해 공문서와 민간단체 자료에 나타난 명부류名簿類를 수집하여 그 집계를 통해 1448명이라는 잠정적인 수치를 뽑아냈다.[8] 물론, 이러한 방법을 사용할 경우 필연적으로 누락되는 사람들이 생기게 마련이지만, 하한치로서는 유효한 가치를 지닐 터이다. 이 과정에서 개개인의 성별, 출생년도와, 일부 자료에서는 가족구성의 추계推計 · 분류 작업을 행하는 한편 추가조사를 통해 잔류 사유를 특정해, 사할린 잔류 일본인에 대한 통계적 파악을 진전시킬 수 있게 되었다.

사할린 잔류 일본인에 관해서는 (1) 여성이 많고, (2) 그 태반이 전후에 조선인과 세대를 형성해 귀환을 단념한 사람들이라는 이미지가 널리 공유되어 있다. 이것은 앞에서 살펴본 후생성의 1977년 기술과도 합치한다. 그러나 통계적인 파악을 통해 좀 더 구체적인 상像을 그릴 수 있게 되었다. 예를 들어 내 연구(中山, 2013, 2014)에서는 여성은 잔류 일본인 총수의 6할 정도로 추산되어 여성 '만' 있었던 건 아니라는 사실이 명확해졌다. 나머지 남성 4할에는 잔류 일본인 여성의 아이뿐만 아니라 숙련노동자나 귀환引揚げ 종료 후에 억류 해제된 남성들이 포함되어 있다.

다음으로, 사할린 잔류 일본인의 약 절반은 전쟁 전부터 어떠한 형태로든 조선인과 가족관계에 있었던 것으로 추정된다. 이 '가족관계'

---

8 산출 방법과 근거, 정의 등에 대해서는 中山(2013)를 참조하기 바란다.

에는 법률혼이나 사실혼뿐만 아니라 친자(부모 중 한쪽이 조선인)·양자 관계도 포함되어 있다는 데에 주의해주기 바란다. 분명 친자·양자관계의 경우 이 사람들이 전후 조선인과 사실혼 관계가 되는 경우가 많아, '전후에 조선인과 세대를 형성'한 사례로도 포함되는 경우가 있다. 이러한 통계적 파악을 통해 명확해지는 것은 일본인과 조선인 사이의 세대 형성이 제국 시기부터 이미 어느 정도 진행되고 있었다는 사실이다. 즉, 사할린 잔류 일본인 문제는 '전후戰後'에 생겨난 것이지만, '전전戰前'의 사할린 이민사회의 여러 상황이 강력하게 반영된 것이라 할 수 있다. 전후질서를 바탕으로 한 민족관도 국경도, 일본제국의 '내지인內地人'과 '조선인'의 관계성이라는 고르디우스의 매듭을 '끊기'에는 불충분하다는 것을 시사한다.

3. '소녀'의 '수를 묻는 것'의 의미

이처럼 '수'를 중시하면서 연구를 지속해온 나는, 조선인 위안부를 둘러싼 어떤 논쟁을 놀라움 속에서 목도하게 되었다. 그것은 조선인 위안부에서 차지하는 '소녀'의 비율에 관한 논쟁[9]이다. 상세한 것은 이미 인터넷에 공개된 글(中山, 2016)에서도 자세히 언급했으므로, 여기서는 내가 무엇에 놀라고 무슨 생각을 했는가에 대해 밝히고자 한다.

한 사람의 역사학자로서 놀라지 않을 수 없었던 것은, 이 정도로 국

---

9 여기서 말하는 '논쟁'이란 제2차 세계대전 중 일본군 전개 지역의 조선인 위안부에 대한 박유하의 "소녀의 수는 오히려 소수로 예외적이었던 것처럼 보인다"(박, 2014, 106쪽, 한국어판에는 204쪽에 비슷한 표현이 있다)라는 기술에 대한 김부자의 비판 (김, 2015) 및 거기에서 파생된 여러 논의를 가리킨다.

경을 초월해 많은 연구자들이 관계해왔음에도 불구하고, 조선인 위안부의 총수나 그 평균연령 등에 관한 통계자료가 거의 정비되어 있지 않다는 사실이다. 물론 자료 부족이 근본적인 원인이지만, 이러한 상황에서 하나의 자료에 들어 있는 수십 명의 데이터로부터 '소녀'의 많고 적음을 논하는 것은, 적어도 통계적 파악을 통해 어떠한 결과를 이끌어내고자 한다면, 결코 타당하다고 할 수 없다.

그러나 내가 주목한 것은 '소녀만 있었던 것은 아니다'라고 주장한 논자의 의도이다. 이 논자는 '소녀'가 많다는 것에 집착해온 그 배경에 주목해, 왜 그러한 이미지를 전후의 한국사회가 필요로 해왔는지에 관해 고민한 것이다. 그리고 전후 한국사회에 내재해 있는 남성중심주의와 여성 또는 매춘부 멸시라는 구조가 오랜 기간에 걸쳐 위안부 문제로부터 한국사회의 관심을 돌려왔으며, 지금도 역시 조선인 위안부의 다양성과 다면성을 거부한 채 '가해자'인 일본과의 '화해'를 멀리해온 것은 아닌가, 라고 문제를 제기하는 것이다. 이것은 현대를 살고 있는 자신들의 '가해성'에 화살을 돌리는 용기 있는 작업이라 할 수 있다.

물론, 앞에서 쓴 것처럼 '소녀'의 비율에 관한 이 논자의 논의에는 실증성이 부족한 면이 있지만, 그렇다고 해서 그것이 '소녀들뿐이었다'는 주장에 힘이 실리는 것을 의미하는 것은 아니다. 더욱이 이 논자의 문제제기는 반증형의 명제를 취하고 있고, 게다가 이미 간행된 증언집이나 미디어 작품 등을 통해 "민족의 딸"(朴, 2014, 150쪽, 한국어판에는 190, 205, 208, 306, 311쪽에 이 표현이 나온다) 상像[10]의 형성 과정을

---

10 이 글에서 '상'이라고 할 경우, 기본적으로 추상적인 것을 가리키며, 무기물로 조성된 물리적인 것은 가리키지 않는다.

분석한 이상, 샘플수가 적다는 기술적 측면에서 실증성이 부족한 부분이 있다 하더라도, 거기서 제기된 문제 자체를 무시할 수는 없다.

4. 사할린 잔류 일본인을 향한 일본사회의 시선

다시 사할린 잔류 일본인에게 눈을 돌려보자. 앞서 언급한 후생성의 잔류 일본인, 특히 그중에서도 여성을 향한 싸늘한 시선이 담긴 책이 간행된 것은 1977년 일이었다. 공교롭게도 이 1977년은 냉전기의 사할린으로부터 일본인 개별귀국이 중단된 해로, 그 후 사할린에서의 영주귀국은 1991년에 포스트냉전기 제1호 귀국자가 출현할 때까지 기다려야만 했다.

귀국 중단의 배경에는 첫째, 영주귀국 희망자로서 요건을 갖춘 사람은 대체로 1957~59년에 귀국이 실현되어 있었다는 사실이 있고, 그로 인해 소련 정부는 집단귀국의 중지 및 개별귀국으로의 전환을 1959년 일본 정부에 통보했다. 당초, 일본 정부는 개별귀국으로의 전환에 반대했으나, 1965년에 정부 안에서 조선인을 동반한 귀국은 잘못된 일이었다는 견해가 나오게 되고, 오히려 귀국사업 자체의 중단이 거론되게 되었다. 그 결과, 앞서 말한 사할린의 외국인 출입금지구역 해제가 이뤄진 1989년의 전해인 1988년에는 국회에서 후생성 담당관이 '자기의사 잔류론'을 들고나오기에 이른다. 법적인 문제도 얽혀 있기는 했지만, 조선인 남편이나 러시아화된 자녀세대의 통합 문제를 우려하는 등, '일본인' 자체라기보다는 '일본인'에 수반되는 사람들의 입국을 배제하기 위해 일본인의 귀국에 소극적인 태도를 취하게 되었다고 할 수 있다. 그리고 그러한 태도를 정당화하는 데에 자기의사 잔류론이 유효한 논리로서 작용했던 것이다(中山, 2013, 762-764쪽).

그렇다면, 잔류 일본인에 대해 냉담한 태도를 취한 것은 일본 정부뿐이었을까. 당시의 주요 신문조차도 냉전기 집단귀국에 대해 '마치 조선 귀환'이라는 표제어를 달며[11], 동반 귀국한 조선인 남편과 그 자녀들에게 차가운 시선을 보냈다. 귀환자[12] 단체에서도 일본인만으로 이루어진 세대를 '정당'한 귀국자로 취급하고 조선인 남편과 자녀들을 동반한 세대에 대해서는 이례적인 것으로 다루는 표현도 사용되었다. 또한 기묘하게도, 국회에서 자기의사 잔류론이 대두된 1988년에 간행된 단체사에는, 1956년까지의 대륙으로부터의 억류자 송환에 의한 옛 지도층의 귀환을 미귀환자 문제의 종언으로 삼는 기술(전국사할린연맹, 1988, 24-26쪽)이 보인다. 이 배경에는, 1955년에 옛 지도층을 중심으로 영토 반환 운동이 조직되었고, 귀환자단체가 영토 문제를 중시하기 시작하면서 미귀환자 문제를 경시하기 시작했다는 사실이 있다.[13] 더욱이 잔류 일본인의 본국 가족 중에서조차 '조선인과 결혼했으니 너는 일본으로 돌아오지 말아라'고 적어 보낸 이가 있다[14]는 사실에는 아연실색하지 않을 수 없다.

---

11 「불만을 털어놓은 귀환자 마치 '조선 귀환' 일본인은 한쪽 구석에」, 『아사히신문』 1957년 8월 1일자(석간).

12 이 글에서는 전후 1949년경까지 이루어진 외지外地의 일본인 본국 귀환에 의해 돌아온 경우는 귀환자引揚げ者로, 그리고 그 이후 재차 이루어진 구외지旧外地의 일본인 본국 귀환에 의해 돌아온 경우는 귀국자歸國者로 옮겼다―옮긴이.

13 다만, 이 단체가 잔류자나 귀국자에게 그 후 일체 지원을 끊은 것은 아니라는 점을 강조하고 싶다.

14 내가 당사자의 딸에게 직접 들은 것이다(러시아연방 사할린주, 2016년).

앞에서 언급한 후생성의 1977년 기술은, 결코 당시 후생성의 독창적인 표현이 아니다. '시집가다'는 말에서 드러나듯이 '출가'한 여성을 버리는 부계주의나, 재일조선인을 배제해야 할 타인으로 보는 차별의식 내지는 배외주의가 당시 일본사회에서 공유되어 있었기 때문에 그러한 기술 또한 가능했다고 이해해야 할 것이다. '조선인과 결혼했으니 너는 일본으로 돌아오지 말아라'고 적어 보낸 가족의 일 또한 그것을 개인의 책임으로 돌리는 식으로, 조선인에 대한 차별의식이 일본사회에서 공유되어 있었다는 사실을 외면해서는 안 될 것이다.

앞서 말한 대로, 귀환이 종료된 1949년까지 이루어진 일본인과 조선인의 혼인은 '국제결혼'이라 부를 수 없다. 그러나 명확한 의도가 있었는지 여부와 상관없이, 나는 '국제결혼=조국을 버린 여성'이라는 이미지가 사할린 잔류 일본인 문제의 해결을 늦추거나 혹은 외면하고 우선순위를 낮추는 일에 정당성을 부여한 하나의 요인이 된 것은 아닐까 생각한다. 물론, 사할린 잔류 일본인 문제 해결에 열심인 사람들 덕분에 "시민에 의한 전후처리"(中山, 2015b, 209쪽)라고도 할 수 있는 포스트냉전기의 귀국사업이 실현될 수 있었고, 일본사회의 모든 구성원이 위와 같은 시선을 지니고 있었던 것은 아니라는 점을 새삼 강조해두고 싶다.

5. 인식구조의 유사성

사할린 잔류 일본인 문제와 조선인 위안부 문제에서 어떠한 유사성을 발견할 수 있을까. 여기에서는 그 일례를 꼽고 싶다.

최근, 나는 어느 귀환자로부터 '종전 이전에 조선인과 결혼한 일본인 여성은 귀국사업의 지원 대상이 될 수 없다'는 의견을 들었다. 실제로, 종전 이전에 법률혼을 한 경우, 부계주의에 입각해 일본인 여성의 본적이 조선으로 바뀌어버리기 때문에 샌프란시스코 평화조약 발효 이후 일본 정부에게는 비일본국적자가 되고 이로 인해 영주귀국신청을 각하당한 잔류 일본인이 있어서, 일본 정부는 전전에 조선인과 결혼한 일본인 여성은 귀국사업의 지원 대상으로 인정하지 않고 있다고 할 수 있다. 하지만 이 귀환자가 내게 이러한 주장을 편 것은, 내가 어떤 자리에서 잔류 일본인 중에는 종전 이전부터 조선인과 가족관계를 형성한 사람이 어느 정도 있었다고 발언했기 때문이었다. 이 귀환자와 여러 번 이야기를 나눈 후 알게 된 사실은, 그가 귀국사업의 취지를 '종전 이후에 조선인으로부터 결혼을 강요받은 일본인 여성'을 귀국시키는 것으로 이해하고 있었다는 것이다. 즉, 지원해야 하는 것은 '조선인의 횡포의 희생자가 된 일본인 여성'이라는 이해이다.

여기서 앞의 논자가 지적한 위안부상의 형성(朴, 2014, 165~170쪽, 한국어판의 187~191, 221~222, 255~256쪽 내용이 결합되어 있다)과 비슷한 구조를 찾을 수 있다. 가해자인 일본인과 '적극적으로' 관계를 수립한 사람은 피해자라 할 수 없고, 그렇기 때문에 일본인과 '적극적으로' 관계를 수립한 사람은 위안부 중에는 없을 것이라는 인식구조와 마찬가지로, 조선인과 '적극적으로' 관계를 수립한 사람은 구제의 대상이 될 수 없고, 그렇기 때문에 잔류 일본인은 모두가 '조선인으로부터 결혼을 강요당한 사람들'일 것이라는 허술한 일반화이다.

이 귀환자의 인식구조에서는 하나의 집단이 간과되고, 다른 또 하나의 집단이 외면당하고 있다. 전자는 잔류 일본인 '남자'들이다. 당연히 그들은 결혼을 강요당해 귀환의 기회를 놓친 게 아니다. 후자는 종전 이전에 '국제결혼'을 한 여성들이다. 이 귀환자의 말 한마디 한마디에서는 이 여성들에 대한 적의 비슷한 감정마저 느껴졌다. 그것은 이 귀환자에게 '국제결혼=조국을 버린 여성'이라는 이미지가 무비판적으로 내면화되어 있었기 때문이 아닐까. 앞에서 언급한 것처럼, 1910년부터 1952년까지 일본인과 조선인의 법률혼은 한쪽이 일본제국 이외의 국적을 정식으로 취득하지 않는 한 '국제결혼'이 아니라는 점을 잊어서는 안 된다. 그리고 이러한 태도를 가진 귀환자가 이 사람 혼자가 아니라는 것 또한 간과할 수 없는 사실이다.

이러한 인식구조의 배경에는 '피해'와 '구제'의 이야기를 국민·국가의 틀로 이해하고자 하는 역학이 깔려 있는 것은 아닐까. '억류'가 소련의 '만행'에 대한 일본인 남성의 '피해'의 이야기라면, '잔류'는 일본인 여성의 '피해' 이야기로 배치될 수 있다. 하지만 실태에 대한 충분한 관찰과 통찰 없이 이야기로서의 정합성과 순수성을 추구하는 동안 거기서 누락된 실태가 드러나기 시작해, 오히려 그것들이 언급되어서는 안 되는 이단사례로 배치될 수 있다는 것을 이 귀환자의 인식은 시사하고 있다. 그리고 '억류'를 '강제연행'으로, '잔류'를 '위안부'로, '소련'을 '일본'으로, '일본인'을 '조선인'으로 바꾸어 생각해볼 수 있다.

나는 이러한 인식구조에서 반드시 악의를 찾으려고 생각하지는 않는다. 오히려 선의로 인해 더욱더 '순수'한 '피해자'상을 구축하고자 한 나머지, 그러한 인식구조의 지배하에 있는, 자각되지 않은 다양한 차별의식과 편견, 소망, 국민의식이 이러한 결과를 낳는다고 생각한다. 여담이지만, 과거에 나는 어떤 사람에게서 사할린 잔류 일본인의 일반적인 이미지에 대해 전해들은 적이 있다. 사할린 잔류 일본인들을 취재하고 있는 기자한테 들은 것이라고 했다. 그는 사할린 잔류 일본인의 일반 이미지에 대해 '깨끗한 심성'을 강조하며 말했다. 그러나 '깨끗한 심성'과 잔류 사이에는 인과관계가 없고, 설령 마음이 '깨끗'하지 않더라도 '구제'되어야 할 사람들은 '구제'되어야 할 것이다. '피해자' 내지 '약자'는 '순수'하지 않으면 안 된다는 '편견' 혹은 그렇게 있어 달라는 '소망'이 이러한 인식을 낳는 일의 보편성을 보여주는 좋은 사례가 될 것이다.

사할린 잔류자의 대부분을 차지한 사할린 잔류 한인에 대해서도 잠깐 언급해두고 싶다. 우선 그 '숫자'에 대해서는, 일본에서는 언론을 포함해서 오랫동안 '4만 3000명설'이 주류를 이루었지만, 최근에는 일본, 러시아 양쪽의 공문서 등을 근거로 '2만 수천 명설'과 '1만 수천 명설'이 제기되고 있다.[15] 나는 '2만 수천 명설'에 공감하며, 전시 동원이 시작된 1939년 이전부터 사할린에서 살고 있었던 조선인을 '이주 조선인', 전시 동원 이후에 이주한 조선인을 '동원 조선인'이라 구분해서 불러왔다.[16] 통계를 통해 단순추계치를 구하면 소련의 사할린 침공 직전의 사할린에는 전자가 약 8000명, 후자가 약 1만 6000명 있었던 것이 된다.

'사할린 재판' 이후 침투하기 시작한 사할린 잔류 한인의 이미지는 '강제연행'의 '피해자'라는 것이었다.[17] 그러나 이러한 이미지는 종전

---

15 상세한 산출 근거에 대해서는 전자는 中山(2015a, 9~11쪽)를, 후자는 竹野(2016, 256~257쪽)를 참조하기 바란다.

16 또한 中山(2015a) 등에서는 '이주 한인', '동원 한인'으로 표현하고 있으나, 이 글에서는 '이주 조선인', '동원 조선인'으로 통일해서 표현하기로 한다.

17 예를 들어 "최정식은… 새벽녘 잠자리에 갑자기 들이닥친 순사와 목검을 든 일본인에

당시 사할린 한인의 약 3분의 1을 차지한 이주 조선인 대부분에게 들어맞지 않는 것이었다. 더욱이 동원 조선인이라 하더라도 반드시 직접적·폭력적 방법으로 이주했다고 단정할 수는 없다. 물론 이주 경위에 관한 통계 수치는 지금 단계에서는 상세히 밝혀져 있지 않고 앞으로도 통계 수치의 정비는 어려울지 모르지만, 동원 조선인에 대해서도 직접적·폭력적 방법으로 이주했다는 이미지를 전칭화全稱化할 수는 없으며 일반화도 조심해야 한다고 생각한다. 무리한 전칭화나 일반화는, 언급해서는 안 되는, 혹은 배제하여 마땅한 이단사례를 낳아 본래의 실태를 왜곡하고 만다.

설령 직접적·폭력적 방법으로 사할린에 끌려간 사람이 소수파라 할지라도, 잔류 한인의 발생은 잔류 일본인의 경우와 똑같은 이유로, 간과할 수 있는 문제가 아니라는 것이 달라지지는 않는다. 잔류 한인의 경험을 '민족적 경험'으로 회수해버리려는 한, '민족'과는 상관없이 옛 사할린 주민의 일부에 공통되는 경험으로서의 '잔류' 경험을 건져올리기는 곤란해질 것이고, 일본제국하의 일본인과 조선인의 관계성이라는 고르디우스의 매듭을 푸는 것은 물론, 매듭의 존재를 인정하는 것 자체도 어려울 터이다.

게 목검으로 두들겨맞으며 연행되어… 사할린의 호로나이幌內 비행장 건설 공사현장이었다. … '문어방'(タコ部屋: '감옥방'이라고도 하며, 사할린이나 홋카이도 탄광에서 죄수처럼 감금되어 노동을 하던 이들의 합숙소 또는 감금시설을 말한다–옮긴이)에 갇혀… 일요일도 없이 연일 철야의 중노동으로, 식사는 부실하고 임금은 명목상으로도 일본인의 절반 이하… 도망치려고 하면 반죽음되도록 얻어맞고, 모어인 조선어로 말하는 것도 금지된다는, 인간성을 빼앗긴 존재였다"(高木, 1990, 138쪽)는 이미지는 대표적인 것이다. 이들의 사례를 '일반화할 수 없다' 혹은 '소수파이다'라고 하는 것과 '존재하지 않는다' 또는 '무시해도 되는 예외적 사례이다'라고 하는 것은 등치개념이 아니라는 것을 다시 한번 써둔다.

6. 연구자와 고르디우스의 매듭

20세기의 동아시아 각지, 특히 일본제국권에서의 일본인과 조선인의
관계는 단순한 '억압자'와 '피억압자', 혹은 '가해자'와 '피해자' 구조
로는 이해할 수 없는 게 아닐까. 사할린사 연구를 보더라도 이러한 생
각이 강하게 든다.

미즈호무라瑞穗村 사건[18]과 마찬가지로 소련의 사할린 침공 때의 혼
란 속에서 벌어진 일본인에 의한 조선인 학살 사건으로 알려진 가미
시스카上敷香 사건이 일어난 날에는, 같은 지구에서 긴급 소개疏開 때
문에 모인 같은 마을 주민들 중 일본인 결핵 환자가 경찰에게 사살당
하는 사건 또한 벌어졌다.[19] 이러한 사건들은 전쟁으로 인한 혼란 속에
서 폭력장치인 국가의 말단권력에 의해 야기된 살인이라는 점에서 같
은 사례라 할 수 있지 않을까. 또한 이러한 사건을 벌인 당사자에게는
자기가 한 짓이 집단의 질서 유지와 안전 확보를 위한 행위로서 정당
화될 수 있다는 것, 그리고 정말로 그래서 그런 짓에 가담하고 말았을
지도 모른다는 점에서도 우리는 비극성을 찾아야만 할 터이다. 내가
말하고 싶은 것은, '조선인도 살해당했지만 일본인도 살해당했으니
어쩔 수 없다'가 아니라 '조선인도 일본인도 다 같이 억압구조의 희생
자'라는 점이다.

---

[18] 소련의 사할린 침공 개시 후인 1945년 8월 20일부터 21일에 걸쳐 이 마을에서 어린이
를 포함한 27명의 조선인이 재향군인회 등에 의해 살해당한 사건으로, 일본에서는 朴
(1990)과 林(1991)에 의해 널리 알려졌다. 사건이 일어난 지역에는 1996년에 위령비
가 세워졌다.

[19] 내가 한 사할린 귀환자 인터뷰(홋카이도, 2016년)에서 나온 말인데, 이 건에 관해서는
앞으로 그 밖의 증언과 대조해가며 확인할 예정이다.

'조선인'이나 '일본인' 같은 '민족'은 '젠더'나 '장애'[20]와 마찬가지로 사회적 구축물이고, 그것이 억압구조의 중요한 지주가 되는 것을 종종 볼 수 있지만, 그것의 속성 중 어느 하나가 개개인의 '본질'이 되는 것은 아니다.

그리고 또한, 양측 모두 서로에 대한 감정도 매우 복잡하다. 주의해야 하는 것은, 개개인의 관계에서 '민족'은 양자의 관계성에 영향을 미치는 요인 중 하나일 수는 있어도, 항상 절대적이고 유일하며 최대의 것은 아니라는 점이다. 특히 사할린에서 나고 자라 동급생이나 동료로 지낸 제2세대는, 서로가 상대할 당시의 '민족'뿐만 아니라 성별이나 연령, 사는 곳, 빈부의 차이, 부모끼리의 관계, 그리고 성격 등이 그 관계성을 규정하는 요소였을 것이다. 한 사할린 이주 조선인 제2세대는, 유년기에 '일본인' 동급생에게 "조센 나빠!(チョ-センナッパ)"라는 야유를 들은 적이 있지만, 이웃에 살던 '일본인' 소꿉친구에 대해서는 "그리워요. 눈물이 날 정도로요."[21]라고 말한다. 한편 일본인 귀환자 중 일부는 종전 이전의 자신들에게 조선인 멸시 의식이 있었음을 인정하면서도, 1990년대 이후 사할린 재방문에서는 조선인 동급생과 옛정을 나누며 서로가 '친구'임을 재확인하고자 했다. 양측의 이야기를 여

---

20 2016년 장애인올림픽에 출전한 이치노세 메이一ノ瀬メイ 선수가 영연합 제8회 전국고등학교영어연설대회 연설에서도 언급한 "장애는 개인의 기능적인 문제에서 생기는 게 아니고, 사회가 그 장애를 만들어내는 것이다"라는 장애의 '사회모델'은 매우 시사적이다(「전영연 제8회 전국고등학교영어연설대회 이치노세 메이 선수 동영상」, NHK복지포털 하트넷[http://www.nhk.or.jp/hearttv-blog/3300/212417.html]) 인간은 사회성을 전제로 한 존재이고, 각 개체의 자립성과 그 '수지 계산'으로 효용을 단순히 계산할 수는 없으며, '장애자'의 '가치'가 사회마다 다르다는 데에서도 그것이 사회적 구축물임을 이해할 수 있을 것이다.

21 내가 직접 들은 이야기(대한민국 안산시, 2009년)이다.

러 차례 청취하면서 '민족'이라는 개념이 사회적 구축물임을 깨달을
수 있었다.

그러나 바로 그렇기 때문에, 그 차이가 당사자들과는 무관하게 변
용되어 고착화되는 사태도 벌어질 수 있다. 사할린의 경우, 그것은 패
전의 혼란과 귀환이었다고 나는 생각한다. 소련의 사할린 침공 당시
의 혼란은 일부 일본인들로 하여금 조선인에 대한 의구심을 품게 했
고, 그 최악의 결과가 위의 두 사건이었던 것이다. 흥미로운 것은, 당시
에도 그리고 그 이후로도 유포되었던, 조선인이 소련군의 안내자 역
할을 했다는 소문을 어느 사할린 잔류 한인이 '불명예'스러운 일로 여
기고 반론을 폈다는 사실이다(李, 2008, 93쪽). 만일 일본의 패전이 '해
방'이라면 조선인의 소련군 안내는 훌륭한 민족 항일투쟁사의 한 장
면으로서 구전될 터이지만, 이 반론을 편 당사자를 포함해서 적어도
내가 방문조사를 한 이주 조선인 제2세대에는 그러한 의식을 지닌 이
가 없었다. 소련의 사할린 침공과 점령을 그들 대부분은 불안과 당혹
감 속에 맞이했고, 거기에서는 일본인과 별다른 차이가 없었다.

물론 사할린에 생활기반을 둔 것이 아니라 전시 동원에 의해 한시
적으로 이주한 동원 조선인 중에는 계약기간 만료 후에도 전쟁으로
인한 배선配船 부족 탓에 사할린을 떠나지 못했던 사람들이 많아, 이
들에게는 '해방'이 될 터였다. 그러나 양측 모두, 정식으로 일본에 입
국할 수 있게 된 것은—여기에는 일본을 거쳐서 한국으로 돌아갈 수
있으리라는 기대도 포함되어 있었을 터이다—그 후로도 10년이 넘
게 지난 냉전기의 귀국시기로, 그것도 원칙적으로는 일본인 세대의
세대원뿐이었고, 앞서와 같은 일본사회의 싸늘한 눈총을 받으면서,
게다가 국회에서는 그 입국 자격의 시비를 따지는 상황 속에서였다.

아래의 한 이주 조선인의 말은 동원 조선인을 포함한 사할린 한인이 갖는 '해방'의 의미를 단적으로 보여주고 있다.

전후에요, 러시아인들이 일본으로부터 우리를 해방했어요, 라고. 해방이라니, 의미를 모르겠다고, 아버지는 모르겠다고 했어요. 무엇으로부터 누구를 해방했다는 건지, 일본 시대에는 그래도 조선인들은 자유롭게 나다녔단 말이에요. 어디든 가고 싶은 곳에. 그런데 러시아인들이 오고 나서는, 아무것도 모두들 어디에 가든지 자유롭게 다닐 수가 없었어요. 자유를 잃은 사람들이요, 누가 누구로부터, 누구를 해방한 건지, 알 수가 없다고.(中山, 2012b, 280쪽)

그리고 또한, 귀환은 귀환할 수 있는 일본인과 귀환할 수 없는 조선인이라는 참혹한 이분법에 의한 '민족'의 집단적 기억의 형성을 재촉했다고 할 수 있다. 그리고 다른 한편으로 일본인 귀환자들은, 비록 그것이 일부 사람들의 일탈행위이긴 했지만 '전승국민' 행세를 한 조선인의 횡포와 위에서 말한 강제결혼 등 에피소드의 집적과 공유를 통해, '피해자'로서의 집단적 기억을 형성해나가게 되었다. 물론 여기에는 전쟁 후 한반도에 조선인의 '민족국가'가 성립되어 조선인이 일본인의 내셔널 히스토리에 편입될 수 없는 존재가 된 것도 큰 영향을 미쳤을 것이다.

사할린에서 조선인에 대한 사회적 차별이 있었던 것은 사실이고, 100의 평등을 늘어놓는다 하더라도 1의 차별이 사라지는 것은 아니라고 나는 생각한다. 그러나 그럼에도 불구하고 굳이 짚어두고 싶은 것은, 복잡하게 얽힌 옛 사할린 주민의 '삶'—그것은 집단적 '기억'

의 형상으로 변하고 있지만—이라는 고르디우스의 매듭을 '민족'이라는 칼로 끊어버리려는 야심 내지는 허망함이 전후 동아시아 사회에 존재했고 지금도 역시 존재하고 있는 게 아닐까 하는 것이다.

전후 70년을 맞는 여름, 나는 서울에서 열린 국제학술세미나에 참가했다. 당시 내 사할린 전후사에 관한 발표와 관련해, 한국의 젊은이로부터 '조선인들은 강제로 남아 있어야 했으니 비극이지만, 일본인들은 조국으로 귀환할 수 있었으므로 비극도 무엇도 아니지 않은가'라는 이야기를 들었다. 과연 그럴까. '귀환'은 일본인의 사할린 이민 제1세대에게는 사할린에서 쌓은 지위나 재산, 그중에는 가족까지도 잃어버린 채 가야 했던, 제2세대의 대부분에게는 본 적도 없는 '조국'으로의 이주, 바로 그것이었다. 소야해협宗谷海峽을 건너 이주하지는 않았지만, 잔류한 사람들에게도 상황은 마찬가지이다. 전전 일본제국의 '사할린'과 전후 소련 시정하의 '사할린'은 인구 구성도 정치·경제 제도도 전혀 다른 사회였다.

이 젊은이의 발언은, 전후질서를 전제로 한 민족관이 자신과는 다른 '민족'으로 분류되는 집단에 대한 상상력을 얼마나 쉽게 잊어버리게 만드는지를 잘 보여주고 있다. 물론 일본인 귀환자 쪽이 '민족'적으로 주류인 사회에서 살아갈 수 있는 기회를 얻었다는 점에서는 잔류자보다 '낫다'고 할 수 있을지도 모른다.[22] 그러나 역사학의 역할은 누

---

[22] 부언할 필요도 없이, '조국'으로의 귀환이 '원상복귀'를 의미한 것은 결코 아니고, 귀환자 대부분은 경제적 궁핍과 사회적 차별 등의 어려움을 겪고 있다. 이러한 경험에 대해서는 당사자의 수기 등이 여럿 발표되었다. 최근에는 민속학과 문화인류학적 관점에서 전후사회에서의 귀환자의 생활경험에 주목한 연구(島村, 2013)나, 외지에서 자란 탓에 전후사회에 대한 위화감 등을 작품이나 발언을 통해 표명한 작가군에 새롭게 주목한 연구(박, 2016)도 등장했다. 지역이나 집단을 넘은 전후 경험의 비교연구의 확대가 기대된다.

가 누구보다 '나은지' 혹은 누가 누구보다 '참혹한지'를 밝히고 거기에 만족하는 것이 아니라, 사람들을 억압하는 구조에 대해 끊임없이 재검증을 하는 것이 아닐까.

이것은 너무 역설적이긴 하지만, 한 사할린 잔류 한인은 오늘날의 일본에서 혐오발언이 많아진다는 것 등을 알고는 내게 "일본은 괜찮을까? 조선인에겐 차라리 전전이 살기 좋았던 게 아닐까?"라고 물었다. 이것은 우리 사회에 가로놓인 고르디우스의 매듭이 얼마나 복잡한지를 시사하고 있다. '화해'란 이 복잡한 매듭을 끈기 있게 차근차근 풀어나가는 작업이지, 쾌도난마로 일도양단하는 것이 아니다. 물론 현실 사회에는 여러 제약이 있어서―특히 당사자의 고령화 등 시간의 유한성과 소모성은 중요하다―'구제' 실행을 위해서는 과감하게 '끊는 작업'도 필요하고, 마땅히 허용되어야 할지도 모른다. 다만, 그것도 그 방법이 유효한 경우에 한해서로, 방법이 목적화되어서는 안 되며, '끊는' 작업이 아니라 '푸는' 작업을 착실하게 해나가는 것이야말로 연구자 스스로의 존재의 의의가 아닐까 생각된다. 연구자는 '애지愛智'의 종이지 '국가'와 '민족'의 봉사자는 아니다.

7. '역사수정주의'라는 말을 둘러싸고

학문도 짧고 재주도 없는 나는 조선인 위안부를 둘러싼 일련의 논쟁 중 극히 일부만을 알고 있을 따름이지만, 그러한 논쟁 속에서 '역사수정주의'라는 말이 쓰이는 데에는 큰 위화감을 느끼고 있다. 홀로코스트 부정론자들이 '수정주의자revisionist'를 자칭했기 때문에, 그것에 대한 비판적 입장에서 일본에서는 그 번역어인 '역사수정주의'가 부정적인 의미를 지니게 되었고, 일종의 '악'을 가리키는 말이 되었다는 것은 일본 역사학자들 사이의 공통된 견해라고 생각한다.

내가 느끼는 위화감은 크게 두 가지인데, 그 첫째는 일본어에서는 '역사수정주의'가 이처럼 부정적인 의미만 지니고 긍정적인 의미에서 자신을 대변하는 용어로 쓰는 사람도 거의 없기 때문에, 그 내용이나 자기인식 여하를 불문하고 자신과 다른 견해를 사회적으로 '말살'하기 위한 용어로 사용되는 경우가 있다는 점이다. 즉 '딱지 붙이기'이다. 여기서 말하는 '역사수정주의'에는 '수정파' 등의 파생어도 포함된다.

두 번째 위화감은 '역사수정주의'에 끊임없이 부정적인 의미를 부여하려는 움직임으로 인해 역사를 '재검증'하는 것 자체가 금기시되고 있는 게 아닌가 하는 의구심이다. 역사학이란 끊임없이 역사를 재검증하는 작업이고, 비석이나 금속판에 불멸의 문구를 새겨넣는 일이 아니다. 그런데도 '역사수정주의'라고 '딱지'를 붙이는 언행은 그러한 작업을 막는 것이고, 그것은 역사학의 자살이 아닐까.

오해하지 않기를 바란다. 나는 홀로코스트 부정론자의 역사관이 '옳다'고 생각하는 게 아니다. 나는, 이 사람들의 자칭 '역사수정주의자'라는 말을 일반화해 부정적인 의미를 부여함으로써 '역사의 재조명'이라는 '지智의 애호' 행위 자체가 부정당하고, 그 결과 역사 기술의 '가치'를 '마땅히 그래야 할' 역사인지 아닌지의 기준으로 재단하는 사태가 초래되고 있는 건 아닌지 우려하고 있는 것이다. '마땅히 그래야 할'의 '마땅히'를 결정하는 것은 '국가'와 '민족', 이데올로기, 저널리즘, 여론, 운동 등 '학문'의 외적 존재이다. 역사학은 이들의 협력자가 될 수는 있어도 봉사자가 되어서는 안 되며, 만에 하나 그렇게 되었다면 그것은 이미 '학문'이라 할 수 없을 것이다. 그러한 의미에서 최근 한국의 역사교과서 국정화 추진 움직임과 관련하여 역사학자들 사이에서 반대 목소리가 나온 것은 양심 있는 행동으로서 높이 평가되어야 할 것이다.

인간사회 자체가 행정, 사법, 보도, 운동 등 다양한 행위의 집합체이며, 그러한 행위가 각각의 원리에 따라 움직일 뿐만 아니라, '학문'이 유일한 지상至上의 원리가 아니라는 것은 인정하지 않을 수 없는 사실이기 때문에, '연구자라고 해서 무엇을 쓰든 용서받을 수 있는 것은 아니다'라는 의견을 나는 수긍한다. 그러나 다른 행위의 원리를 그대로 받아들인다면 그것은 '학문'의 자율성을 상실하는 것이고 더 이상 '학문'이라 할 수 없다. 이제까지도 진행되어온 다른 행위와 '학문'의 대화와 교섭은 앞으로도 꾸준히 이어져야만 하고, 연구자 또한 항상 그러한 자각을 가지고 있어야만 하지 않을까.

'역사수정주의'에 대해 언급했으니 용어 문제 또한 덧붙여두고 싶다. '위안부'를 둘러싸고 '성노예'라는 표현을 써야 한다는 주장도 있고, 영어로 'sex slave'라는 표현도 자주 보인다. 개인적 경험이긴 하지만, 미국의 어느 학회에서 일본에서 온 참석자 한 사람이 발표 중에 이 'sex slave'라는 표현을 썼다.[23] 그러나 그 발표자가 청중에게 보여준 사진은 'sex slave'의 '예금통장'이었다. 그때 주위의 서양 청중이 의아한 표정을 짓던 것이 인상적이었다. 아리스토텔레스는 '노예'를 "일종의 생명이 있는 소유물"이자 "인간이면서도, 그 자연에 따라

---

23 덧붙여서, 이 발표자 자신은 'sex slave'라는 표현에 특별한 의미를 부여한 게 아니라 'comfort woman(위안부)'이라는 표현과 동등하게 쓴 것이었다.

자기 자신에게 속하지 않고 타인에게 속하는 사람"(아리스토텔레스, 1978, 39쪽)이라고 정의했고, 내가 가지고 있는 『Oxford Advanced Learner's Dictionary』에도 'sex slave'는 "합법적으로 다른 사람에게 소유되어, 그 타인을 위해 노동을 강요당하는 자"로 되어 있다. 이러한 'slave'관에서 보면, 자신의 사유재산권이 보장되어 예금계좌까지 가지고 있는 사람은 'slave'라 부를 수 없다고 생각한대도 이상한 일은 아니다.

물론, 예금계좌가 있다고 해서 실제로 계좌의 예금을 그 명의자가 온전히 관리했다고는 할 수 없으며, 계좌를 갖기는커녕 '노예'로 형용해야 할 상황에 놓인 여성들이 있었다는 사실에 대한 상상력을 잊어서는 안 된다.[24] 그러나 그렇다고 해서, 그동안 '위안부'로 불리던 사람들 모두가 '성노예'였다고 전칭화하는 건 무리가 있다고 생각한다. 물론 정의定義 여하에 따라서는 전칭화도 가능하긴 하지만, 그러한 목적 위주의 정의 조작은 분류나 분석이라는 학술적 행위 자체를 무의미하게 만들어버린다. 또한 전칭화를 하지는 않았지만 가장 가혹한 사례군을 들어 일반화를 하고, 그 일반화된 상에 들어맞지 않는 사례에 대해 논하는 것을 '역사수정주의'라 비난하는 것은 적어도 이성적인 연구자가 해야 할 일은 아니다.

---

24 단, 앞에서 언급한 『Oxford Advanced Learners Dictionary』의 간결한 정의처럼 '합법적'인 것을 전제로 한다면, 노예제도가 인정되지 않는 사회에서는 '노예'는 존재하지 않고 어디까지나 '노예적' 상황만이 존재하게 되는 등, 정의는 중요한 문제가 될 뿐만 아니라, 정서가 아닌 이성적이고 정밀한 논의가 이루어지지 않는 한 혼란 속에서 '내부 갈등'조차 발생할 수 있다.

8. 나오며

처음으로 동료심사를 거친 논문을 낸 지 겨우 8년밖에 지나지 않은 나는 연구자로서는 신출내기라는 것을 충분히 자각하고 있다. 또한 내 연구가 이론적인 면보다는 작업적인 면을 중시하는 경향이 있어서, 그러한 의미에서도 이 글에는 단순한 착각이나 어쩌면 이론적 정합성이 결여된 대목이 들어 있을지도 모른다. 그러한 점들에 대한 비판은 진지하게 받아들이고자 한다. 내 전문분야 중 하나인 사할린 이민사회 형성사 연구는 창고 구석에서 먼지와 곰팡이에 뒤덮인 장부를 한 쪽씩 넘겨가며 당시의 어느 연습림演習林의 하루하루의 작업량을 집계하는 작업에서 시작되었고, 또 하나의 전문분야인 사할린 이민사회 해체사 연구는 각종 명부에 게재된 한 사람 한 사람의 정보를 옮겨적는 작업으로부터 시작되었다. 이 글은 그러한 작업을 중시하는 연구자 나름의 발견도 있을지 모른다는 생각으로 용기를 내어 쓰게 된 글이다.

나는 역사인식 문제를 둘러싸고 많은 논의가 축적되어왔음을 알고 있고, 나름대로 공부도 해왔다고 생각한다. 그러나 작금의 위안부 문제를 둘러싼 여러 연구자들의 동향을 봤을 때 세 가지 면에서 당혹감을 느낀다. 하나는 '국가'와 '민족'을 넘기 위한 노력을 계속해왔고 또한 실현되고 있었음에도 불구하고 일부 연구자의 태도가 단번에 '민족주의'로 후퇴한 것처럼 보인다는 점이다. '보편성을 가장한 민족주의'를 나는 경계한다. 또 하나는 연구자가 쌓아올린 세밀한 논의가 '이해하기 쉬울 것'을 요구하는 여론 앞에서는 무력한 게 아닌가 하는 점이다. 그리고 그 '이해하기 쉬울 것'이란 바로 19세기 이래 동아시아에 보급된 '국민국가주의'이다. 마지막 하나는, '책임' 추궁을 전제로 할 때 역사 연구는 단번에 협소한 시야로 빠지는 게 아닐까 하는 것이다. 앞에 언급한 '보편성을 가장한 민족주의'에 대한 경계란 바로 이것을 말한다. '책임'을 물으려고 하면 필연적으로 거기에 주체를 상정하게 되고, 그 주체로서는 국가나 민족이 상정된다. 그 결과, 피해자와 가해자가 집단적으로 자리매김되어간다. 그리고 그렇게 되면 보이지 않게 되어버리는 것들이 너무나도 많아진다. 역사 연구로서 '국가사'와 '민족사'는 방법일 수는 있어도 목적일 수는 없다는 것이 내 생각이다. 나는, 역사학의 목적은 항상 '인간사'여야 한다고 생각한다.

내가 '숫자를 묻는 일'과 '많고 적음을 묻는 일'을 엄격히 구별한 것은, 단지 어느 사상事象의 가혹함이나 존재의 유무에만 관심을 갖고 전칭화와 일반화의 응수에 빠지고 마는 후자의 태도에서 복잡한 실태를 파악하기 위해 겸허하고 진지한 전자의 자세로 옮겨감으로써 우리가 조금이나마 '인간사'에 가까워질 수 있지 않을까 하고 생각하기 때문이다. 내가 '숫자를 묻는다'는 말에 담은 것은 단순히 '총수'를 세어 열거하는 것이 아니라, 어떤 집단의 내부를 정밀하게 분류·분석하고 때로는 그 집단의 윤곽의 애매함까지도 지적하는 것과, '숫자'를 둘러싼 담론 자체를 묻는다는 자세이다.

"탄식하고 슬퍼 분노하는 당사자"를 내버려두어서는 안 되고, 이들과 '학문'이 어떻게 마주하며 나아가야 하는가 하는 중대한 문제(中山, 2016)에 대해 이 글에서 논할 여유는 없었지만, 그것에 관해서는 향후 다른 글을 통해 살펴보고자 한다. 위안부 문제의 전문 연구자가 아닌 내가 이러한 자리에 동참한 일이 사상을 넘어선 보편성에 대해 논할 수 있는 기회를 제공하고 또한 인문학의 궁극적인 목표인 '인간을 아는 작업'에 조금이나마 기여할 수 있기를 바란다.

(번역: 박태규)

〈인용문헌〉

アリスとテレス, 1978, 『政治学』(山本光雄訳), 岩波書店.

鴨長明, 1989(1212), 『方丈記』(市古貞次校注), 岩波書店.

金富子, 2015, 「根拠なき新説？ 朴裕河氏をもてはやしていいのか」, 『週刊金曜日』 1067号.

厚生省援護局編, 1977, 『引揚げと援護三十年の歩み』, 厚生省.

島村恭則編著, 2013, 『引揚者の戦後』, 新曜社.

全国樺太連盟編, 1988, 『樺太連盟四十年史』, 全国樺太連盟.

高木健一, 1990, 『サハリンと日本の戦後責任』, 凱風社.

竹野学, 2016, 「樺太からの日本人引揚げ(1945～49年)－人口統計にみる」, 今泉裕美子 ほか編, 『日本帝国崩壊期「引揚げ」の比較研究』, 日本経済評論社.

中山大将, 2010, 「帝国崩壊による樺太・サハリンをめぐる人口移動の形態および移動後 の社会と経験」, 蘭信三編, 『日本帝国崩壊後の人口移動と社会統合に関する国際社 会学的研究』, 科研中間報告書(蘭信三, 「日本帝国崩壊後の人口移動と社会統合に 関する国際社会学的研究」)

_____, 2011, 「二つの帝国、四つの祖国－樺太/サハリンと千島/クリル」, 蘭信三編, 『アジア遊学145 帝国崩壊とひとの再移動』, 勉誠出版.

_____, 2012a, 「樺太移民社会の解体と変容－戦後サハリンをめぐる移動と運動か ら」, 『移民研究年報』18号.

_____, 2012b, 「韓国永住帰国サハリン朝鮮人－韓国安山市「故郷の村」の韓人」, 今 西一編著, 『北東アジアのコリアン・ディアスポラ－サハリン・樺太を中心に』, 小樽 商科大学出版会.

_____, 2013, 「サハリン残留日本人－樺太・サハリンからみる東アジアの国民帝国と 国民国家そして家族」, 蘭信三編著, 『帝国以後の人の移動－ポストコロニアルとグ

ローバリズムの交錯点』, 勉誠出版.

_____, 2014, 「サハリン残留日本人の冷戦期帰国−「再開樺太引揚げ」における帰国者
と残留者」『移民研究年報』20号.

_____, 2015a, 「サハリン韓人の下からの共生の模索−樺太・サハリン・韓国を生き
た樺太移住韓人第二世代を中心に」『境界研究』第5号.

_____, 2015b, 「解説 サハリン残留日本人の歴史」, NPO法人日本サハリン協会編, 『樺
太(サハリン)の残照−戦後70年 近藤タカちゃんの覚書』, NPO法人日本サハリン協
会.

_____, 2016, 「〈和解〉と〈救済〉という二つの読み方」, 三・二八集会実行委員会
編, 『「慰安婦問題」にどう向き合うか−朴裕河氏の論著とその評価を素材に 研究
集会記録集』, 三・二八集会実行委員会. (http://0328shuukai.net/)

_____, 2017, 「離散をつなぎなおす−なぜサハリン残留日本人は帰国できたのか」,
秋津元輝・渡邊拓也編, 『変容する親密圏／公共圏12 せめぎ合う親密と公共-中間圏
というアリーナ』, 京都大学学術出版会.

朴亨柱, 1990, 『サハリンからのレポート』, 御茶の水書房.

朴裕河, 2014, 『帝国の慰安婦−植民地支配と記憶の闘い』, 朝日新聞出版.

_____, 2016, 『引揚げ文学論序説−新たなポストコロニアルへ』, 人文書院.

林えいだい, 1991, 『証言・樺太朝鮮人虐殺事件』, 風媒社.

三島由紀夫・古林尚, 1989, 『三島由紀夫 最後の言葉』(カセットテープ), 新潮社.

李炳律, 2008, 『サハリンに生きた朝鮮人−ディアスポラ・私の回想記』, 北海道新聞社.

제2부

문학으로 보는
전쟁과 섹슈얼리티

더 큰 조감도를 바탕으로
—박유하를 변호한다

요모타 이누히코四方田犬彦

1.

비교문학은 인문학 중에서도 아주 효율이 떨어지는 학문이다.

우선, 자국어뿐만 아니라 복수의 외국어에 정통해야 한다. 최소한 자유롭게 그 텍스트를 읽고, 학회에서 의견을 교환할 수 있어야 한다. 자국어로 쓰인 텍스트만을 대상으로 자국 문맥 내부에서 해석하는 작업에 비하면, 훨씬 더 많은 시간과 노력, 그리고 정열이 필요하다. 그럼에도 불구하고 사람들은 왜 비교문학이라는 분야에 매료되고 비교문학을 연구하려 하는 것일까. 비교문학은 사람들에게 무엇을 가져다주는 것일까.

아주 간단히 말하자면, 비교문학은 사람들을 (정치적으로도, 문화적으로도) 내셔널리즘의 멍에로부터 해방시키는 효용을 지니고 있다. 『겐지 모노가타리』한 장의 제목인 '総角'(소카쿠, 아게마키)이라는 단어가 한국에서 미혼 남성을 뜻하는 '총각'과 똑같이 표기된다는 사실을 알게 되면, 일본에서 때때로 회자되는 문화순수주의라는 것이 얼마나 치졸한 신화에 불과한 것인지를 인식할 수 있게 된다. 조선의 이상李箱과 타이완의 양츠창楊熾昌을 나카하라 주야中原中也 옆에 두고 읽으면, 1920년대부터 30년대에 걸쳐 동아시아도 세계적인 문학적 전위운동의 권역 안에 있었음을 이해할 수 있게 된다. 이것은 어찌 보면 하나의 국가, 하나의 언어의 내부에서 자족적인 체계가 구축된 것처럼 보이는 문학사가 실은 타자와의 끊임없는 교류를 거쳐 성립된 우연한 현상에 지나지 않는다는 것을 우리에게 가르쳐준다. 하나의 국가의 하나의 문학만이 민족 고유의 본질을 표상한다는 식의 지난 세기 신화의 오류를 가르쳐주는 것이다. 비교문학은 우리에게 문화와 문학을 둘러싼 나르시시즘적인 스토리의 외부에 펼쳐져 있는, 비바람 몰아치는 황야를 가리켜 보여준다.

한편, 비교문학자에게는 때로 예상치 않았던 편견의 희생자 역할이 강요된다. 콜롬비아대학에서 비교문학을 가르치고 있었던 에드워드 W. 사이드가 겪은 수난이 그 전형적인 예라 할 수 있다.

대학에서 잠바티스타 비코와 에리히 아우어바흐를 독실하게 논구하고 있던 사이드는, 어떤 일을 계기로 자신의 고향인 팔레스타인 문제에 대해 발언하기 시작했다. 몇 권의 저서가 미국의 좁은 아카데미즘의 틀을 넘어 국제적 영향력을 갖게 되었을 때, 그는 엄청난 비방을 겪어야 했다. 사이드를 비난, 공격하고 허무맹랑한 소문을 퍼뜨린 이들은 주로 유대계 미국인인 중동지역 연구자들이었다. 그들은 사이드가 중동사 전문 학자는 아니라고 단정하고, 아마추어는 팔레스타인을 논할 자격이 없다는 선전을 대대적으로 개시했다. 사이드를 중상비방한 것은 이스라엘인이 아니라 주로 미국 국적을 갖고 미국에 거주하고 있는 유대인이었다. 이스라엘에는 냉정하게 그의 저서를 읽고 그 과감한 언동에 공감하는 일란 파페(후에 이스라엘에서 추방당했다) 같은 유대인 중동사 전문가가 있었다. 그러나 반反사이드파는, 사이드의 책이 진실을 왜곡하는 반유대주의라고 주장하고, 그가 팔레스타인에서 인티파다(팔레스타인인들의 반이스라엘 저항운동의 통칭으로, '봉기', '반란'을 뜻하는 아랍어이다—옮긴이)에 찬동하여 돌을 던지고 있는 사진을 날조하여 태연히 테러리스트로 몰아붙였다. 그들 중 다수는 말할 필요도 없이 정치적 시오니즘의 찬미자로, 국가로서의 이스라엘만이 세계로 흩어진 유대인(문제)의 궁극적인 해결의 땅이라는 신념을 공유하고 있었다.

이러한 사실을 알게 되었을 때, 나는 텔아비브대학에 재직할 때 보고 들은 이야기를 떠올렸다. 내가 아는 한, 이스라엘에서 태어나 자란 유대인들 중 다수는 팔레스타인인의 존재를 당연한 것으로 보고, 사태의 참혹성을 끔찍해하면서도 사태를 객관적으로 바라보고 있었다. 그에 반해, 미국에서 온 유대인들은 두 민족의 대립을 지극히 관념적으로 파악하고, 팔레스타인인들에게 상궤를 벗어난 증오를 지니고 있었던 것이다.

나는, 유대계 미국인 학자들의 사이드를 향한 광신적인 공격성의 저변에 깔린 것을 막연하게나마 추측할 수 있다. 그들은 이 팔레스타인 출신 비교문학자를 자신들의 '전문영역'에서 배제하는 작업을 통해, 미국에서 때로 희박해지기 쉬운 유대인으로서의 아이덴티티를 재구축하고 싶었던 것이다. 현실의 이스라엘에 거주하지 않고 헤브라이어도 구사할 수 없기 때문에 오히려 이스라엘을 약속의 땅으로 순화시켜 꿈꾸는 이들에게, 사이드라는 존재는 자신들이 유대인임을 확인시켜주는 귀중한 매개체였다.

박유하의 『제국의 위안부』는 먼저 한국에서 발행되고, 좀 지나서 일본어로 번역되었다. 적지 않은 일본의 지식인, 특히 일본에서 지배적인 우파 미디어에 늘 이의를 제기해왔던 지식인들에게 환영받고, 두 개의 상을 받았다. 이 상찬 및 수상과 동시에, 한국의 한국사 연구자들이 그녀를 거세게 공격하기 시작했다. 또 이 책이 위안부를 모욕하고 있다는 혐의로 형사소송의 대상이 된 직후부터, 재일조선인 조선사 전문가가 박유하의 책은 사실무근인 기술로 가득하다는 선전에 나섰다. 나는 이 사태가 전문가로서의 한이나 질투가 만든 것이거나 아이덴티티 위기를 회피하기 위해 박유하를 중상모략한 것이라는 등의 한심한 사태라고는 꿈에도 생각하고 싶지 않다. 그러나 그들이, 일본제국주의에 향수를 품고 있는 일본의 우파를 기쁘게 해주기 위해 『제국의 위안부』가 집필되었다는 등의 말을 혹시라도 했다면, 그 말은 의도적으로 내뱉은 비열한 표현이라고 생각한다. 그런 말은 그들이 오랫동안 해온 연구를 스스로 모욕하는 결과만을 남길 것이다.

아무튼 내가 곧바로 상기한 것이 사이드가 체험한 수난이었다는 점은 말해두고 싶다. 박유하와 사이드는 역사가가 아니고 넓은 뜻에서 비교문학 연구자라는 공통점이 있다. 박유하는 초기 저작인 나쓰메 소세키夏目漱石론이나 야나기 무네요시柳宗悦론에서 두드러지는 것처럼, 『오리엔탈리즘』의 저자에게 이론적인 시사를 받았고, 사회 내부에서 지배적인 신화를 비판할 수 있는 용기를 공유하고 있었다. 그리고 사이드가 '아마추어'라는 호칭 아래 비방당한 것과 마찬가지로, 박유하 또한 위안부 문제의 전문가가 아님에도 발언했다는 이유로 격렬한 비난과 공격을 받았다.

내가 예전에 겪은 괴롭힘과 협박이 생각났다. 1995년 일인데, 영화가 만들어진 지 100년이 되는 해라 NHK 교육TV가 12회짜리 세계영화사 프로그램을 만들어달라고 의뢰해왔다. 나는 의뢰를 받아들여 구로사와 아키라黑澤明나 존 포드, 페데리코 펠리니 등의 이른바 세계의 명작영화를 소개해나갔다. 다만, 최종회에는 이제 마지막이다 싶어 작정하고 16밀리 필름의 개인영화를 방영하기로 했다. 선택한 영화는 야마타니 데쓰오山谷哲夫가 1979년에 찍은 〈오키나와의 할머니沖繩の ハルモニ〉라는 작품이었고, 하나밖에 남지 않았다는 감독 소장 필름을 빌렸다. 그 작품에서, 위안부였던 조선인 여성은 일본이 전쟁에서 이겨줬으면 했다는 말을 거듭했고, 미소라 히바리美空ひばり와 고바야시 아키라小林旭가 얼마나 멋졌는지에 대해 이야기했다. 이제 와서 한국이라니, 너무 부끄러워서 도저히 돌아갈 수 없다는 말에 나는 아주 강렬한 인상을 받았다. 현재의 NHK에서라면 있을 수 없는 일이겠지만, 방송은 잘리지 않고 방영되었다.

공영방송에서 16밀리 필름 영화의 일부가 2분쯤 방영된 직후부터, NHK와 내가 다니던 대학에 엄청난 항의가 쏟아졌다. 편지에는 '비국민', '매국노' 같은 표현과 함께, 한국인과 피차별 부락민을 둘러싼 갖가지 욕설이 적혀 있었다. '고향인 소련으로 돌아가라'는 편지도 있었다. 겁이 난 건 아니지만, 나는 편지에 적힌 표현의 저급함에 경악을 금할 수 없었다. 왜 모두가 한결같은 어휘에 호소하는 것밖에 못 하는 걸까. 이때의 체험이 계기가 되어, 5년 후 서울의 어느 대학에서 강의를 하게 되었을 때 나는 정대협이 주최하는 수요집회에 참여했고, 일본 화과자를 가방에 가득 넣고 나눔의집을 방문하여 위안부 할머니들과 몇 차례 이야기를 나누었다.

물론, 박유하에 대한 비방은 규모와 성격에서 나에 대한 비방과는 전혀 다르다. 그 비방은 비교할 수 없을 만큼 심각하고 훨씬 거대하다. (한국말로, 그다지 좋은 말은 아니지만) '무식'한 자들에 의해 행해진 돌발적인 것이 아니라, 일정한 지식계층 사람들에 의해 체계적이고 전략적으로 준비된 것이기도 하다. 중상하는 이들은 위안부의 이름으로 그녀를 형사고소하고 국민 차원의 여론을 조작하여 그녀가 '대일본제국'을 변호하고 있다는 악의에 찬 허위선동을 이어갔다. 그녀가 한국에 거주하는 한 고립과 위협을 느낄 수밖에 없는 집단행동도 마다하지 않았다. 그 박해의 과격함은 일본의 어느 독문학자로 하여금 아이히만을 논한 한나 아렌트의 이름을 언급하게까지 만들었다.

분명 박유하는 이제까지 위안부 문제를 일생의 연구주제로 삼아 연구해온 역사가는 아니다. 앞에 기술한 것처럼 일본문학 연구를 중심으로 활동해온 일개 비교문학자에 불과하다. 그러나 그녀를 '아마추어'라는 이름으로 단죄하려는 움직임에 대해 나는 반론하고 싶다. 지식인이란 전문 학자와는 다른 것이라는 사실을 전제하면서, 지식인이란 원래 아마추어일 것을 필요조건으로 한다는 사이드의 말을 인용하고 싶다. 사이드는『지식인의 표상』에서 이렇게 쓴다.

아마추어주의란 이윤이나 보상에 의해 움직이는 욕구가 아니라, 전문성에 묶이는 것을 거부하고 직업적 제약을 극복하여 이념과 가치를 살피면서 여러 경계와 장벽을 가로지르는 연결점들을 만들어 더 큰 그림을 그리는 일에 대한 애정과 충족될 수 없는 관심에 의해 추동되는 욕구입니다.(최유준 옮김, 마티, 91쪽)

만약 내가 박유하 사건을 사이드의 수난에 견주는 것이 정당하다면, 지금부터 내가 써야 하는 것은 『제국의 위안부』가 제시한 '더 큰 조감도'에 대해서일 것이다. 그것은 작은 사실오인이나 자료 해석의 상대성 차원을 넘어, 일본과 한국에서의 내셔널리즘을 비판하면서도 일본이 과거에 저지른 역사적 죄과를 비판적으로 검토하는 관점을 제시하는 것으로 이어져 있어야 한다. 내가 이 책에서 배운 것을 이하에 써 두기로 한다.

2.

역사적 기억에는 여러 갈래의 층위가 있다. 그저 사실과 통계를 열거하는 것이 역사인식이 되는 건 아니라는 점을 알기 위해서는, 먼저 기억과 그것을 이야기하는 목소리의 다층성에 대해 알아두어야 한다. 특히 그것이 전쟁이나 혁명 같은 동란기의 기억일 경우, 어떠한 시각으로 바라보는지에 따라 얼마든지 다른(능동적인, 반동적인) 평가도 가능해진다. 기억의 최상층부에는 국가적인 기억, 즉 현 정권인 체제가 승인하고 미디어에서 지배적일 뿐만 아니라 교과서 기술을 통해 교육제도 안쪽까지 깊숙이 파고든 스토리가 존재한다. 이 스토리는 '신성하며 침범되어서는 안 된다'라는 성격을 갖고 있다.

국가적 기억에 준하는 위치가 될 수 있는 것으로, 특권적인 목소리가 만들어내는 정형적(定番, vernacular) 담론이 존재한다. 그 담론은 그 사회에서 충분히 카리스마화된 인물, 신격화된 '당사자'의 증언이거나 미디어에 결정적인 영향력을 갖는 저명인의 발언인 경우가 많다.

정형적인 담론은 항상 미디어의 함수이다. 그것은 미디어에 의해 전략적으로 연출되고 기록되고 이데올로기적 형성물로서 공공의 장에 제시된다. 정확히 말하자면, 그것은 역사라기보다는 롤랑 바르트적인 의미의 '신화'라고 불러야 하는 어떤 것이다. 신화가 갖고 있는 이데올로기적 권능의 힘은, 이 담론을 국가기억과는 별개의 의미로 사회의 지배적인 담론, 공식적이라 할 수 있는 담론으로 기능하게끔 한다.

세 번째로, 기억의 하층부에 존재하며 그 시대를 살아간 이름없는 자, 잊혀진 자, 부당하게 천대받고 그 목소리에 접근하기가 어려워져 버린 이들의 목소리가 있다. 그것은 바로 '체험된 시간'의 '살아 있는 체험'(민코프스키)에 의한 생생한 증언이지만, 미디어를 경유하지 않았기 때문에 논의도 계승도 되지 않고 정형적인 기억에 의해 억압되고 있는 상태이다. 지식인이나 미디어에 관련된 이들이라는 여과기를 통과하지 않는 한, 이 목소리는 사람들 앞에 그 모습을 드러내 보이지 못한다.

그러나 이 목소리는 그나마 난관을 극복해나가면 도달할 수 있다는 가능성을 갖고 있다는 점에서, 더 하층부에 깔려 있는 최후의, 제4의 목소리보다는 나을지도 모른다. 제4의 목소리란, 문자 그대로 침묵이다. 세상의 가장 낮은 곳에서 살아갈 것을 강요당한 서발턴이 처한 것이 그러한 상황이다. 그들은 결코 말하지 않는다. 이야기할 목소리를 가지지 못한다. 어떤 계몽적인 계기가 눈앞에 닥친다 해도, 조개처럼 입을 굳게 다무는 선택을 이어간다.

현재 문제가 되고 있는 일본군 '위안부' 문제에 대입해 보면, 최상층부에 존재하는 국가의 담론은, 2015년 박근혜 대통령과 아베 수상이 체결한 한일 합의가 그 최신 버전에 해당한다. 그리고 이 문제는 일본이 10억 엔을 한국에 지불하는 것으로 종결되었다는 에필로그까지 곁들여진다.

　정형적인 목소리란, 정대협과 그 주변의 동반자적 역사학자들에 의해 만들어진 한국의 지배적 담론을 의미한다. 위안부는 항상 민족주의적인 정신으로 무장되어 있고 일본군에 대한 저항을 멈추지 않았다고 그들은 주장한다. 그녀들을 위안부로 만든 것은 오로지 일본군이고, 모든 한국인은 모든 상황에서 피해자였다. 위안부는 어떠한 경우에도 고결하고, 무구하며, 모범적인 한국인이었다. 이러한 주장 아래, 목소리는 특정한 이미지를 만들어낸다. 그리고 정대협은 자신들이 위안부의 목소리의 유일하고도 정통적인 표현자임을 자인하고 있다.

　제3의 목소리는 1990년대에 차례로 나타난 일본군 '위안부' 여성들의 것이다. 이것은 어디까지나 개인의 목소리이며, 원래는 극히 다양하고 잡다한 요소로 가득한 것이지만, 앞에서 말한 것처럼 아쉽게도 제2의 목소리, 즉 정형적인 목소리에 의해 질서가 부여되어, 노이즈가 제거된 상태가 아니고선 우리 귀에 들리지 않는다.

　그렇다면 제4의 목소리는 어디에 있는가. 그것은 한국에서 나타나지 않은 위안부들의 기억이다. 혹은 한국과는 달리 스스로 나타나는 일이 없는 일본인 위안부들의 내면에 감춰진 기억이다. 기묘하게도, 위안부 문제를 거론하는 이들은 주로 한국에서의 문제를 논할 뿐, 방대한 숫자로 존재했던 일본인 위안부의 존재를 당연하다는 듯이 무시한다. 그 원인은 그녀들의 목소리가 거의 존재하지 않기 때문이다.

　박유하는 왜 중상·비방의 대상이 되었을까. 간단히 말해, 그녀가 정형적이고 지배적인 목소리를 거부하고, 있을 수 있었는지도 모르는

(alternative) 또다른 목소리를, 방대한 위안부 증언집으로부터 이끌어 내는 작업을 시도했기 때문이다. 위안부 스토리의 절대성을 고집하는 이들의 역린을 건드린 것은 그녀의 그러한 행동이었다.

박유하는 그녀가 말하는 '공식적인 기억'이 근년에 걸쳐서 어떤 식으로 위안부 신화를 인위적으로 구축해나갔는지를 면밀히 따져, 과감하게도 그 상대화를 시도했다. 공식적인 기억=스토리가 이제까지 은폐하고 배제해온 위안부들의 복수의 목소리에 그 탐구의 눈길을 돌린 것이다. 그러면서 한국인과 일본인이 집필한 소설 작품, 한국의 영화, 만화, 애니메이션 등까지 참조 텍스트로 삼아 언급하고, 한국사회의 위안부 신화의 형성 과정을 분석하는 실마리로 삼았다.

오해를 피하기 위해 분명히 말해두지만, 이러한 작업은 어디까지나 비교문학자의 방법에 의한 것이다. 그녀는 하나의 담론을 다룰 때, 그것을 절대적인 사실이 아니라 어떤 구체적인 (이데올로기적인, 문화적인) 시각에서 해석한 '사실'로 보고 있다. 여기서『도덕의 계보학』의 니체를 인용하는 것은 마치 대학의 학부 1학년생에게 강의를 하는 것 같아 내키지 않지만, 그 어떤 사실도 그 사실을 둘러싼 해석일 뿐이라는 인식론적 전제에 대한 이해 없이는 한 발짝도 앞으로 나아갈 수 없다는 점을 먼저 말해두겠다. 박유하란, 박유하라는 이름의 해석의 의지인 것이다. 그녀는 앞에서 내가 말한 세 번째 목소리를 마주했다. 다양성을 가지고, 개인의 생애를 건 체험에 기반한 것이면서, 정형적인 지배원리하에서는 불순한 것으로 배제당하고 잘려나간 목소리 속으로 들어가, 거기서 공식 기억과 상반되는 이야기를 이끌어내는 데에 성공했다.

이러한 작업의 동기는 무엇일까. 그것은 위안부 문제를 더 큰 문맥,

즉 제국주의와 가부장제를 기초로 형성되어온 동아시아의 근대국민 국가 체계의 문맥 안에서 인식하고, 그것을 더 깊은 차원에서 비판하기 위해서이다. 이 커다란 비전을 이해하지 않고는, 저작에서의 자료적 차이를 야단스럽게 언급하고 역사실증주의자로서의 자신을 강조해봐야 무의미한 몸짓에 그칠 뿐 그녀에 대한 비판이 되지는 않는다. 역사적이라고 보여져온 '사실'이란 늘, 특정한 이데올로기 아래 위치 지어지면서 '사실'로서 정립된다는 고전적 명제가 재확인될 뿐이다.

3.

박유하가 기존의 공식적인 위안부 신화에 들이민 의문은 크게 두 가지로 요약된다.

하나는 위안부들이 반드시 민족의식을 가진 한국인으로서 일본군에 대해 저항하는 주체였던 것은 아니라는 지적이고, 또 하나는 그녀들을 어리고 순진가련한 소녀로 표상하는 것은 그 비참하고 더욱 굴욕적이었던 현실을 교묘히 은폐해버린다는 지적이다.

위안부들은 일본인 병사를 위해 단순히 성을 강제로 제공한 것만이 아니었다. 그녀들은 고향과 가족으로부터 멀리 떨어져서, 잔혹한 전쟁터에서 생명의 위험에 노출되어 있는 젊은이들을 위해, 문자 그대로 위안을 제공해야 하는 존재였다. 위안부와 일본인 병사의 차이점은, 전자가 성을 제공한 데에 비해 후자는 생명을 제공할 것을 강요당한 점일 뿐, 둘 다 제국에 있어서는 인격적인 존재가 아니라 대체 가능한 전력에 지나지 않았다. 박유하는 위안부의 증언뿐만 아니라 다양한 텍스트를 동원하면서, 위안부가 일본군에 협력하지 않으면 살아남을 수 없었던 가혹한 상황을 상상하도록 독자에게 요구한다. 이 한 구절만 읽어도, 그녀가 위안부를 매춘부라 부르고 모욕했다는 기소장이 사실무근이며 명백한 악의에 의해 준비된 것임이 판명된다.

박유하의 분석의 뛰어난 점은, 피식민자인 조선인 위안부가 그 내면에서 일본인에게 과잉적응하여 외지에서 때로 일본인으로서 행동했다는 사실을 지적한 데에 있다. 이는 기존의 공식 기억에서는 있어서는 안 될 사실이었다. 그러나 박유하는 그녀들을 비난하는 게 아니라, 반대로 이러한 제국의 내면화야말로 더욱더 용서받을 수 없는 제국의 죄임을 지적하고 있다. 일본군 병사와 위안부를 강간하는/강간당하는 대립관계로서만 파악하는 것이 아니라, 똑같이 제국주의에 강요당한 피해자로 보는 시점은 향후 역사 연구에 있어 새로운 윤리적 측면을 제시할 것이다. 그것은 일본제국주의에 의한 강제연행이 조선인, 중국인에게만 행해진 것이 아니라, 나가노 현이나 야마가타 현의 농민들이 온마을 통째로 만주국 개척에 동원당해야 했던 경우 등과 비슷하게 봐야 한다는 입장과도 이어지는 관점이다.

조선인 위안부들은 치마저고리 같은 민족의상을 입는 것을 허가받지 못했다. 그녀들은 조금이라도 일본인에 가까워지도록 이름도 일본풍으로 고치고 기모노를 입으라는 명령을 받았다. 그 모습을 한번이라도 목격한 적이 있는 한국인이라면 그것은 더할 수 없는 굴욕일 것이다. 서울의 일본대사관 앞에 건립되어 현재 한국 곳곳에 복제물이 세워진 소녀상에 박유하가 강한 위화감을 나타내는 것은, 그 상이 현실의 위안부가 체험한 굴욕의 기억을 은폐하고 이상화된 스테레오타입을 만연시키는 데에 기여하기 때문이다. 이 소녀상은, 설사 한국이 아무리 일본에게 짓밟혔더라도 여전히 처녀라는 신화적 믿음에 대응하는 형태로 제작되었다. 그러한 의미에서, 패전 후 미국에 점령당한 일본에서 하라 세쓰코(原節子: 패전후 일본을 대표하는 여배우-옮긴이)가 '영원한 처녀'로서 숭배받고 현재도 일본을 대표하는 표상으로서의 위치를 부여받고 있는 사실을 떠올리게 된다.

그러나, 왜 소녀상인가. 박유하를 비난·공격하는 이들은, 위안부의 평균연령이 더 높다는 사실에 의하면 이 조각상이 부자연스럽다는 그녀의 주장에 대해, 왜 이렇게까지 눈을 부릅뜨고 반론하는 것인가. 문제는 통계자료를 둘러싼 해석의 차원에 있지 않다. 위안부가 순결한 처녀가 아니면 안 된다는 광적인 믿음을 가진 한국인의 신화 쪽에 있다. 그러나 여기서 박유하를 떠나 사견을 말하자면, 역사의 희생자를 무구한 처녀로 표상하는 일은 위안부에 한정되지 않는다. 3·1 독립운동에서 학살된 유관순도, 북한에 납치되어 생사불명인 요코타 메구미 橫田めぐみ(일본에서는 '짱'이라는 호칭을 붙여야 한다)도 오키나와의 동굴에서 대부분이 살해당한 '히메유리姬百合 부대'의 여학생들도 모두 소녀였고, 바로 그렇기에 비극의 효율적인 기호로 선전되어왔기 때문이다. 이는 정치인류학적으로 말해 동아시아 특유의 병리이다. 박유하의 소녀상 비판은 전후의 일본인마저도 무의식하에서 이 스테레오타입의 상징법에 조작되어왔다는 사실로 우리를 이끌어간다.

『제국의 위안부』 저자가 주장하고 싶은 것은, 이것이 전시에 한정된 문제가 아니라는 사실이다. 위안부 문제의 궁극적인 원인으로서 규탄받아야 할 것은 제국주의이며, 그런 한 군인도 위안부도 모두 희생자인 것이다. 이 관점은 일본과 한국을 영원한 대립관계에 놓고 일본 측이 일방적으로 역사를 왜곡했다고 주장하는 '위안부의 대변자'의 불모의 내셔널리즘을 논리적으로 상대화한다. 한국에서의 공식 기억이 왜곡하고 은폐해온 위안부의 진실을 탐구하기 위해서는 박유하가 제출한 조감도의 크기를 이해하지 않으면 안 된다.

4.

박유하는 『제국의 위안부』 마지막 부분에서 정창화 감독의 1965년 영화 〈사르빈강에 노을이 진다〉를 언급하고 있다. 이 책에서 영화를 언급한 유일한 대목이다. 무대는 미얀마의 일본군 주둔지이다. 조선인 위안부 여성이, 그녀가 배치된 부대의 '친일파' 학도병 장교에게 묻는다. 나는 간호사가 된다고 듣고 이곳에 속아서 왔다. 당신은 아직도 일본제국주의가 신사적이라고 믿고 있느냐고. 이 장면에서 알 수 있는 것은, 영화가 제작된 1960년대에는 한국인은 1990년대에 확립된 위안부를 둘러싼 공식적 기억과는 다른 기억을 가지고 있었다는 사실이다. 이 위안부는 모든 비참의 근원에 일본제국주의가 존재한다는 사실은 충분히 인식하고 있었지만, 자신이 이곳에 있는 것은 강제연행의 결과는 아니라고 주장하고 있는 것이다. 〈사르빈강에 노을이 진다〉는 (오늘날, '예술적 영화' 범주 안에 들지 못했기 때문에 한국의 영화 연구자가 이에 대해 언급하는 일은 없지만) 이렇게 강제연행의 신화가 집합적 기억으로서 인위적으로 형성되기 이전의, 일반 한국인의 역사인식을 알기 위한 귀중한 자료로서 그 가치가 충분하다.

　박유하가 한국의 B급영화를 언급하였기에, 영화사가인 나는, 그 후의 한국 영화가 어떤 식으로 일본군 '위안부'를 그려왔는지를 일본 영

화와 비교하면서 보충적으로 기술해두려고 한다.

　한국에서는 1970년대부터 80년대에 걸쳐, 몇 편의 위안부 영화가
제작되었다. 1974년 시점에 나봉한 감독(신문광고의 '라봉한'은 나운규
의 아들인 '나봉한'의 당시 표기인 듯하다-옮긴이)에 의해 〈여자정신대〉라
는 작품이 촬영되었다. 필름은 남아 있지 않고, 영화 연구자인 최성구
가 최근 발굴한 신문광고를 통해 간신히 그 존재를 알 수 있을 뿐이다.
'블러디 섹스Bloody sex'라는 영어 제목과 함께 '위안부 8만 명의 통
곡!! 영화 역사상 최대의 충격을 가진 문제의 대하드라마'라는 선전문
구가 적혀 있다. 박정희 군사정권하에서는 여성의 나체를 포함한 에

로틱한 영화표현은 엄격한 검열 대상이었다. 그 때문에 제작자와 감독은 일본군의 역사적 만행을 규탄한다는 도덕적 구실 아래 에로틱한 묘사를 담뿍 담은 영화를 만든다는 발상을 떠올렸다. 한국인에 의한 강간 장면은 안 되지만, 광기에 빠진 일본 군대가 강간을 한다면 역사적 사실로서 그 표상이 용서받는다는 한국인의 민족감정을 역이용한 제작 자세를 여기서 엿볼 수 있다.

내가 실제로 한국의 극장에서 볼 수 있었던 위안부 영화는 이상언 감독의 〈종군위안부〉이다. 1980년대 초반 일이었다. 이 감독은 야구선수 장훈의 다큐멘터리 영화를 찍은 이인데, 작품목록으로 판단하건대 아마도 소재를 가리지 않고 주문을 받아 감독·제작한 사람인 듯하다. 〈종군위안부〉는 호평을 받아 이후 시리즈화되었다고 들었다. 제작 의도는 〈여자정신대〉의 연장선상에 있다. 조선의 무고한 처녀들이 납치되어 위안소에 갇히고, 밤낮으로 일본 군인에게 강간당한다. 그러나 영화 도중에 일본인 군인이라는 사실은 아무래도 상관없는 것이 되면서 그저 남녀의 성행위만이 몇 번이고 이어진다. 이러한 영화가 한국에서 사회적으로 규탄당하지 않고 당당하게 제작된 것은 아마도 위안부 문제에 관여해온 지식인들이 자국의 영화라는 미디어를 철저하게 경시해서 아예 그 존재를 모르거나 학문적 대상으로서 논할 가치가 없는 것으로 치부했기 때문일 것이다.

2000년대에 들어서자 한국에서도 본격적으로 (식민지 시대를 포함하여) 자국의 영화를 분석적으로 연구하려는 기운이 높아졌다. 그러나 아쉽게도 위안부를 소재로 한 이러한 영화가 논의되었다는 이야기는 들은 적이 없다. 해방 후 한국에 공식적인 기억이 존재하고 위안부에 대해서도 공식적인 기억이 형성되어가는 과정에서 한국영화사도 공식적 기억을 만들어왔다. 거기서는 다큐멘터리 〈나눔의집〉이 모범적 작품으로서 선전되는 일은 있어도, 아마도 그보다 훨씬 많은 관객을 동원했을 〈여자정신대〉를 비롯한 위안부 영화는 결코 언급되지 않는다. 언급해서는 안 되는 치욕의 영화이기 때문일 것이다.

그렇다고 하더라도 내가 납득할 수 없는 것은, 이러한 에로영화를 한국의 남성 관객들은 어떤 마음으로 보고 있었을까 하는 의문이다. 그들은 남성으로서 일본군 병사 측에 동일화하여, 여성을 강간하는 유사쾌락을 얻고 있었을까. 아니면 같은 한국인으로서 강간당하는 여성 측에 마조히스틱하게 감정이입하여 보고 있었을까.

어느 쪽이든, 여기서 얻어지는 쾌락은 시각적으로도 스토리적으로도 도착적이다. 예전에 상하이 거리를 산책하던 중에 짐차 위에 '난징대도살'(중국에서는 '학살'이라는 용어를 쓰지 않는다)에 대한 선정적인 표지의 책이 쌓아올려져 있는 것을 보고 지극히 복잡한 심경이 되었던 체험이 떠오른다. 두 말할 필요도 없이 그것은 역사적인 사건이라는 외피를 뒤집어쓴, 잔혹행위에 관한 포르노그래피였다. 아마 이러한 예는 다른 나라에도 있을 것이다. 그것을 분석하는 것은 역사학이 아니라 미디어의 사회심리학이다. 인간은 왜 자민족의 피해자를 주제로 한 포르노그래피에 쾌감을 느끼고, 그것을 상품화해온 것일까.

나는 예전에 구로사와 아키라부터 스즈키 세이준鈴木清順, 그리고 8밀리 필름의 야마타니 데쓰오가 조선인 '종군위안부'를 스크린에 표현하려고 어떤 식으로 노력해왔는지를 조사한 적이 있다(졸저『리코란과 하라 세쓰코李香蘭と原節子』의「리코란과 조선인 위안부李香蘭と朝鮮人慰安婦」, 岩波現代文庫, 2011). 연합군최고사령부GHQ에 의한 검열이 있었음에도, 구로사와는 다니구치 센키치谷口千吉와 팀을 짜서 다무라 야스지로田村泰次郎의『춘부전春婦傳』을 영화로 만들려고 기획했는데, 매번 각본이 허가를 받지 못하고 반려당했다. 이 기획은 다니구치가 조선인 위안부를 일본인 위안단의 여가수로 설정을 바꾼〈새벽의 탈주曉の脫走〉(1949)의 감독을 맡는 것으로 매듭지어졌지만, 구로사와의 정의감이 그것으로 충족되지는 않았다. 닛카쓰日活(영화제작·배급 회사인 일본활동사진주식회사의 약칭-옮긴이)의 스즈키 세이준은 그들의 좌절을 딛고 1965년에 드디어 노가와 유미코野川由美子를 주연으로『춘부전』의 영화화에 성공한다. 거기에는, 주인공은 아니지만 한 사람의 조선인 위안부가 등장한다. 그녀는 마지막까지 한마디도 말을 하지 않지만, 주인공 남녀가 절망에 빠져 죽음으로 치달은 사실을 알고는 처음으로 입을 연다. "일본인은 항상 죽으려고만 해. 밟혀도 차여도 살아가야 하는데. 살아가는 게 훨씬 힘드니까. 죽는 건 비겁해." 중요한 배역이고, 중요한 대사이다. 세이준은 그녀를 어떤 비참한 상황에서도 주체성을 잃지 않고 세상을 투철한 눈빛으로 바라보는 존재로 그리고 있다.

일본에서 이상을 가진 영화인들이 어려움 속에서도 포기하지 않고 위안부 문제와 진지하게 마주하고 있었을 무렵, 한국의 영화인은 이를 단순한 에로영화의 소재로밖에 보려 하지 않았다. 이 차이는 크다. 한국의 연구자 중에 이 문제에 답해줄 사람은 있을까.

5.

일본이 중국을 침략했던 시대의 일이다. 상하이에서는 국민당의 테러

가 횡행했다. 언젠가 루쉰魯迅의 동생이, 아무리 개가 밉더라도 물에
빠진 개를 또 때리는 것은 좋지 않다고 말했다. 다른 사람도 이를 지지
하여, 중국인에게는 옛날부터 페어플레이 정신이 결여되었다고 논했
다. 개와 싸우기 위해서는 개와 대등한 입장에 서서 싸워야 하고, 곤경
에 처한 개를 공격하는 것은 비겁하다는 생각이다. 루쉰은 불같이 화
를 냈다. 물에 빠졌더라도 나쁜 개는 결코 용서해서는 안 된다. 만약 그
게 사람을 무는 개라면, 육지에 있건 물속에 있건 상관없이, 돌을 던
져 죽여야 한다. 중국에는 옛날부터 물에 빠진 개가 불쌍하다고 무심
결에 용서해주는 바람에 나중에 그 개한테 잡아먹히고 마는 이야기가
많지 않은가. 물에 빠졌을 때야말로 좋은 기회가 아닌가.

　무서운 말이다. 항상 국민당 정권이 목숨을 노리고, 친구와 제자가
차례로 암살당한 지식인만이 입에 담을 수 있는 증오에 찬 말이다.

　하지만 최근 들어, 나는 이 생각과 거리를 두게 되었다. 그를 둘러싼
상황은 과연 가혹했다. 그렇다고 적에 대해 치열한 증오를 퍼붓고 그
멸망을 바라는 것만으로 상황을 호전시킬 수 있을까. 내가 이렇게 쓰
는 것은, 1970년대 신좌파의 각 계파가 서로를 죽이고 죽임당해온 정
황을 비교적 가까이에서 보아왔기 때문이다. 나는 존경하는 『아큐정
전』의 작가를 굳이 거슬러 말하고 싶다. 지금이야말로 개를 물에서 건
져내어 페어플레이를 실천할 때이다. 적어도 증오의 고리를 끊기 위
해서는.

　1930년대의 상하이에서 2000년대 서울과 도쿄까지, 사람들은 무
엇을 해온 것일까.

　모두가 물에 빠진 개를 재빨리 발견하고, 즉시 무서운 정열을 발휘
하여 물속에서 고통스러워하는 개에게 돌을 던져왔다. 그들은 만약

개가 평소처럼 땅 위를 돌아다니고 있었더라면 무서워서 어쩔 줄을 몰랐을 테니 결코 돌을 던지지 않았을 것이다. 하지만 마음껏 욕설을 퍼붓고 돌을 던져도 자신의 안전은 확보되어 있다는 것을 일단 알게 되자 태도를 바꾸었다. 여기에는 순수한 증오가 있다. 그러나 루쉰의 경우와 달리, 그 증오에는 필연적인 동기가 없다. 그것을 우리는 집단 히스테리라고 부른다.

박유하가 일본군 '위안부' 문제를 둘러싼 책을 한국에서 출간했을 때 어떤 일이 일어났는지, 냉정히 생각해보자. 엉성하고 자의적인 인용을 근거로 형사소송이 벌어지고, 민사 손해배상소송 1심에서는 그녀에게 위안부 한 사람 한 사람에게 고액의 위자료를 지불하라는 판결이 내려졌다. 뿐만 아니라, 근무 중인 대학의 급여를 압류당하고, 인터넷상의 비난·협박은 물론이고 신변의 안전도 위험한 상황에 놓이게 되었다. 글자 그대로, 심리적으로 생명의 위험에 노출되어 있다고 할 수 있다.

그런데 바로 그때였다. 한국인과 재일조선인에 의해 가열찬 공격이 시작된 것은. 그야말로 물에 빠진 개에게 돌을 던지는 행위이다.

그들의 일부는, 일본에서 박유하가 높이 평가되고 적지 않은 지식인들이 그 저작에 긍정적인 태도를 보인 것을 의문시하고, 야유하고, 그 '섬멸'을 바라면서 행동해왔다. 박유하가 위안부의 증언 자료를 자의적으로 해석, 왜곡하고 있다고 주장하며, 그녀가 이 문제에 대해 영원히 입을 닫을 것을 요구한다. 박유하를 지지하는 이들은 그녀가 한국에서 당하는 법적 수난과 사회적 제재를 먼저 풀고, 공평한 논의의 장이 성립되기를 기다려 대일본제국의 죄상과 피식민자의 상황에 대해 토론·탐구를 개시해야 한다고 우호적으로 생각하고 있다. 하지만 그런 지지자들을 비난하는 측은 승리/패배의 차원에서 목소리를 높여 선동을 계속하면서, 사정에 밝지 않은 일본의 순진한 언론에 영향력을 행사하고 있다.

만약 그들이 '승리'를 획득한다면, 그때 그들은 무엇을 얻게 될까. 위안부 문제에 성실한 관심을 보여온 일본 지식인들 가운데 다수는 이를 계기로 이 문제에서 이탈하게 될지도 모른다. 이 문제를 식민지 지배와 여성의 인권 유린 문제로 보려 하는 사람들이 일제히 사라져버렸을 때 일본의 여론공간에 남는 것은 위안부의 존재를 부정하고 식민지지배를 긍정적으로 찬양하는 우파 담론뿐이다. 지금도 압도적인 힘을 가지고 있는 이 우파의 선동에 의해 '혐한'주의자는 지금 이상으로 발호할 것이고, 더 심한 혐오발언의 폭풍우가 휘몰아치리라는 것은 불을 보듯 뻔하다. 당연한 귀결이다. 위안부 문제를 둘러싼 한일의 상호 이해는, 양국 정부가 금전적인 보상에 의한 합의에 이르렀다 한들, 그와는 상관없이 지금까지 이상으로 어려워지고 엉망이 될 뿐이다. 박유하가 과감히 제시한 '더 큰 조감도'와 한국의 공식적 기억의 상대화가 배제되었을 때 발생할 것이 이러한 사태라는 것은 명약관화하다.

박유하 비판자들에게 연구자로서의 페어플레이 정신이 있다면, 먼저 한국에서 진행 중인 법적 조치에 항의하고 그 해결을 기다려 진지한 토론에 들어가야 하지 않을까. 인간은 집단히스테리의 함정에 빠지지 않기 위해 냉철하게 사물의 순서를 생각해야 한다.

물에 빠진 개에게 돌을 던지지 말라.

후기

내가 이 글을 쓴 것은 2016년 8월이었다. 그 후 박유하는 위안부를 모욕했다는 혐의로 형사법정에서 징역 3년형을 구형받았다. 2017년 1월의 판결에서는 무죄를 얻어냈지만, 검찰은 다음날 곧바로 항소했다. 단적으로 말해, 이는 개인에 대한 사법권력의 괴롭힘일 뿐이다. 사태는 아직 결론에 이르지 못했고, 나로서는 그저 일부 한국인 사이에 집단히스테리가 지극히 불행한 모습으로 만연하고 있다고밖에 요약할 수가 없다.

(번역: 오경헌)

한국문학에서 본 위안부상,
그 기록의 형성

구마키 쓰토무熊木勉

1.

위안부 문제에서 조선의 어린 소녀 20만 명이 총검을 든 경찰이나 헌병에게 강제로 연행되었다는 이미지는 연구자 사이에서 꼭 공통되게 인식되어온 것이라고 할 수는 없다.[1] 그뿐 아니라 그녀들 '대부분'이 결국 살해당하거나 방치되어 조선 땅으로 돌아오지 못했다는 전형적인 이미지[2]도 사료의 축적으로 뒷받침된 견해는 아니다. 이러한 이미

---

1 윤명숙 지음, 최민순 옮김, 『조선인 군위안부와 일본군 위안소제도日本の軍隊慰安所制度と朝鮮人軍隊慰安婦』(明石書店, 2003, 한국어판은 이학사, 2015), 9쪽.

2 단행본에서는 일찌감치 김일면金一勉의 『천황의 군대와 조선인 위안부天皇の軍隊と朝鮮人慰安婦』(三一書房, 1976, pp.18~21)에 이런 인식이 언급되어 있는데, 2016년에도 일부가 무비판적으로 계승되고 있다. 1945년 패전 전후에는 업자의 혼란이나 군의 지휘계통 혼란, 이동경로의 단절 등도 생각할 수 있지만, 그렇지 않은 경우 시기와 장소에 따라 다양한 사례가 있었을 것이다. 적어도 이동수단이 확보되었던 시기에 '대부분'이 살해당하거나 방치되었다고 생각하기는 힘들다.

지가 면밀한 연구라는 전제 없이 계승되어가는 것은 바람직하지 못하고, 지금까지의 연구를 염두에 두면서 냉철하고 신중하게 새로운 관점을 제시해나가는 것이 이해를 한층 더 심화시킬 수 있을 것이다.

최근에 많은 주목을 받은 박유하의 『제국의 위안부』도 선행 연구의 큰 틀에서 벗어난 것은 아니다. 그런 바탕 위에서 제국과 식민지라는 구조의 문제에 중점을 두고 '동지적' 관계, 업자의 관여 등[3]을 다루며 연구의 시야를 넓히려고 한 것이었다. 한편 박유하는 이 책에서 상당히 많은 문제를 다루었는데, 문학을 소재로 접근한 점에 한정해서 말하자면 선행 연구가 풍부하다고는 말하기 힘들고, 앞으로 연구가 더욱 축적되기를 고대하는 것이 현재 상황일 것이다. 그런 뜻에서, 박유하가 문학작품을 원용하면서 새로운 시야의 가능성을 제시한 것은 위안부 문제에서 검토해야 할 과제의 확대를 의미한 것이었다고도 할 수 있다.[4]

이 글에서는 박유하의 시도를 계승하여 문학작품을 통해 위안부 문제를 더욱 구체적으로 생각할 실마리를 찾을 수 있도록 내 나름의 생

---

3   박유하, 『제국의 위안부』, 뿌리와이파리, 2013(일본어판은 朝日新聞出版, 2014). 특히 '동지적' 관계라는 규정을 많은 논자들이 비판했지만, 단순히 '조선인 위안부=일본군 의 동지'라는 도식적 이해에 따른 비판은 그다지 제대로 된 비판이 아니라고 생각한다. 조선인 위안부들이 '식민지적 모순'을 안고 살아갈 수밖에 없었던 슬픔이야말로 박유 하가 제시한 '동지적' 관계의 본질일 것이다. 업자의 관여 문제는 강만길의 「일본군 '위 안부'의 개념과 호칭 문제」(한국정신대문제대책협의회 편, 『일본군 '위안부' 문제의 진 상』, 역사비평사, 1997)를 비롯하여 지금까지 업자나 인신매매의 실태에 대한 연구들 이 진행되어왔다.

4   윤명숙(앞의 책, pp.40~41)은 위안부를 부분적으로라도 언급한 전쟁 기록, 소설, 영화 등이 전장의 잡다한 이야기 중의 하나이거나 남성 중심의 시점에서 병사와 교분을 나 눈 소재로서 단편적으로만 재생되었다고 말한다. 그리고 위안부가 국가의 전쟁범죄 피 해자라는 인식, 페미니즘적 관점의 결여를 지적한다. 그러나 당시를 엿볼 수 있게 하는 기록은 무엇이든 연구에서 배제할 필요가 없으며, 배제하기보다는 거기에서 무엇을 건 져낼 수 있을지가 문제일 것이다.

각을 제시하고자 한다. 주로 한국문학에 나타난 위안부 문제와 관계될 법한 묘사, 또는 그 기억의 형성 과정을 다루게 될 것이다.

2.

이미 여러 연구가 있는 것처럼, 조선인 위안부는 가난한 가정에서 태어나 충분한 교육을 받지 못한 채 인신매매나 사기로 위안부가 되어야 했던 경우가 다수를 차지한다. 그 전제는 빈곤과 착취 구조이고, 그 책임이 결국 위안부를 요청하고 관리한 일본에 귀결된다는 것은 말할 것도 없다. 한편 위안부 문제는 가부장제 문제, 여성 멸시, 민족차별 문제가 복합적으로 관련되어 있는 것이라고 볼 수도 있다. 이런 문제제기는 이른 단계에서부터 이미 적지 않은 연구자가 해온 것이다.

그렇다면 이렇게 다양한 접근방식의 한편에서, 문학은 위안부 문제의 어떤 면에서 유효할 수 있을까.

물론 문학은 허구이다. 그러나 문학은 때로 작자들이 살았던 시대의 감정, 현실인식을 예리하게 파헤칠 수 있다는 것이 내 기본적인 생각이다. 위안부 문제의 경우, 문학은 특히 단편적이긴 해도 위안부들의 모습, 그녀들을 둘러싼 주변, 또는 사회적 공동기억으로서의 양상 등을 떠올리게 하는 측면이 있다고 생각한다. 이 글에서는 이 세 가지 관점을 염두에 두고 몇몇 작품을 살펴보기로 한다.

우선 해방 전의 작품부터 보기로 하자. 다만 해방 전에는 문학작품에 위안부라는 용어나 상황을 자유롭게 언급할 수 있는 상황이 아니었으리라 짐작되기 때문에, 이 시기에 대해서는 어디까지나 '위안부 문제와 관련될 수 있는', 그리고 '위안부들을 둘러쌌다고 할 수 있는 주변' 등을 염두에 두고 제한적으로 작품을 언급할 수밖에 없다는 것을 미리 말해둔다.

조용만은 단편 「여정旅程」(1941)에서 인천에서 다롄大連으로 가는 배를 탄 계집애들 무리를 그리고 있다. 팔려가는 계집애들일 것이다.[5] 그녀들은 소설에 어떤 모습으로 표현되었을까.

> 무얼 하는 사람들인지 갑판 한 모퉁이에 울긋불긋한 치마저고리에 댕기
> 꼬랭이를 늘인 계집애들이 꽤 많이 몰려 서 있는 것이 눈에 띄었다.
> "저게 뭘까?"
> 차림으로 보아 여학생들의 수학여행 같지도 않고 일하는 사람일까
> 하고 나는 걸음을 멈추고 바라보았다.

---

5 팔려가는 여성을 그린 소설은 적지 않다. 조선 밖으로(또는 밖에서) 팔려가거나 빚 때문에 첩이나 작부가 되는 처지에 놓인 여성을 그린 식민지 시기의 (만주 등에서의 창작을 포함한) 조선인 작가의 소설로서, 예컨대 한설야의 「검은 세계暗い世界」(1927), 강노향의 「지붕 밑의 신추新秋」(1936), 최명익의 「심문心紋」(1939), 김진수의 「잔해」(1940), 현경준의 「사생첩—제3장」(1941), 안수길의 「새벽」(1944) 등이 눈에 띈다(그 중 「검은 세계」는 일본어, 나머지는 한국어). 이중에서 강노향의 「지붕 밑의 신추」에는 상하이 장안리長安里의 매춘소로 가는 장면이 있는데, 그곳이 '위안소'라고 표기되어 있어 주목된다. 일반 매춘소도 위안소로 불리는 경우가 있었다는 것은 이미 알려진 사실이다. 팔려간 여성의 상황을 엿볼 수 있는 것으로, 참고삼아 한설야의 「검은 세계」에서 한 부분만 인용한다. "그녀는 1년쯤 전 조선에서 만주의 어느 술집의 작부로 팔려왔다. 150엔에 2년 계약이었지만 반 년 남짓 지나 역시 같은 금액으로 계약하여 다른 곳으로 팔려갔다. 그리고 5개월쯤 지나 다시 팔려 지금의 요정으로 이어지는 '고깃덩어리'가 되었던 것이다. 물론 처음부터 자신의 의식적 행동은 아니었다. 영문도 모른 채 마수에서 마수로 굴러떨어질 뿐이었고 손에는 돈 한푼 들어오지 않았다."(大村益夫·布袋敏博編, 『旧「満洲」文学関係資料集 2』, 早稲田大学大村益夫研究室, 2001, p.24: 雪野廣 [韓雪野—필자], 「暗い世界(四)」, 『満洲日日新聞』 1927년 2월 11일자 석간. 토는 생략했다). 이 밖에도 적지 않은 작품이 있을 것이다. 시 분야에서는 이용악이 북방으로 팔려간 여성을 애달프게 노래하는 시 여러 편을 썼다.

"응 저기 말인가. 반도 낭자군이시라네."

최 군은 그 사람 버릇대로 비웃는 것인지 탄식하는 것인지 모를 소리로 대수롭지 않게 대답하였다.

"뭐라고?"

"이 사람 귀먹었나. 북지로 진출하는 반도 낭자군이라니까그래."

최 군은 얼굴을 찡그리면서 갑갑하다는 듯이 소리를 높여 되풀이해 대답하고 고개를 돌려서 흥미 없다는 듯이 먼 바다를 바라보았다.

"기차로 가는 것보다 배를 타고 가는 것이 여러 가지 점으로 편리하거든. 그래 요새 이쪽 배에는 이런 낭자군들 때문에 늘 만원이라네."

(중략)

"저 계집애들 앞 걸상에 앉은 놈들이 있지 않은가."

나는 최 군이 가리키는 곳을 바라보았다.

"그놈들이 부로커야. 지금 우리들을 자꾸 수상스럽게 보지 않던가."

딴은 계집애들이 서 있는 앞 의자에 국민복에다가 중절모를 쓰고 각반을 찬 사나이와 검은 색안경을 쓴 뚱뚱이 털보가 단장을 짚고 사면을 휘번덕거리면서 앉아 있었다.[6]

신참 신문기자인 '나'와 조선은행 다롄 지점에서 일하는 최 군이 인천으로 오는 기차에서 우연히 동행하게 되어 이 배를 타고 '반도 낭자군' 아가씨들을 목격하는 장면이다.[7] 그녀들을 처음 보는 '나'와는 달

---

6 조용만, 「여정」, 『문장』, 1941년 2월호, 390쪽(인용은 『조용만 작품집』, 지만지, 2010, 217~219쪽-옮긴이).

7 안정헌의 「일제강점기 강제 인력동원에 대한 글쓰기 고찰—징용을 중심으로」(『한국학연구』 제21집, 2009)에 「여정」에 관한 언급이 있다.

리 다롄을 오가는 최 군에게는 아주 익숙한 광경이었던 것 같다.

그렇다 치더라도 '반도 낭자군'이라는 호칭은 다소 의외의 표현이기는 하다.[8] 낭자군이라는 이름은 속칭으로 쓰이게 된 것으로 보이는데, 일본만이 아니라 조선의 기사 등에서도 흔히 볼 수 있는 용어이다. 보통 낭자군은 군사 면만이 아니라 사회복지 면까지 포함하여 국가에 진력하는 여성들을 가리키는 등 비교적 넓은 의미로 쓰였다. 조선에서는 1932년경부터 '작부', '여급' 등의 의미로 많이 쓰였다. 기본적으로는 창기를 가리키며, 매춘과 완전히 분리하는 것은 어려웠던 것으로 보인다.[9]

이 소설에 그려지는 계집애들의 연령은 17, 8세로 열서너 명이 모여 "값싼 인조견인 듯싶은 번지르르한 비단으로 붉은 저고리에 푸른 치마를 감고 얼굴에 횟박을 쓰고" 있다. 싸구려 의복에 백분을 바른 어린 계집애들의 모습에 비치는 것은 빈곤의 그늘이다. "그 움츠러져서 있는 모양이 어린 양떼들 같았다." 그런데 "두어 계집애는 갑판 위를 쿵쾅하고 뛰어다니며 고무줄놀이를 하고" 있다. "지금 와서 수심에 싸여 있어야 소용없다고 단념한 것인지 또는 철없이 이런 것 저런 것 모르

---

8 전후 다무라 다이지로가 『춘부전』에서 '조선 낭자군'이라는 말을 쓰려고 한 것(최은주, 「'위안부'=소녀이야기와 국민적 기억—영화 『귀향』에 주목하여」, 『일본학보』 107호, 2016, pp. 310~311)을 보면 이런 말은 상당히 널리 쓰였던 것으로 보인다. GHQ의 검열을 포함한 출판 과정을 거쳐 실제로 다무라는 단행본 서문에서 조선인 위안부를 '낭자군', 일본인 위안부를 '일본의 창부'라는 용어로 썼다(『春婦伝』, 銀座出版社, 1947, p. 1).

9 윤명숙은 조선총독부 경무국의 조사·분류를 근거로 작부·여급과 낭자군을 구별하는데(앞의 책, 454쪽), 사실 낭자군은 조선·만주의 신문기사에서 예기, 기생, 여급, 작부 등 접객부에게 널리 쓰인 용어이다. 해외로 나가는 여성만이 아니라 조선 안에서 영업한 여성을 가리키기도 했다. 요시미 요시아키吉見義明는 더욱 단적으로 "일반적으로는 창기 집단, 특히 해외로 나간 창기 집단"이라고 말한다. 그리고 "일본군과 떼어놓을 수 없는 것으로 존재하게 되었다"고 한다(『從軍慰安婦』, 岩波新書, 1995, p. 21).

고 그저 좋아서 뛰어다니는지"[10] 모르는 그녀들은 특별히 주위의 주목을 받는 것도 아니고, 최 군의 태도를 보면 오히려 거리를 두고 시선을 피하고 싶은 존재였던 것처럼 보인다.

소설과는 시기와 지역이 다르지만, 원래 낭자군이 어떤 존재였는지는 다음과 같은 신문기사가 참고가 될 것 같다.

> 개척해나가는 전선에서 맨 먼저 늘어선 것은 거적 오두막이다. 북만주의 개척지에는 반드시 낭자군이 있으며 지금 전선에는 자이커齋克, 하이커海克, 후하이呼海 연선을 통해 약 500명으로 구성된 낭자군이 말 그대로 제일선에서 활약하고 있다. 그녀들은 모두 하룻밤에 되는대로 지은 거적 오두막을 잠시의 보금자리로 삼고 열심히 일하고 있다. 그녀들의 이러한 활약이야말로 내일을 모르는 목숨을 제일선에 의탁하며 국가 창조의 강력한 수비를 계속하고 있는 우리 군대나 제일선에 있는 사람들에게 얼마만큼의 위안을 주고 있는지…, 그리고 그 땅을 정복했다고 하면 그녀들은 다시 거적 오두막을 정리하여 다음 일선으로 진출한다…(후략).[11]

낭자군은 창기로서 넓은 의미를 가지면서도, 원래 이렇게 군과의 관계가 의식된 것이기도 했다. 인용한 것은 1933년 기사인데, 여성이 어느 민족인지, 그리고 그 역할이 무엇인지 확실히 드러난 건 아니지

---

10 이 단락에서 인용한 것은 「여정」(앞의 책, 391쪽: 인용은 『조용만 작품집』, 218쪽-옮긴이)에서다.

11 「일하는 것의 유쾌함 제일선의 낭자군働く事の愉快さ 第一線の娘子軍」, 『대련신문大連新聞』 1933년 7월 10일자. 이 글에서는 문학작품의 내용을 보충하는 자료가 될 것 같으면 신문에 실린 르포 같은 것도 언급에서 배제하지 않기로 한다. 또한 『대련신문』, 『봉천만주일보奉川滿洲日報』, 『중선일보中鮮日報』, 『자유신문自由新聞』은 한국역사정보통합시스템(www.koreanhistory.or.kr) 데이터베이스의 원문 이미지를 참조했다.

만, 실질적으로는 위안부라는 용어가 쓰이기 전의 초기 위안부 같은 역할을 했을 것으로 보입니다.[12] 그 후 위안소(군 지정 위안소를 포함한)가 정착하고 확대됨에 따라 전장에는 수많은 조선인 위안부가 보내졌다.

물론 「여정」에 묘사된 계집애들이 반드시 군위안부였다고는 말할 수 없다. 민간 접객부로 이송되었을지도 모른다.[13] 그러나 여러 증언에 나오는 대로, 위안부의 이송수단으로 기차나 여객선이라는, 일반 손님과도 접촉할 수 있는 탈것을 이용했다는 것은 분명하다. 그 경우 일반 손님과 격리되는 일도 있었지만, 위안부들의 이송에 반드시 군용선, 군용열차, 군용차량만 이용된 것은 아니었다. 또한 소설에 나오는 대로 업자가 수시로 일정 수의 여성을 집단으로 이동시키는 형태가 되면 군이나 경찰로부터 편의를 제공받는 것이 전제가 되어, 나름대로 군위안부의 이송이었을 개연성이 큰 묘사라고 할 수 있을 것 같다.

소설에서 엿보이는 계집애들의 모습을 좀 더 보기로 하자.

그때에 계집애들 쪽에서 털보가 뭐라고 왁자하고 떠들더니 무슨 소리를 했는지 별안간 계집애들이 깔깔거리고 웃었다. 바로 전의 불안하고 수심에 싸였던 것이 어디로 사라졌는지 모를 명랑한 웃음소리였다. 그러나

---

12 인용에는 들어 있지 않지만, 이 여성들은 군인들의 신변을 돌봐주는 일도 했던 듯하다. 그런 점에서도 위안부의 역할과 공통된 점이 있다. 아울러 『봉천만주일보』(1933년 10월 13일자) 기사에는 "총후의 꽃", "전장의 위문단"으로 일한 낭자군이 "황군의 이동철퇴"에 따라 철도 연선의 옛 보금자리로 돌아가, 빚을 다 갚아도 두 번째 시기를 기다리기로 하고, 펑톈(奉天: 선양瀋陽의 당시 이름-옮긴이)에서는 낭자군의 공급이 과다하며 그런 중에서도 "조선 낭자군"은 "견고한 진영"에 머물며 여전히 계속 일하고 있다고 쓰여 있다.

13 배의 보이가 잠시 후에는 자신들에게 웃음을 팔 여성이라며 경멸하는 태도를 보이는 부분이 나온다(조용만, 「여정」, 앞의 책, 395쪽·『조용만 작품집』, 225쪽-옮긴이). 작가는 특별히 군위안부와 민간 접객부를 의식적으로 구별하지 않고 쓴 것으로 보인다.

그중에서 우리들 자리에 제일 가까이 앉은 한 계집애만이 조금도 웃지 않고 그냥 쓸쓸한 얼굴로 앉아 있었다. 나이는 십칠팔 세나 되었을까 분홍 저고리에 검정 치마를 입고 노랑 몽당머리에 검은 댕기를 높이 드린 순박하게 생긴 시골 계집애였다.

(중략)

"집이 춘천이라는데 저희 어머니는 작년에 해산을 하다가 죽구 홀아버지하고 어린 동생들을 거느리고 살다가 빚에 치어서 저렇게 되었답니다. 동생들이 잊혀지지 않는다구 아까도 자꾸 언짢아했죠."[14]

불쌍한 아가씨의 신상 이야기를 하는 것은 옆의 '얼굴이 얽은' 여성이다. 업자와 서로 웃는 계집애들의 광경은 앞에서 본 것처럼 까불며 떠드는 계집애 몇 명과 아울러 생각하면 약간 의외이지만, 물론 웃을 수 없는 계집애도 있었다. 춘천 계집애는 이름이 복순이라고 했다. 일가를 위해 희생이 되어야 했던 계집애이다. 아버지에 대해서는 홀아비라는 것 외에는 말하지 않지만, 생활력을 상실한 인물이었다는 것은 분명할 것이다.

결국 계집애들 쪽에 있었던 것은 불안과 근심, 또는 그것을 지우는 체념이라고 해야 할 웃음이었다고 말할 수 있을지도 모른다.[15] 그리고 그 주위에 있던 인물들의 태도는 최 군처럼 비웃음과 탄식이 교차하는 복잡한 표정이거나 '나'처럼 약간의 동정이 그려지게 되는 그런 것

---

14 조용만, 「여정」, 앞의 책, 393~394쪽(인용은 『조용만 작품집』, 223쪽-옮긴이).

15 전 위안부의 증언에도, 행선지도 모른 채 "웃고" "농담도 하며" "즐겁게" 기차나 배를 탔다고 하는 경우가 있다. 한국정신대문제대책협의회 2000년 일본군 성노예 전범 여성국제법정 한국위원회 증언팀, 『강제로 끌려간 조선인 군위안부들 4』, 풀빛, 2011, 52쪽.

일까. 하지만 소설은 그것만으로 끝나지 않는다.

배 안에서 기선회사의 창립기념일 축하연을 여는 것에 맞춰 여흥으로 연극을 보여준다는 보이들이 승객들의 의상을 빌리려고 했을 때의 일이다. 보이는 복순이를 우롱하는 것처럼 연극조의 간특스러운 계집애 목소리로 그녀의 일본 빗을 멋대로 뽑아 빌려가는 것이었다. "여보세요. 아가씨 이것 잠깐 빌려주세요. 네?"[16] 그러자 복순이의 표정이 순식간에 변하여 당혹스러운 빛을 보이지만, 그녀는 아무 말도 하지 못하고 그저 고개를 푹 숙일 뿐이다.

조소, 우롱.

무력할 수밖에 없는 아가씨에게 업자는 아가씨를 도와주는 것도 아니고 오히려 보이들에게 정중하게 인사를 한다. 아가씨는 아무에게도 의지할 수 없다. 절망에서 벗어날 수가 없는 것이다.

이 소설은 이미 어두워진 갑판에 서 있는 아가씨가 다가온 '나'를 알아차리고 깜짝 놀라며 선실로 돌아가 연극 이야기로 웃고 시시덕거리는 아가씨들 가운데에서 혼자 담요를 머리끝까지 뒤집어쓰는 장면으로 끝난다. 계집애는 "담요 속에서 우는지도 몰랐다".[17] 어쩌면 갑판에서 몸을 던지는 선택지가 암시되는 것처럼 보이지 않는 것도 아니다. 당시 조선의 소설에서는, 검열을 생각하면 이런 주제로 몸을 던지는 결말로 맺기는 힘들었을 것이다. 작가로서는 계집애들에게 동정심을 보이는 것이 한계였던 것으로 보인다.

---

16   조용만, 「여정」, 앞의 책, 395쪽(인용은 『조용만 작품집』, 225쪽 ─ 옮긴이).

17   조용만, 「여정」, 앞의 책, 396쪽(인용은 『조용만 작품집』, 228쪽 ─ 옮긴이).

3.

마찬가지로 1941년에 발표된 최명익의 단편 「장삼이사」는 기차에서
동석한 승객들끼리 주고받는 이야기를 그리고 있는데, 거기에 작부로
보이는 여성과 업자도 앉아 있다.[18] 여성은 만주의 업소에서 도망치다
붙잡혀 다시 끌려가는 중이다. 업자는 전선前線에서 4, 5년 심하게 고
생하며 다롄, 신징(新京: 1932-45년에 만주국 수도였던 창춘長春의 당시 이
름-옮긴이)으로 옮겨다녔다고 한다. 업자와 군의 관계는 확실치 않다.

이하에서는 이 여성에 대한 당시 승객들의 시선과 업자의 태도가
어땠는가를 살펴봄으로써 군위안부들이 마찬가지로 겪었을지도 모
르는 일상적인 고통의 일각을 생각하는 실마리로 삼고자 한다.

승객들은 업자가 가져온 고량주를 나눠마시고 있다.

> 그러나 그 신사는 어느새 건뜩 졸다가는 눈을 뜨고 눈을 떴다가는 또 졸
> 고 할 뿐 대답이 없었다. 아직도 좀 남은 술병은 마주앉은 세 사람 사이로
> 돌아갔다.
>
> "이왕이문 데 색씨 오샤꾸[19]루 한 잔 먹었으문 도오갔는대."
>
> "말 말게 이제 하든 말 못 들었나."
>
> "뭘."
>
> "남 정든 님 따라 강남 갔다 부뜰레서 생리별하구 오는 판인데 무슨 경
> 황에 자네 오샤꾸하겠나."

---

18 만주의 성매매 종사자에 대해서는 이동진의 「민족, 지역, 섹슈얼리티: 만주국의 조선인
  '성매매종사자'를 중심으로」(『정신문화연구』 제100호, 2005년 가을)가 상세하다.

19 술을 따르다-옮긴이.

"오샤꾸할 경황두 없이 쯔라이 시쓰렝(失戀)[20]이문 발쎄 죽었지 죽어."

"사람이 그렇게 죽기가 쉬운 줄 아나."

"나아니 와께 나이요.[21] 정말 말이야 도망을 하지 아니ㅎ지 못하리만큼 말이야 알겠나? 도망을 해서라두 말이야, 잇쇼니 나루[22] 하지 않으문 못 살 고이비도[23]문 말이야, 붙들렸다구 죽여주소 하구 따라올 이가 없거든 말이야, 응 안 그래? 소랴아 기미[24] 혀라도 깨밀고 죽을 것이지 뭐야, 응 안 그래."

(중략)

"가노죠[25] 말이야 뎅까노 가루보샤 나이까.[26] (후략)"[27]

동석한 승객들 사이의 대화이다. 업자는 꾸벅꾸벅 졸고 있다. 남자들이 주고받는 이야기는 바로 여성에 대한 언어폭력이다. 눈앞에서 비웃음의 대상이 되는 굴욕. 남자들의 잔혹함. 이 대화에 끼어들려고 하지 않는 이는 '나'와 다시 끌려가는 여성뿐이다.

이 여성은 소설의 결말 부분에 이르기까지 표 검사 때를 빼고는 입을 열려고 하지 않고, 존재감을 느끼게 하는 일도 거의 없다. 공기처럼

---

20 괴로운 실연-옮긴이.

21 뭘, 쉽지-옮긴이.

22 맺어지거나 결혼하다-옮긴이.

23 연인-옮긴이.

24 보라고, 자네-옮긴이.

25 그 여자-옮긴이.

26 천하의 갈보 아닌가-옮긴이.

27 최명익, 「장삼이사」, 『문장』, 1941년 4월호, 45~46쪽(인용은 『최명익 작품집』, 지만지, 2008, 167~178쪽-옮긴이).

있으면서 오로지 일방적으로 모욕만 당하는 여성으로 그려져 있다.

남자들의 모욕은 업자인 남자에게도 향한다. 업자인 남자가 자리를 비웠을 때 승객들은 서로 웃는다. "사람들이 벌어먹는 곬이 다 각각이 거든." "각각일밖에 안 있나." "어째서." "각각 저 생긴 대루 벌어먹게 매련이니까 달르지." "그럼 누군 갈보 장사나 해먹게 생겼던가."[28] 인신매매를 하는 업자 역시 사회에서 짜증나는 존재라는 것은 다르지 않다.

그에 대한 업자 측의 말은, "쩍하면 앓아눕기가 일수요, 그래두 명색이 사람이라 앓는데 약을 안 쓸 수 없으니 그러자면 비용은 비용대로 처들어가고 영업은 못하고, 요행 나으면 몰라도 덜컥 죽으면 돈 천 원쯤은 어느 귀신이 물어간지 모르게 장비葬費까지 '보승이'칠을 해서 없어진다"[29]는 것이다. 참으로 업자가 여성을 이익을 얻기 위한 수단으로만 보고 있다는 것을 엿보게 한다.

여성은 더 직접적인 폭력까지 당한다.

앉으려던 젊은이는 제 얼굴을 쳐다보는 여인의 눈과 마주치자 아무런 말도 없이 그 뺨을 후려쳤다. 여인은 머리가 휘청하며 얼굴에 흩으러지는 머리카락을 늘 하던 버릇대로 귀바퀴 위에 거두어 올리었다. 또 한 번 철석 소리가 났다. 이번에는 여인의 저편 손가락 끝에서 담배가 떨어졌다. 세 번째 또 손질이 났다. 여인은 떨리는 아랫입술을 옥물었다. 연기로 흐릿한 불빛에도 분명히 보이리만큼 손자국이 붉게 튀어오르기 시작하는

---

28 최명익, 「장삼이사」, 앞의 책, 41쪽(인용은 『최명익 작품집』, 158~159쪽-옮긴이).

29 최명익, 「장삼이사」, 앞의 책, 44쪽(인용은 『최명익 작품집』, 165쪽-옮긴이). 또한 이 기술에서 이 남자가 전차금前借金으로 여성을 모은 업자였다는 사실을 알 수 있다.

빰이 푸들푸들 경련을 일으키는 것이었다. 하얗게 드러난 앞이로 옥물은 입 가장자리가 떨리는 것은 북받히는 울음을 참는 모양이었다. 그러나 마주보는 내 눈과 마주친 그 눈은 분명히 웃고 있었다. 그리고 보면 경련 하는 그 빰이나 옥물은 입술도 참을 수 없는 웃음을 억제하는 것같이 보 이기도 하였다. 나는 나를 잊어버리고 그러한 여인의 얼굴을 바라볼밖에 없었다. 종시 여인의 눈에는 눈물이 어리우기 시작하였다. 한 번만 깜박 하면 쭈루루 쏟아지게 가득 눈물이 고였다. 나는 그 눈을 더 마주볼 수는 없어서 얼굴을 돌릴밖에 없었다.[30]

동행하는 업자인 남자가 역에서 젊은이와 임무를 교대하는데, 그때 교대한 그 젊은이가 느닷없이 여성을 때리는 장면이다. 폭력 앞에서 여성은 어찌할 도리가 없다. 여성은 눈물을 참으며 '웃음'을 억누르는 듯한 표정을 보인다. 그녀 자신의 어쩔 수 없는 무력한 인생이 슬프게 그려져 있다. 처음에는 눈길을 주고 있던 '나'도 여성의 표정을 더 이 상 볼 수 없어 그저 얼굴을 돌릴 수밖에 없다.

업자의 감시, 착취, 폭력을 제외하고 인신매매의 현실에 현실감 있 게 접근할 수는 없다. 이런 묘사는 업자의 실태를, 증언과는 다른 각도 에서 보충해주는 자료이기도 해서 귀중하다.

또한 이 소설은, 여성이 볼일을 보러 가서 좀처럼 돌아오지 않자 '나'는 그 여성이 혀를 깨물고 목숨을 끊는 모습을 상상하지만 아무 일 없었던 것처럼 돌아오는 데에서 끝난다. 그녀는 화장을 고치고 돌아

---

30 최명익, 「장삼이사」, 앞의 책, 47~48쪽(인용은 『최명익 작품집』, 172~173쪽-옮긴이). 박유하의 「젊은 학자들의 『제국의 위안부』 비판에 답한다」(『역사문제연구』 제34호, 2015, 556쪽)에서도 「장삼이사」를 언급한다.

와 '직업의식'으로 '나'에게 호의의 추파를 던지는 듯한 만만치 않은 여성상으로 그려진다. 화장을 고치고 온 여성의 모습은, 앞에서 맞을 때의 '웃음'을 억누르는 듯한 그 표정과 겹쳐져 소름 끼치게 하는 점이 있다.

당연한 일이지만, 주위의 굴욕적인 멸시나 폭력에 맞서 여성들도 그들 나름의 방식으로 필사적으로 살려고 한 것이라 여겨진다.[31] 절망 속에서 산 그녀들의 내면은 결코 단순한 게 아니었을 것이다.[32] 여성들의 이런 기억을 가능한 한 있는 그대로 남길 수 있도록 앞으로도 더욱 풍부한 담론을 기록하는 시도가 요망된다.[33]

또 하나, 작가 이태준이 「이민 부락 견문기(3)」(1938)에서 그린 펑톈奉天역에서 화북華北으로 가는 여성들을 봤을 때의 장면도 인용해두기로 하자.[34]

---

31 이 경우, 군위안부를 논할 때는 각종 증언(일본 병사를 포함한)에 맞추어 다무라 다이지로나 후루야마 고마오古山高麗雄 등의 일본문학, 영화 〈사르빈강에 노을이 진다〉(정창화 감독, 1965), 일본의 전쟁 관련 영화 등도 참조할 수 있을 것이다.

32 박유하가 다룬 전 위안부 증언의 다양성에 대해서는 그녀 이전에 이미 의식된 것이기도 했다. 김미영(「일본군 위안부 문제에 관한 역사기록과 문학적 재현의 서술방식 비교 고찰」, 『우리말글』 45, 2009)은 전 위안부 증언의 다양한 측면에 주목하여 그것이 실증주의 사학이 간과해온 부분을 보충한다(232쪽)고 말한다. 또한 공유되지 못한 기억은 '없었던 것'이고 이것이 바로 망각의 폭력성(233쪽)이라며, 억압된 기억이 집단적 기억으로 편입되어야 한다고 했다.

33 구술사oral history 기술방법에 대해서는 당초부터 청취자들에 의해 적극적인 논의가 이루어져서 증언집 편집의 방향성도 서서히 변화되어왔다. 이 부분과 관련해서는 야마시타 영애山下英愛의 보고가 있다(「한국의 '위안부' 청취 작업의 역사―'증언집'을 중심으로韓国の「慰安婦」聞き取り作業の歴史―「証言集」を中心に」, 日本オーラル・ヒストリー学会第14回大会, 2016년 9월 4일).

34 이 견문기는 시리즈로 쓰였는데, 나중에 「만주 기행」으로 단행본(『무서록』, 박문서관, 1941)에 수록되었다.

손 씻는 데로 가니 거기엔 여자 전용도 아닌 데서 시뻘건 융 속적삼을 내여놓고 목덜미를 씻는 조선 치마의 여자가 있다. 보니 그 옆엔 조선 여자가 여럿이다. 까무잡잡한 30이 훨씬 넘어 보이는 여자가 하나, 아직 16, 7세밖에는 더 먹지 못했을 솜털이 까시시한 소녀가 하나, 그리고는 목덜미를 씻는 여자까지 세 여자는 모두 22, 3정도로 핏기는 없을망정 유들유들한 젊고 건강한 여자들이다. 그들은 빨간 병, 파란 병들을 내여놓고 값싼 향기를 퍼뜨리며 화장들에 분주하다. 나는 제일 먼저 화장을 끝낸 듯한 여자에게로 갔다.

"실례올시다만 나도 여기가 초행이 돼 그럽니다. 어디까지들 가십니까?"

"예?"

하고 그 여자는 놀랄 뿐, 그리고 그들은 일제히 나를 보던 눈으로 맞은편에 이들과는 상관이 없는 듯이 따로 서 있는 노신사 한 분을 쳐다보는 것이다. 작은 눈이 날카롭게 반짝이는 이 노랑수염의 노신사는 한 손으로 금시계 줄을 쓸어만지며 나에게로 다가왔다.

(중략)

"우린 북지루 가우"

하며 그는 나의 아래우를 잠간 훑어보더니 이내 매점으로 가 오전짜리 '미루꾸'를 한 갑씩 사다가 여자들에게 나눠주는 것이다. 모다 주린 듯 받기 바쁘게 먹는다. 그 거의 하나씩은 다 해넣은 듯한 금니빨을 번쩍거리며, 그리고 그네들은 모두 이 노신사더러 '아버지'라 불렀다. 그는 물어보나마나 북경이나 천진 같은 데 무슨 누樓 무슨 관館의 주인일 것이다. 이 눈썹을 그리고 미루꾸를 씹으며 무심하게 즐거이 험한 타국에 끌려가는 젊은 계집들, 나는 그들의 비린내 끼치는 살에나마 여기에선 새

삼스런 골육감을 느끼지 않을 수 없었다.[35]

나중에 단행본에 수록되었을 때 이 글에는 「골육감」이라는 소제목이 붙었다. 펑톈역에서 만난 조선인들을 그린, 동포로서의 감회가 배어나오는 글이다(인용은 그 후반부). 어렸을 때 부모를 잃은 고아로서 누나와 여동생과 함께 가난하게 자란 이태준에게는 그녀들이 남으로 여겨지지 않는 특별한 감정도 있었을 것이다. 이태준 자신도 돈 없이 방랑생활을 하며 굶다가 간신히 여관에서 일했던 소년 시절의 경험을 갖고 있다. 그러나 그런 그조차 골육의 정을 품으면서도 그 몸에서 '비린내'를 맡았다는 말에서 엿볼 수 있는 것처럼, 그녀들의 내면 깊숙한 곳까지 파고들려고는 하지 않는다. 어쩌면 그녀들에 대한 그의 감회도 '만주'라는 땅에서의 여정에 지나지 않았는지도 모른다.

또한 여성들이 노신사를 '아버지'라고 부르는 것은 전 위안부들의 증언에서 흔히 듣는 이야기와 공통된다. 그리고 여성들의 시선에는 주인에 대한 강한 종속의식이 반영되어 있다. 소리를 내며 놀라는 모습은 업자의 관리나 이동 과정에서 타인과의 접촉이 없었던 것과도 관련되는 것일까. 흥미로운 것은 나중에 이 글이 단행본에 수록될 때 인용된 글의 끝부분에 있는 '먼먼 타국'이 '험한 타국'으로, '팔리어가는'이 '끌리어가는'으로 고쳐졌다는 사실이다. 단행본을 펴낼 무렵,[36] 이태준은 사기나 위안소의 실태 등 여성들의 생각지도 못한 이동을 거의 정확하게 파악하고 있었을 것이다.

---

35 「이민 부락 견문기(3)」, 『조선일보』 1938년 4월 10일자(인용은 『무서록 외』, 소명출판, 2015, 160~161쪽 – 옮긴이).

36 이 글에서는 『무서록』, 박문서관, 1942, 286~288쪽(재판본)을 참조했다.

팔려가는 여성과 관련하여, 이태준의 글이 쓰이기 3년 전의 기사 하나만 확인해두기로 하자.

동업자 사이의 관례에 따르면 여름철의 불경기를 포기하고 겨울이라도 되면 갑자기 술기운이 돌아 취객의 발길도 빈번해지고 팔려가는 신세에 사랑도 버리고 멀리 만주까지 영락해가지만, 올해도 분독이 든 쓸쓸한 얼굴이 얇은 베일에 싸여 몇 사람이고, 몇 사람이고 한 무리, 한 무리가 되어 차창에 가득 차 있는 것이 눈에 띈다. 겨울의 조선을 달려가는 열차에서 볼 수 있는 이런 종류의 여성들은 특히 '노조미'[37]에서 많이 보인다. 찬바람이 차창을 가차없이 두드려도 대담한 그녀들은 단단한 신경으로 눈 하나 까딱하지 않고 돼지처럼 꾸벅꾸벅 졸고 있다. 그러나 그녀들 역시 사람의 자식이다. … 거칠고 쓸쓸한 조선의 산야를 달리는 차창에 만추의 애수를 느끼지 않을 수 없다. 그렇다 치더라도 사회는 그녀들을 지나치게 착취한다. 담배를 입에 물고 퉤하고 뱉는 침에도 일종의 애상이 어려 있는 것 같았다.[38]

아무리 '착취'를 알아챘다고 해도, 결국 여기에는 여성이 '단단한 신경'으로 눈 하나 까딱하지 않고 '돼지'처럼 졸고 있다고 느끼는 모멸에 가득 찬 시선이 있고, 그녀들의 '애상'에 대한 독선적인 감상이 겨우 제

---

37 1935년 11월 1일부터 부산에서 만주 안둥(安東: 지금의 단둥丹東)을 오간 초특급열차─옮긴이.

38 「철새와도 같은 낭자군의 통과渡り鳥にも似た娘子軍の通過」,『中鮮日報』1935년 11월 27일자. 기자가 일본인이었는지 조선인이었는지는 분명하지 않지만, 어쨌든 당시 기사에서 보이는 것은 이 글에서 언급한 문학작품에서 엿보인 시선과 큰 차이 없이, 상황에 깊이 들어가지 않는(또는 깊이 들어갈 수 없는) 형태의 동정이나 '추업醜業'에 대한 모멸적인 인식이었던 것으로 보인다.

시될 뿐이었다. 신문기사에 쓰인 표현인 만큼 당시는 이런 시선에 반드시 강한 위화감이 없었을지도 모른다. 누구든 눈앞의 상황에 무력한 것은 다를 게 없었다. 앞에서 본「여정」의 최 군도 그랬던 것처럼, 팔려가는 여성들에 대한 멸시에는 전혀 거리낌이 없었던 것 같다.

또한 인신매매든 사기든, 피해를 당한 여성에게 가장 두려운 것은 업자의 폭력이었던 것으로 보인다. 하지만 그녀들에게 계속 상처를 준 것은 결코 직접적인 폭력만이 아니었을 것이다. 주위 사람들로부터 받는 모욕이기도 하고, 일종의 무자각한 차별적 시선이기도 했을 것이다. 앞의「여정」에 나오는 보이의 태도든,「장삼이사」에서 동석한 자들의 모욕이든, 이 기사를 쓴 기자의 자각 없는 차별이든, 하나하나가 여성들의 마음에 상처가 되었을 것이다. 여성들에게는 살아가기 위해 이러한 굴욕을 그저 참는 것 말고는 다른 길이 없었다.

4.

그런데 위안부들은 해방 후 한국문학에서 어떻게 이야기될까. 약소하기는 하지만 그 기록의 형성이라는 측면에 대해 언급하기로 한다.

해방 직후의 소설로 엄흥섭의「귀환일기」(1946)[39]가 있다. 주인공 순이는 여자정신대로서 일본에 강제로 끌려가 탄환 제조 공장에서 일하게 된다. 그리고 가혹한 환경에 견디지 못하고 탈주하지만, 내지(일본)에서 속아 작부로 팔린다. 순이는 일본인을 거부하고 조선인에게만

---

39   민현기 엮음,『한국 유이민소설 선집』, 계명대학출판부, 1989(첫 출전:『우리문학』, 1946. 2).

몸을 허락하여 임신한 채 해방을 맞는다. '건국둥이'이다. 정신대에서
바로 위안부가 된 이야기는 아니었지만, 정신대로 간 여성이 속아 작
부가 된 이야기라는 점에서는 해방 직후의 소설로서 주목할 만하다.

하지만 해방 후의 작품에서도 역시 몸값을 받고 팔아넘기는 묘사가
한계인데, 군위안부의 경우 곧바로 문학작품으로 연결되지는 않았던
것으로 보인다. 그 한편으로, 일부 보도[40]나 사람들에게 이야기되었을
'여자정신대', '처녀 공출'과의 관계 속에서 위안부상이 서서히 형성
되어간 것으로 보인다.

예외로 들 수 있는 것은 버마에서의 전쟁을 그린 박용구의 「함락 직
전」(1953)[41]이다. 원래 이 작가는 관능적인 요소를 포함하는 사창私娼
을 그린 소설을 여러 편 썼는데, 그 통속성 탓에 이 작품에 주의를 기울
이지 않았을 가능성도 있다. 하지만 그는 일본 군대에 입대한 경력이
있는 만큼 이 작품의 묘사는 현실감이 있고 주목할 만한 점이 많다.[42]
좁은 소견으로 말하자면, 한국의 위안부 관련 소설에서 위안부의 모
습을 가장 현실감 있게 그리고 있는 것이 아닌가 싶다. 병사들이 위안
부들에게 하는 못된 장난, 간호부라는 미명하에 끌려온 조선인 위안
부들, 위안부들의 외출, 죽어서 인간이 아니라 물건처럼 취급되는 위

---

40 '정신대'라는 이름으로 여성을 강제로 연행해간 것에 대한 언급은 해방기의 신문에 여
럿 보인다. 다만 『자유신문』(1946년 7월 16일자)의 기사 「조선 위안부들의 참상」처럼
위안부라는 이름만 보이고 정신대라는 이름이 적히지 않은 경우도 전혀 없는 것은 아
니다.

41 박용구, 「함락 직전」, 『안개는 아직도』, 수도문화사, 1953. 요시카타 베키吉方べき의 「한
국의 과거 '위안부' 언설을 살핀다(상)—1980년대韓国における過去の「慰安婦」言説を探
る(上)—1980年代」(『季刊 戦争責任研究』 第85号, 2015年 冬季号, p.23)도 이 작품을 주목
하고 있다.

42 권영민이 편찬한 『한국현대문학대사전』(서울대학교출판부, 2004, 358쪽)에서는 그가
학도병으로 군에 강제동원되었다고 기술하고 있다.

안부, 위안소가 정식으로 운영되기 전의 헌병에 의한 부정 영업, 버마인 위안부의 모습, 군인의 위안부 폭행, 급속한 인플레이션, 군표의 유통과 그 쇠퇴, 내버려진 위안부, 세부에 걸친 일본 병사의 이동 상황 묘사 등 주목할 만한 점이 많다. 물론 작가는 일본의 무도함도 고발한다.

다만, 예를 들어 이 소설은 "'위안소'라는 것은 헌병의 관할하에 있는 그들 병정들의 매음굴인 것이다"[43]라는 규정을 보여주고 있고, 여성들을 보는 당시 군의 인식을 그대로 반영하고 있는 것으로 보인다. 또한 조선인 위안부와 하마터면 부딪칠 뻔한 버마인이, 그녀들이 일본군에 속해 있기 때문에 경의를 표하는 의미로 고개를 숙여 인사하는 장면[44]은 현지인들의 시선이라는 의미에서 눈을 끄는 묘사이지만, 이것도 다른 문서자료나 증언 등과의 대조를 포함해 더욱 신중하게 검토할 필요가 있을 것이다.

이 소설에서 한 군데만 인용하기로 하자.

연시 댓잎자리 문이 열리면 병정들이 하나 나오고 또 들어가곤 한다. 여기서 담배연기만 자욱하게 만들면서 떠드는 것은 그 댓잎자리 문을 여는 순번을 기다리고 있는 병정들이다. 그들은 랑궁에서, '빼구'에서, '몰맨'에서, 각지에서 관계하였던 여자 이야기들에 지금 정신이 없다.

"여기 삐이는 어떤가?"

"글쎄!"

---

43 박용구, 「함락 직전」, 『안개는 아직도』, 수도문화사, 1953, 16쪽.

44 "길이 꼬부라지는 곳에서 그들(조선인 위안부–인용자)은 하마터면 지나가는 버어마인하고 부딪칠 변하였다. 그는 멈칫하드니 쑥스럽게 웃으면서 허리를 굽신한다. 위안부가 일본군에 소속된 사람이라서 경의를 표하는 것이었다."(박용구, 「함락 직전」, 앞의 책, 22쪽)–옮긴이.

이 매음부의 이름은 위안부라고 부른다. 그러나 병정들은 어느 나라 말인지도 알 수 없는 삐이라는 말로서 부른다.

어쩌다가 댓잎문 사이로 붉고 푸른 위안부의 옷자락이 보이기도 한다. 소변을 보느라고 나오는 위안부도 있다. 알몸에 훗 완피이스만 입었고, 머리는 부수수하다. 살결이 누르고 유난히도 몸이 퉁퉁이 부었다. 변소 엘 가자면 떠들석한 병정들 사이를 헤치고 가야만 한다. 그러자면 양편 에서 병정들의 손이 함부로 뻗쳐나온다. 젖퉁이거나, 사타구니거나….

댓잎문 안의 댓잎자리에 누운 그들 위안부들은 일체 말이 없다. 누운 채 로 다음 사람을 기다리고 있는 위안부도 있다. 그들의 입에서 나오는 말은,

"빨리. 빨리."

라는, 한마디뿐이다. 그것은 다음 병정이 어서 들어오기를 재촉하는 말은 아니었다. 지금 자기 앞에 있는 병정이 빨리 나가기를, 그리고 모든 시간이 빨리 흘러가기를 재촉하는 말이었다.

"빨리 끝내지 않고서…"

밖에서 차례를 기다리는 병정들 입에서도 빨리라는 말만이 흘러나온 다.[45]

박용구는 조선인 위안부를 간호부[46]라는 이름으로 끌고 왔다고 하 면서도 그녀들을 매음부라고 쓰는 걸 주저하지 않는다. 한편 위안부 들이 놓인 가혹한 상황도 그리고 있다.[47]

---

45 박용구, 「함락 직전」, 앞의 책, 17~18쪽.

46 "여기에는 일본 각지에서 끌려온 여인들이 있다. 그중에는 이것이 직업이었던 여인도 있다. 간호부라는 미명으로써 잡혀온 한국의 여인도 있다. 중국에서 끌려온 여인도 있 다."(박용구, 「함락 직전」, 앞의 책, 16~17쪽)-옮긴이.

47 박용구의 소설에는 사창이나 그 가족의 슬픔을 능숙하게 그린 작품이 있다. 통속성을

이 작품은 앞으로 위안부 문제를 생각할 때 문학에서 접근하기 위한 자료로서 중요하게 다뤄질 것이다.[48]

시대는 좀 더 내려오지만, 김정한의 「수라도」도 살펴보기로 하자. 이 작품은 가야부인을 중심에 두고 한 가족의 역사를 그리면서 식민지 조선의 수난사를 담은 수작이다. 1969년에 발표된 이 소설은 1960년대 한국문학을 대표하는 중단편 가운데 하나라고 할 수 있다. 이 작품을 보면 전후 한국에서 형성된 위안부 이미지의 전형을 대체로 확인할 수 있다. 문학적 완성도까지 포함해서 보면, 이 작품은 위안부 문제를 다룬 한국소설의 대표작 가운데 하나라고 해도 좋을 것이다.[49]

아래는 열아홉 살 옥이가 정신대로 가게 되었을 때의 장면이다.

"이번에는 할 수 없심데잇! 그래 아이소."

애국반장이란 사람이 하고 간 말.

"너무 그래 버투지 마소. 그란이라도 의심을 받고 있는 집에서…."

이건 이와모토 참봉의 조카뻘인 구장이 와서 하고 간, 반 협박조의 소리다. 그 옴두꺼비 같은 구장이 언제 옥이의 징용영장을 들고 올는지 모

띠면서도, 그의 시선에는 '더럽혀졌다'고 여겨지는 여성들의 삶에 공명하는 모습이 보이는 경우도 있는 것 같다.

48 학도병으로서는, 김윤식이 버마에 있었던 박순동, 이가형의 글이나 소설을 언급한 적이 있다. 위안부와 관련한 그들의 기술도 참고가 될 것이다. 김윤식, 「문학적 현상으로서의 한·일간에 걸린 흰빛―종군위안부의 이미지」, 『서정시학』 제22권 2호, 2012년 여름호.

49 해방 후 위안부를 다룬 문학작품에 대해서는 요시카타 베키의 앞 논문 및 「한국의 과거 '위안부' 언설을 살핀다(하)―1980년대 이후韓国における過去の「慰安婦」言説を探る(下)―1980年代~」(『季刊 戦争責任研究』第86号, 2016年 夏季号)에 상당히 많은 작품이 망라되어 있다.

를 일이었다. 속칭 '처녀 공출'이란 것으로서 마치 물건처럼 지방별로 할당이 되어 왔다. 즈이들 말로는 전력 증강을 위한 '여자정신대원女子挺身隊員'이란 것인데, 일본 시즈오카라든가 어딘가에 있는, 비행기 낙하산 만드는 공장과 또 무슨 군수공장에 취직을 시킨다고 했었지만, 막상 간 사람들로부터 새어나온 소식에 의하면, 모조리 일본 병정들의 위안부로 중국 남쪽 지방으로 끌려갔다는 것이었다. 말하자면 기만과 강제에 의한 그들의 전쟁 희생물이었다. 어리석고 가난하고 힘없는 식민지 농민들의 딸들은 그렇게 끌려가게 마련이었다.

옥이도 바로 그러한 운명의 직전에 있었다. 더구나 그녀는 미천한 종의 딸이었다.

(중략)

그러고만 어름거릴 때, 결국 옥이에게 붉은 딱지가 나오고야 말았다. 역시 그놈이었다. 여자정신대원! 일본 병정의 위안부!

"내일 아홉시꺼정 꼭 동사에 나오라 카이소!"

그 옴두꺼비 같은 구장은 그저 이 말만 하고 돌아갔다. 옥이가 마침 냉거랑에 빨래를 가고 없는 새로 대신 쪽지를 받은 가야부인은 정말 가슴이 철렁 내려앉는 것 같았다. 왜놈들에 대한, 눌러오던 증오감이 다시금 불붙기 시작했다.

옥이가 담뱃진을 먹고 죽기를 작정한 것은 바로 그날 밤이었다.[50]

작가 김정한은 1908년 경상남도 태생으로, 해방을 맞이할 무렵에는 꽤 나이가 들어 다양한 기술에서 현실감이 느껴지고, 동시에 많은 말

---

50 김정한, 「수라도」, 『김정한 소설 선집』, 창작과비평사, 1974, 251~254쪽.

을 하지 않고도 억압받던 식민지 시기의 분위기를 훌륭하게 그려내고 있다.

그러나 여기에 인용한 위안부 관련 장면에서는 상당한 오해가 보인다. 붉은 딱지(赤紙, 아카가미)[51]도 그렇고, 정신대와 위안부를 혼동한 것도 분명하다. 약간의 당혹감을 느끼지 않을 수 없다는 게 솔직한 심정이다.

그렇다 하더라도 옛날 일을 아는 작가인 만큼 이런 이해를 단순히 틀렸다고 하기보다는 당시 사람들의 감각을 어느 정도 현실감 있게 반영한 것으로 봐도 좋을 것이다.

요컨대 식민지 말기에 붉은 딱지라는 존재는 의미도 모르는 죽음의 공포를 상징하는 것이었을 것이고, 정신대와 위안부의 동일시나 '처녀 공출' 등은 주민들에게 일정한 진실성을 가질 수 있는 것이기도 했다. 믿은 사람이 많았기에, 그것이 오해였다고 해도 최근에 이르기까지 '기억'으로 계승되어왔을 것이다. 일본군 경험자나 관계자가 아닌 한 위안부의 실정에 대해 정확한 정보를 가진 사람도 적었을 것이다.

1960년대에 돌연 이런 인식이 제출된 것이 아니라는 것을 확인하기 위해 해방 직후의 시 한 편도 부분적으로 인용하기로 하자.

죄 없이 옥에 가셨던 아버지
어서 오세요!
징용으로 공장 갔던 수동이
오서 오너라!

---

[51] 일본군의 징집영장-옮긴이.

징병으로 북지 가신 언니도

학병으로 남양 가신 오빠도

어서 돌아오세요!

(김도성,「그날을 다시금 안아보자꾸나」에서)[52]

　정신대를 심지어 징병과 착각한 것일까. 예외적으로「함락 직전」같은 작품도 있었지만, 주요하게는 앞에서 본「수라도」를 포함하여 이런 식으로, 민족의 기억은 미묘하게 뒤틀리면서 형성되고 남게 되었다. 그것은 줄곧 계승되어, 특히 1970년대 이후 일본에서 센다 가코千田夏光나 김일면 등의 책이 출간되고, 한편으로 한국에서 임종국의 작업이 그 후의 담론에 강한 영향을 주는 등 많은 사람들에게 그 정보가 공유되어간다. 그러나 인식의 약간의 뒤틀림이 꼭 수정되었다고는 할 수 없는 채로, 문학에서도 김성종의『여명의 눈동자』(태종출판사, 1977)[53], 윤정모의『에미 이름은 조센삐였다』(고려원, 1988)[54] 등의 소설이 크게 히트한다. 이 두 작품은 특히 많은 독자에게 영향을 끼쳤을 것이다. 이러한 기억은 드라마〈여명의 눈동자〉(MBC, 1991~1992),〈서울 1945〉(KBS, 2006) 등 여러 방송 프로그램에서도 거의 마찬가지로

52　김도성,『고란초』, 문영사출판부, 1948, 103쪽. 작품 말미의 날짜에 따르면 시가 쓰인 것은 1946년이다(태학사에서 나온『한국현대시사자료집성 46』을 참조했다).

53　이 책은 이후 계속 간행되었는데, 특히 1988년판(도서출판 남도, 전20권)은 당시 대하소설의 유행과 겹치며 많은 독자를 얻었다. 1991년 중판 발행. 정신대 부분은 아카가미 등을 포함한「수라도」와 마찬가지 인식으로, 당시 읽혔던 (센다 가코 등의) 기존 서적의 견해를 답습하고 있다.

54　강제연행이 그대로 답습될 뿐만 아니라 일본인의 더러운 피라는 이미지가 강조되는 면도 강해서 앞으로 내셔널리즘과의 관계라는 측면에서 재검토가 필요한 작품이 아닐까 싶다. 이 소설은 1982년에 인문당에서 처음 발간되었지만, 고려원에서 나온 1988년판이 많은 반향을 불러일으켜 독자에게 커다란 영향을 끼친 것으로 보인다.

계승되었다. 현재도 단편 애니메이션 〈소녀 이야기〉를 비롯한 영상이 계속 만들어지고 있다. 한국의 위안부상을 이해하는 데에 이런 다양한 매체에 의한 기억의 계승이 끼친 영향은 상당히 클 것이다.[55]

이것들을 통해 형성되고 기억되어온 위안부 이미지에는 학술 연구의 인식과는 약간 어긋나는 경우가 있는 이상, 앞으로는 가능한 한 신중하게 접근해야 할 것이다.

물론 거기에는 조선 사람들이 겪어야 했던 상흔과 공포, 현재에 이르기까지의 트라우마가 있다는 사실도 잊어서는 안 된다. 하지만 역으로 말하자면 그렇기에 더더욱, 한일 사이에서 합의할 수 있는 접점을 공유하고 그 이해의 거리를 좁혀나가는 노력이 긴요하다고 할 것이다.[56]

또한 위안부 한 사람 한 사람의 삶이 다르듯이, 거기에는 헤아릴 수 없는 진실이 있다. 진실은 하나가 아니다. 논의의 다양성과 인권의 존중을 병행하면서 있는 그대로의 당시 현실에 다가가는 전문적인 논의가 요구된다. 진실이 하나가 아닌 이상, 무수한 기억 중에서 특정한 기억만을 골라내는 것이 아니라 개개의 다양한 모습을 그대로 받아들이고 그 다양성을 존중해야 할 것이다. 그런 바탕 위에서 상호 이해의 폭을 한 발짝씩 좁혀나갈 필요가 있다. 문학도 그 진실을 추구하는 일의 한 부분에 공헌할 수 있을 것이다.

---

55 기무라 간木村幹이 『한일 역사인식 문제란 무엇인가日韓歷史認識問題とは何か』(ミネルヴァ書房, 2014)에 쓴 것처럼, '역사인식'으로서의 위안부 문제가 구체적인 정치적 과제로 널리 의식된 것은 1990년대부터라고 할 수 있을 것이다. 다만 '기억'의 전승 자체는 해방 후부터 기사나 문학 등 다양한 매체를 통해 계속해서 이루어져왔다.

56 朴裕河, 佐藤久訳, 『和解のために－教科書·慰安婦·靖国·独島』, 平凡社, 2006, pp.8~9(『화해를 위해서』, 뿌리와이파리, 2005, 8~10쪽).

5.

나중에 위안부 또는 정신대 문제를 생각할 텍스트로서, 교재로도 자주 쓰이는 「그 여자네 집」을 쓴 박완서에 대해서도 언급하기로 하자.[57]

박완서는 수필을 통해 식민지 조선에서 서울의 소녀로서 엄한 교육을 받으면서도 점차 시대의 물결에 휩쓸려 일본이나 일본문학에 물들어갔던 자신의 과거를 고백했다.[58] 박완서는 그 당시 일본어를 할 수 없어서 교사에게 조선어로 말하는 어머니에게 "무시당해 싸다고 생각"[59]하는 감정마저 품었다고 한다. 그녀가 어머니의 아름다운 서울말을 자랑스럽게 생각하기 위해서는 민족의 해방을 기다려야 했다. 언어에서의 일종의 내적 외상은 그녀의 인생에서 오랫동안 남아 있었다. 식민지 체험은 황국신민 교육을 받은 그녀에게 돌이킬 수 없는 일생의 깊은 트라우마를 안겨준 것이다. 「그 여자네 집」은 그런 심적 상처의 연상선상에 있다고 할 수 있을지도 모른다.[60]

소설 「그 여자네 집」의 줄거리는 다음과 같다.

작가회의에서 북한동포돕기 시낭송회에 참가한 '나'는 자신이 좋아하는 「그 여자네 집」이라는 시를 낭송한다. 이 시를 읽으면 '나'에게

57　「그 여자네 집」은 박유하의 『제국의 위안부』 123~125쪽에도 언급되어 있다.

58　박완서, 「내 안의 언어사대주의 엿보기」, 『두부』, 창작과비평사, 2002, 183쪽. 그녀는 경기도 개풍에서 태어났지만 서울말로 길러지고 교육도 서울에서 받았다.

59　박완서, 앞의 책, 181쪽.

60　박완서의 문학은 시선이 시대와 가족·일상에서 상처받고 갈등하는 개인의 내면으로 향하는 경향이 강하다. 그 배경에는 현대사회에서의 갈등이나 식민지 체험은 물론이거니와, 「그 여자네 집」도 부분적으로 그런 것처럼, 한국전쟁의 그림자가 드리워져 있는 경우가 많다. 그런 마음의 상처도 그녀에게는 평생 치유할 수 없는 것이었던 것으로 보인다. 그녀는 한국전쟁에서 오빠와 숙부를 잃었다. 그녀는 이데올로기의 충돌과 가족의 죽음 한복판에서 청춘 시절을 보냈던 것이다.

는 생각나는 사람이 있었던 것이다. 만득이와 곱단이다. 옛날에 두 사람은 마을 사람들도 잘 어울린다며 공공연하게 인정하는 사이였다. 곱단이는 아름다운 아가씨, 만득이는 총명한 문학청년이었다. 그 마을 행촌리杏村里는 마을 사람들이 서로 돕고 사는 아름다운 마을이었다. 그런데 1945년에, 만득이가 징병으로 끌려간다. 사지로 떠나는 것을 각오하고 있던 만득이는 일부러 곱단이와의 혼인을 피하고 입대한다. 그 후 마을에서 정신대를 징집했다. 어느 날 면서기와 순사가 찾아오는 것을 본 부모는 서둘러 곱단이를 헛간 짚더미 속에 숨긴다. 그러나 그들은 공출을 위한 곡물을 숨기고 있지 않은지 살피러 온 사람들로, 검사를 위해 짚더미를 창으로 찌르고 다닌다. 짚더미를 찌르는 것과 부모가 안 된다고 소리친 것은 거의 동시였다. 창끝에 처녀의 살점이 묻어나왔다고도 하고, 피를 많이 흘리면서 달구지에 실려 읍내 병원으로 갔다고도 한다. 간신히 목숨을 건지기는 했지만 곱단이는 곧바로 신의주의 중년 남자에게 시집을 간다. 정신대에 보낼 수는 없다고 판단했던 것이다. 머지않아 해방이 되어 만득이가 돌아왔지만, 그는 결국 같은 마을의 순애와 결혼한다. 곱단이와 달리 순애는 평범한 아가씨였다. 만득이와 순애는 서울에서 산다. 그리고 6·25 전쟁으로 고향 마을은 북한 땅이 되고 말았다. '나'가 만득이를 다시 만난 것은 10년쯤 전의 군민회 모임에서였다. 그 후 '나'는 순애와 자주 만나게 된다. 그러나 순애는 남편 만득이에게 분한 마음을 갖고 있었다. 남편이 곱단이를 잊지 못한다는 것이었다. 하지만 순애가 죽고 나서 '나'가 다시 만득이를 만나 이야기를 들어보니 그것은 순애의 오해였다. 만득이는 곱단이를 전혀 생각하지 않아도 순애가 그렇게 믿어버렸다고 했다. 만득이는 정신대 할머니들을 지원하는 모임에 나간다. 그곳에

나가는 것은 피해자도 피해를 면한 자도 결국 희생자일 수밖에 없기 때문이라는 것이었다.

이 소설에는 아름다운 풍경이나 민족적 정서, 그리고 이상적인 민족공동체 의식이 그려져 있다. 박완서에게 그것은 제국주의에 의해 파괴되고 해체된 것일 수밖에 없었다. 「그 여자네 집」의 근저에는 그 고통에 대한 치유 원망이 있다.

위안부 지원 모임에서 돌아올 때 만득이가 했던 말을 인용하기로 하자.

> 오늘 여기 오게 된 것도, 글쎄요, 내가 한 짓도 내가 설명할 수 있을 것 같지 않지만… 아마 얼마 전 우연히 일본 잡지에서 정신대 문제를 애써 대수롭게 여기지 않으려는 일본 사람들의 생각을 읽고 분통이 터진 것과 관계가 있겠죠. 강제였다는 증거가 있느냐? 수적으로 한국에서 너무 부풀려 말한다. 뭐 이런 투였어요. 범죄의식이 전혀 없더군요. 그걸 참을 수가 없었어요. 비록 곱단이의 얼굴은 생각나지 않지만 나는 지금도 생생하게 느낄 수가 있어요. 곱단이가 딴데로 시집가면서 느꼈을 분하고 억울하고 절망적인 심정을요. 나는 정신대 할머니처럼 직접 당한 사람들의 원한에다 그걸 면한 사람들의 한까지 보태고 싶었어요. 당한 사람이나 면한 사람이나 똑같이 그 제국주의적 폭력의 희생자였다고 생각해요.[61]

---

[61] 「그 여자네 집」,『고등학교 국어(상)』, 교육인적자원부, 2002, 48쪽(『너무도 쓸쓸한 당신』, 창작과비평사, 1998에 수록). 이 글에서는 일부러 교과서에서 인용하고 참고했다. 이 단원에는 몇 개의 과제가 주어져 있는데, 다음과 같은 점이 염두에 두어야 할 것으로 기술되어 있다(48쪽). '자신이 깨달은 것, 인간다운 생활 방식, 공동체적 생활 방식'이다. 특히 공동체적 생활 방식으로 '문학은 가정, 사회, 민족, 인류 등의 공동체적 가치를 제시한다. 문학작품을 읽고 공동체의 일원이 되도록 노력하는 태도를 가진다'고 기술되어 있다. 하지만 앞으로 위안부 문제에서 요망되는 것은 오히려 공동체 의식에 치우

아름답고 슬픈 이야기이고, 소설에서 다뤄진 식량 공출이나 징병제 실시 등을 포함하여 독자가 동의할 수 있는 점이 많다. 그러나 정신대에 대해서는 어떻게 생각해야 할지, 해석은 꼭 단순하지만은 않은 듯하다. 위안부 문제에는 다양한 논점이 있다. 그것들의 검증을 보류한 채 '범죄의식'만을 강조하는 것이 바람직한지 어떤지는 이견이 있을 수 있는 부분이다. 작품에서 정신대 관련 기술의 현실성도 다시 검토할 필요가 있다.[62] 다만 적어도 작자의 내면에 있던 황국신민 교육에 대한 기억이나 그것에 의한 상처를 우리가 겸허히 직시할 필요가 있다는 것은 분명할 것이다.[63]

어쨌든 세대, 직업, 각 사람에 따라 식민지기를 살았던 사람들의 모습은 다양했다. 다만 확실하게 여겨지는 것은 일본의 통치가 아주 치밀하게 조선 사람들을 휩쓸면서 구축된 것이었다는 사실이다. 말할 것도 없이 위안부들도 그 구조적 억압하에 놓인 피해자였다. 또한 피해를 당한 사람도 그렇지 않은 사람도 제국주의의 희생자였다는 만득이의 견해는 틀린 게 아니라고 생각된다. 그 시대를 살았던 사람들 각자의 개별 기억과 감정을 존중하면서 이 문제를 생각할 필요가 있을 것이다.

치지 않는 보편적 인권이나 페미니즘적 시각이 아닐까 싶다.

62 박유하, 앞의 책, 123~125쪽.

63 전후세대이기는 하지만 도종환의 시 「조선 정신대」(『고두미 마을에서』, 창작과비평사, 1985, 108~116쪽)도 앞으로 다시 검토해야 할 작품일 것이다. 배옥수 씨의 증언을 소재로 한 이 시는 위안부 문제를 다룬 시 중에서도 뛰어난 시이며 위안부의 고통을 섬세한 어조로 노래하고 있다. 여기서 시인은 일본인의 한국인 현지처 등의 문제에까지 시선을 확대하고 있다. 또한 일본을 고발하는 것에 그치지 않고 일인칭 화자로서 이야기하는 위안부는 누구에게나 '부끄러운' 존재로 취급된다. 그 시각은 이 글에서 중점을 둔 것과 공통된 것으로, 애처로운 그녀들의 심적 상처로 기록되어 있다. 위안부 문제를 다룬 문학은 다른 나라에도 있는데, 이창래의 『Gesture Life』(Riverhead Book, 1999) 등도 주목되는 작품이다.

6.

전 위안부들의 심적 상처는 아직 치유되지 않았고, 박완서(2011년 작고)처럼 당시를 살았던 사람들의 심적 상처도 다양한 형태로 한국사회에 계속 남아 있다. 우리는 그런 마음의 상처에 진지하게 대응해야 한다. 그러나 거기서 요구되는 것은 이미지가 선행하는 논의보다는 연구의 축적으로 확고하게 뒷받침된, 합의 가능한 접점이다. 그것을 위한 노력 없이는 한일관계는 갈등밖에 남지 않는다.

이 글에서는 위안부들을 둘러싼 가능성 있는 주변 문제, 공동 기억의 형성에 대해 간략하게 다루고, 그 배경에 있는 내적 외상도, 한편으로 존중해야 할 각각의 기억이라는 점도 포함해서 약간 언급했다. 종래의 위안부 연구에서는 그다지 관심을 기울이지 않았던 부분일 것이다. 위안부들의 상처를 정면으로 응시한다면 '주위로부터의 폭력·차별' 문제도 경시할 수 없다. 그것을 위해서도 문학, 수기, 영화 등 다양한 측면에서의 연구를 축적하는 것이 앞으로 더욱 요망될 것으로 보인다. 또한 위안부상의 형성이라는 점에서도 더욱 풍부한 자료와 치밀한 분석이 축적되어야만 제도적인 측면에서의 연구에 그치지 않고 위안부들의 인간적인 다양한 모습에 더욱 가까이 다가갈 수 있을 것이다.

이 글은 위안부 문제를 한국문학의 시점에서 접근한 것인데, 이런 시도는 이제 막 시작되었을 뿐이다. 더욱 적극적인 작품 정리와 검토가 요망된다.

(번역: 송태욱)

국가와 성
—문학으로
『제국의 위안부』를 읽다

나카가와 시게미中川成美

1.

위안부 문제와 관련하여 끊임없이 쟁점화되는 사항 중 하나는 위안
소 설치 및 위안부 모집·관리가 군 주도하에 이루어졌는가, 아니면 민
간업자에 의한 영리사업이었는가에 관한 논의이다. 즉 극히 단순하게
말하자면 국가정책이냐 아니면 민간사업이냐라는 양자택일의 문제
이다. 이러한 양자택일을 쟁점화함으로 인해 은폐되는 것은 전시 남
성의 성적 욕망이라는 문제이다. 양자 중 어느 쪽이 된들 결국 면죄받
지 못함에도 불구하고 말이다. 전 세계의 어떤 전쟁이건 반복되는 전
시 남성들의 성충동 및 그에 따른 각종 전시 성폭력이 마치 일반적인
현상인 것처럼 착각을 유발하는 위험성에 대해서는 생각한 적이 없
다. 전시하 남성 병사의 성욕이란 의심의 여지 없이 '자연'스러운 것으
로 처리되어온 것이다.

전시하 남성 병사의 성욕은 가장 추악한 성적 욕망의 발로임에도 불구하고 성욕이라는 '자연'스러운 남성의 생리가 존재함으로 인해, 그것의 대칭점에 남성의 성욕을 받아들이는 여성이 필요하다고 하는 단순한 구도로 환원되어왔다. 남성만으로 이루어진 전시 군대에 있어서 병사들의 성욕은 억압되어 있기 때문에 배설구로서의 여성을 배치하는 것은 '당연'하다는 논리가 아무런 비판 없이 용납된다. 나라를 위해 싸우는 병사를 위한 '위안'은 당연한 것이며, 거기에 '봉사'하는 여성들은 훌륭한 '국민'인 것이다. 실로 '위안부'라는 명칭은 썩 잘 만든 표현이 아닐 수 없다. 이러한 '숭고한 책무'에 부여된 명칭이 '매춘부'와는 의미가 구별되어야 한다는 전시하 성의 프로토콜은 뜻밖에도 무조건적인 것으로 인지되어 있다.

그러한 인식에는 국가의 위신을 걸고 싸우는 남성과 그러한 남성에게 감사하고 공경을 표하는 마음으로 봉사하는 여성이라는 배치가 너무도 간단히 수락되어 있을 뿐만 아니라, 승전국 남성이 패전국 여성에게 행사하는 성폭력 또한 승리한 병사들의 '당연'한 특권이자 보상으로 보는 논리가 통용되고 있는 것이다. 그것은 명백히 자신들의 남성성의 과시를 통해 패전국의 무력함을 강조하고 있다. 왜 병사들은 남자다움을 강조하는 것일까. 그리고 그 남자다움은 왜 이성애주의 신화로 점철된 폭력적인 성적 욕망으로 분출되는 것일까. 전시 성폭력 문제를 고찰하기 위해서는 이와 같은 가장 근본적인 의문점에서 출발해야 할 것이다. 허나, 나는 그 의문에 대한 답을 위해 남자의 생리로부터 접근하는 본질주의론에도, 전쟁이 초래하는 이상심리로부터 접근하는 상황론에도 편들고 싶지 않다.

여기서 문제는 부정합적으로 구성된 남성과 여성의 편파적인 권력구도이자 각자에게 부가된 젠더와 성을 둘러싼, 무의식적 영역까지 각인된 개념의 부당성이다. 국가는 그것을 법이나 제도에 잠입시키고 사회는 자본에 투영한다. 이 단계에서 여성은 스스로의 성과 신체를 시장에 유통시킬 수밖에 없도록 운명지어지는 것이다. 이러한 의미에서 매매춘 시스템은 이 부당한 개념에 입각해서 성립하는 것이며, 전시하에 설정된 군대 전용 매매춘 시스템이란 그러한 개념이 돌출하여 구현한 장치였다. 그 장치 위에는 식민지나 점령지에서의 성에 의해 남녀로 분할된 권력관계뿐만 아니라 종주국/승전국/점령국과 피식민지/패전국/피점령국이라는 권력관계 또한 덧씌워져, 성의 권력관계는 더욱 압도적인 폭력을 휘두르게 된다. 패전국이 승전국에 의해 여성화되는 비유가 곧잘 사용되는데, 성 권력 장치의 기반에는 지배하는 쪽의 압도적인 권력 과시 및 행사를 향한 욕망이 개재하고 있는 것이고, 국민국가의 존엄은 이러한 욕구에 의해 유지되고 있다고도 바꾸어 말할 수 있을 것이다. 이를 고무하는 것은 남성우월주의male chauvinisum와 여성혐오misogyny, 동성애혐오homophobia가 지탱하고 있는 배외적 애국주의chauvinisum라는 남성중심주의이다. 여기서 오해를 두려워하지 않고 밝히자면, 이러한 배외적 애국주의를 떠받치고 추진해가는 것은 생물학적 성으로서의 남성뿐만이 아니며, 때로는 여성도 이에 가담하고 있음을 기억해두어야 한다. 환언컨대 '남성'에 가탁假託된 형태로 이야기되는 이러한 '권력' 시스템의 구조를 남성만이 지탱할 수 있는 이유는 실제 어디에도 없음에도 불구하고, 그러한 구조는 '남성성'의 근간과 관련된 안건으로 오랫동안 인지되어온 것이다. 그렇다면 매매춘이라는 것이 오직 개인의 사적 영역과 관련된 성적 행동일 수는 없으며 국가를 존속시키기 위한 인프라로 기능하는, 혹은 기능시키려 하는 역학이 사회에 만연하고 있는 것이라고 해석할 수 있을 것이다.

2.

박유하의 『제국의 위안부―식민지지배와 기억의 투쟁』이 형사고소를 당하게 된 가장 큰 이유는 '전 위안부'에 대한 명예훼손이다. 그리고 소장에 쓰여 있는 바와 같이, 그녀들을 '자발적 매춘부'로 볼 것인가, 강제된 '위안부'로 볼 것인가라는 극히 단순한 이분법으로 그녀들의 호소를 개괄해버렸다. '전시 성폭력 피해자'로 인정하는 것이 한국의 국가적, 혹은 사회적 합의라면 그녀들을 '매춘부'로 부르며 국가의 책임을 회피하려 하는 것이 일본의 내셔널리즘이라는 식의 알기 쉬운 구도를 그릴 때, 그 구도를 통해 눈에 보이는 것은 도대체 무엇일까. 확실히 현재 일본 내의 '혐한'은 인터넷 공간 등에서 차마 입에 담기 힘든 표현을 통해 증식해가고 있는데, 그것들이 단순히 쇼비니즘이라고 말하는 것만으로는 설명할 수 없는 여성 경시로 가득차 있음을 느끼게 된다. 상거래를 통해 식민지 조선에서 일본군 '위안부'가 된 여성들은 그 대가로 많은 돈을 벌었으므로 그저 '매춘부'라고 부르면 된다는 투의 단순한 발상은 명백히, 그러한 여성은 사죄도 보상도 필요없다는 지극히 난폭한 결론과 연결된다. '매춘부'는 대등하게 인권을 주장할 수 있는 존재가 아니라고 간주해버리는 오만한 시점이야말로 남성중심주의, 남근중심주의로 불러 마땅할 것이다. 다만 여기서 여성이 이와 같은 구조에 가담하지 않는다고 단언할 수는 없으며, 성산업에 종사하는 여성들에 대한 여성 자신의 멸시도 이러한 구조에 편입되어

차별을 조장하고 만다는 점을 짚어두고 싶다.

한편 한국 측이 '전 위안부' 여성들을 표현할 때 '무고한 소녀'로 표상하고 있음은 예를 들어 대사관 앞에 설치된 '평화의 소녀상'을 봐도 명백히 알 수 있다. 누가 봐도 로틴(low-teen: 10대 후반을 가리키는 하이틴, 10대 전반을 가리키는 로틴은 일본에서 만든 영어 조어이다-옮긴이)임이 분명한, 의자에 앉아 있는 단발머리 소녀상은 두 주먹을 꽉 쥔 채 정면을 응시하고 있다. 현재 한국, 중국, 미국, 호주에 설치되어 있는 다수의 상은 좌상이지만, 입상 또한 좌상과 동일한 머리 모양과 복장이다. 여기서 생각해볼 부분은 그녀들의 의상이다. 한복을 본뜬 것인데, 치마가 복숭아뼈까지 내려오는 통상의 전통적인 치마저고리와 달리 무릎보다 약간 아래까지 내려오는 길이의 치마에, 속치마, 속바지, 버선 그 어느 것도 착용하고 있지 않다. 맨발인 이유는 갑작스럽게 납치를 당해서 신발 신을 시간조차 없었다는 설명인데, 밑단을 자른 치마저고리를 입고 속옷을 입지 않은 그 디자인에는 위화감이 든다. 1960년대 이후 일본 내 조선학교가 채용한 개량 한복풍의 치마저고리 제복과 극히 유사한 그 의상은, 내 상상이지만 동상의 소녀성을 강조하기 위해 조형된 것이 아닐까 싶다. 즉 '위안부'의 무고한 소녀성을 표상하여 그녀들의 '성스러움'을 나타내고, 그것을 통해 그녀들이 불결한 '매춘부' 따위는 아니었다고 고발하고 있는 것이다.

'일본군 위안부 문제'에서 성폭력 희생자인 '성노예'로 볼 것인가 아니면 자발적 '매춘부'로 볼 것인가라는 끊임없이 반복되어온 논쟁의 그림자가 소녀상의 조형에도 드리워 있다. '위안부'들을 '매춘부'로 간주하는 정경은 오늘날 일본의 인터넷 공간을 들여다보면 수천 가지 사례를 손쉽게 발견할 수 있다. '매춘부'로 간주함으로써 그녀들에게 가해진 가혹한 피해를 모두 면죄하려는 시도 따위가 가능할 리도 없다. 그렇다고 하더라도, 군이 '소녀상'의 형태로 표상하여 그녀들의 '성스러움'을 방패삼아 피해자성을 부각시키려고 하는 운동가들의 의식에는 결국 일본인의 '위안부=매춘부'론과 표리일체가 되어 그에 대한 무의식적인 '협조'를 불러일으키게 될 위험성이 있다.

여기서 문제삼지 않으면 안 되는 것은 '매춘부'는 피해자로 부르기에 적합하지 않다고 판단하는 폭력적 담론의 기반을 이루는 사고방식이고, 그 핵심에 존재하는 남성의 성적 욕망에 대한 무조건적 시인이다. 이전에 나는 1990년대에 문제가 되었던 원조교제 문제에 대한 소론을 쓴 적이 있다. 90년대에 미야다이 신지宮台眞司 등이 세상을 떠들썩하게 했던 '성적 자기결정론'에 대한 위화감을 밝힌 논문이었다. 미야다이는 '성적 자기결정'을 "자기 자신의 존엄을 유지하기 위한 자유로운 표출 행위"(『<性の自己決定>原論』, 1998)라고 정의하고, '하이 리턴, 하이 리스크'이기는 하지만 그녀들이 자유로운 자기 표출을 통해 얻을 수 있는 '자존심'에 주목해야 한다고 주장했다. 허나 여기서 느낀 위화감은 소녀들의 자기 표출이 어째서 '성'에 초점이 맞추어져야 하는가 하는 의문과 관련된다. 개인의 주체 확립과 '상품으로서의 성'이 되어 시장에 유통되는 것이 같은 걸까. 원조교제의 매체였던 텔레폰 클럽(속칭 테레쿠라), 다이얼Q, 인터넷을 마치 여성이 스스로의 임의에 의해 익명성을 보장받은 형태로 참가할 수 있는 자유로운 공간인 것처럼 여기는 '오인'은, 정보통신산업이 설정하는 제도 그 자체가 남성의 성적 욕망에 의해 구성되어 있다는 사실에서 기인한다. 그리고 남성의 성적 욕망이라고 부르는 바로 그것조차, 거의 실체가 없고 자본의 강제력에 의해 연속해서 생산되는 공허한 무언가일지도 모른다. 전시하에 견주어 말하자면, 병사의 성적 욕망을 결정하는 것은 국가가 몽상하는 '모범적인 전사의 남성성'이라고 바꿔 말할 수 있다. 즉 국가와 자본은 이러한 방식의 공모를 통해 남녀의 성의식을 안출案出하는 것이다.

> '반복되는 성적 환상의 확대화' 안에서 강화되는 것은 근대가 구축한 '성의식' 개념이고, 여성은 그러한 개념의 타자·대상으로 계속 존재하며, 실재하는 남성 또한 결코 그러한 개념의 참된 주재자가 되지 못한다는 실로 기묘한 현실이 세계를 뒤덮고 있다. 주체가 주체로서 존립할 수 없는 상황이 후근대(포스트모던)의 환경이라면 그러한 '성의식'의 모습도 변용되어야 할 터인데, 그쪽은 조금도 뒤흔들지 못하고 오히려 근대가 만들어낸 '성의식'으로 일원화하려고 강제하는 힘에 대한 논의로는 왜 나아가지 않는 것인가.(졸고 「'원조교제'는 매춘부가 아니다?—성차 없는 아이덴티티를 찾아서<援助交際>は売買春ではない?—性差無きアイデンティティーを求めて」, 岡野幸江·長谷川啓·渡邊澄子編, 『売買春と日本文学』 수록, 2002)

'원조교제'가 매춘인가 아닌가를 따지는 문제설정의 방식이야말로 문제삼아야 했던 것이다. 매춘으로 규정함으로써 안심하려고 하는 의식이 그러한 문제설정 안에 숨쉬고 있다. 위안부 문제에 접속시켜 생각해보면, '위안부'가 매춘행위였는가 아닌가라는 하나의 초점으로 수렴시키는 논의방식을 통해 안심하려고 하는 사람들이 분명 있었다는 것이다. 그러한 강제적인 성인지性認知 속에 우리는 아직도 갇혀 있는 것이다.

3.

박유하의 재판 과정에서 검찰 측이 빈번하게 지적한 것은 문학이라는 '가공'의 산물을 역사적 실증에 활용한 일의 옳고 그름이었다. 물론 문학은 허구이다. 하지만 허구라고 해서 '거짓'인 것은 아니다. 박유하가 인용한 다무라 다이지로나 후루야마 고마오 등의 전후 작품에 나타난 '위안부'는, '위안부'의 어떤 일면을 잘라내어 부각시킴과 동시에 작가를 통해 구상具象화된 그녀들의 내면의 목소리를 재현하고 있다. 그렇지만 여기에는 문제가 있다. 식민지 종주국인 일본국의 병사 경험을 가지고 있는 남성 작가가, 피식민지의 '위안부'를, 전후에 회상을 동반하여 묘사한다는 것의 '폭력성'을, 그들의 작품을 읽는 독자는 끊임없이 의식하지 않으면 안 되기 때문이다. 아무리 작중의 '위안부'들이 병사에게 공감했다고 쓰여 있더라도, 그러한 공감에는 종주국과 피식민지, 병사와 '위안부', 남성과 여성이라는 몇 겹의 비대칭적인 권력의 행사가 겹쳐 있기 때문에 공감의 신빙성이 옅다는 지적은 분명 온당하다. 허나 거기서 한발 더 나아가 병사와 '위안부' 사이에 오간 심정의 교환을 문학은 어떻게 쓸 수 있을까.

다무라 다이지로가 1947년 3월 『군조群像』에 발표한 「육체의 문肉体の門」은 전후문학을 대표하는 작품으로 시대에 각인되어 있는데, 전시의 군대 체험하에서의 '조선인 위안부'와의 교정交情을 묘사한 「춘부전」(1947.5)이나 「메뚜기蝗」(1964.9)와 결정적으로 다른 점은 그녀들과의 관계성에 있다. 제2차 세계대전의 종언과 함께 닥친 현실은 일본인에게 거의 처음이라 해도 무방한 타국에 의한 점령 체험이었다. 전쟁에 지고 돌아온 일본인 병사들이 미 점령군 병사 앞에서 무릎을

꿇지 않으면 안 되는 굴욕을 단적으로 느끼게 한 것은, '팡팡'이라 불렸던, 미군 병사를 상대하는 일본인 여성의 존재였다.

진주군 상륙에 발맞추어 히가시구니東久邇 내각이 스스로 획책한 미군 상대 매춘시설 RAA(Recreation and Amusement Association)가 8월 26일 설립되고, 이튿날 27일에는 시설 제1호로서 오모리·고마치엔大森·小町園이 개설되었다. 이후 3개월간 도쿄에 25곳의 미군 상대 '위안시설'이 개설되었다. 이것은 8월 17일에 성립된 히가시구니 내각이 처음으로 한 일로, 8월 18일에 발령한 '외국군 주둔지에 있어서 위안소 시설의 설치에 관한 내무성 경보국장 통첩'에 따른 것인데, 이 통첩의 '별기別記'인 '외국 주둔군 위안시설 등 정비 요강'의 1에는 "영업행위는 일정 구역으로 한정하여 종래의 단속 표준에 관계없이 이를 허가하는 것으로 한다"고 되어 있고 통괄은 해당 지역 경찰서장이 담당한다고 명기되어 있다. 성병의 만연으로 인해 GHQ는 이듬해 1946년(쇼와 21년) 3월 10일 이 지역들 출입을 금지off limit했지만, 같은해 1월 21일에 GHQ가 일본 정부에 공창제도의 폐지를 명령하는 '일본에 있어서 공창제도 폐지에 관한 건' 각서를 전달한 사실을 고려하면, 두 달이라고는 하나 GHQ가 겉으로는 여성의 인권을 주창하면서 뒤로는 자국의 미군 병사에게는 매춘을 장려한 것이 된다. 일본 정부 또한 이 각서에 곧바로 대응하여 칙령안을 작성, 1947년(쇼와 22년) 1월 15일 칙령 제9호로 공포했다. 그 경위를 보여주는 '쇼와 20년 칙령 제542호 포츠담 선언 수락에 따라 발하는 명령에 관한 건'은 국립공문서관에 보존되어 있는데, 문언을 보면 "짐은 쇼와 20년 칙령 제542호 포츠담 선언 수락에 따라 발하는 명령에 기초하여 부녀에게 매음을 시킨 자들에 대한 처벌에 관한 칙령을 재가하고, 이에 그것을 공포한다"고 되어 있다. 이것은 샌프란시스코 조약 체결 후인 1952년(쇼와 27년)에 대다수의 포츠담 선언 수락에 따른 칙령이 폐지('포츠담 선언의 수락에 따라 발하는 명령에 관한 건에 기초하는 법무부 관계 제명령의 조치에 관한 법률', 쇼와 27년 5월 7일 법률 제137호)되는 가운데 1956년(쇼와 31년) 5월 24일 공포된 '매춘방지법'이 제정될 때까지 존속된 소수의 명령 중 하나이다. 매매춘이 천황, 점령군 양쪽에 모두 중요 안건으로 떠올라 '매음을 시킨 자들에 대한 처벌'을 규정하는 과정은, 역설적으로 매매춘이 얼마나 사회 일반에 자명한 것이었는지를 증명해준다고 할 수 있다. 천황이 성을 언급한 유일한 사례인 이 칙령은 '포츠담 선언'이라는 대의명분을 덮어쓰게 되면서 속마음(本音)과는 배치되는, 너무나도 어색하고 수상쩍은 느낌이 들지만, 그것을 요구하는 점령군 쪽 또한 위선적인 민주주의 개념의 썩은 냄새를 풍기고 있다.

공창제도 폐지와 주류군 병사의 성욕 문제라는 이율배반의 모순에 곤혹한 GHQ는 적당한 폐지 이유를 발견했다. 1946년(쇼와 21년) 3월 10일, GHQ는 성병 만연을 이유로 요시와라吉原, 하토노마치鳩の町, 신주쿠新宿 등의 미군 상대 시설을 갖춘 매춘지역 출입을 금지했다. 이와 동시에 RAA 폐쇄를 권고하여, 1월 21일에 전달한 '일본에 있어서 공창제도 폐지에 관한 건' 각서가 그럭저럭 정합성을 갖추게 되었다. 그러나 이는 집단관리를 벗어나 산창散娼으로 향하는 계기가 되어, 이른바 가창街娼과 '팡팡걸'의 탄생을 촉진했다. 이 성병 문제에 관해서는, GHQ는 1945년 10월 16일 시점에 이미 '화류병의 단속에 관한 각서'를 발령했고 도쿄도는 즉각 이에 반응하여 10월 22일 도령都令 및 경시청령 제1호로서 '성병 예방 규제'를 제정했다. 이에 따라 여성에 대한 강제검진을 실시할 수 있게 되었다. 후생성 또한 다음달인

11월 1일 '화류병예방법 특령'을 공포, 이것이 1948년 7월 15일 법률 제167호로 발령되어 9월 1일부터 시행된 '성병예방법'으로 이어졌다. '성병예방법' 제11조 '매음 상습 용의자에 대한 건강진단 수진(受診)명령·강제수진'의 "도도후켄都道府県 지사는 정당한 이유에 의해 매음 상습의 혐의가 현저한 자에게 성병에 감염되어 있는지 여부에 대해 의사의 건강진단을 받을 것을 명하고, 또는 해당 공무원이 건강진단을 시킬 수 있다"라는 조문은 '창기 단속 규제'부터 이어진 여성의 포위를 의도하는 법률이다. 같은날 이 법과 함께 시행된 '풍속영업 단속법'(7월 15일 발령)과 세트를 이루어, 경찰권력의 개입이 용이해졌다. 풍속영업이란 '요정, 요리점, 카페, 카바레, 댄스홀, 당구장, 마작장' 등을 가리키는 것으로, 이들은 영업을 위해 도도후켄 공안위원회, 시초손市町村 공안위원회의 허가를 받는 것이 의무화되었는데, 여기에 공창제도 폐지 후 집창지역인 적선지대赤線地帯나 사창지역이었던 청선지대青線地帯의 창관娼館이 '특수다방', '특수음식점' 등의 명칭으로 이른바 '특수음식점 거리'가 되어 전전과 마찬가지로 경찰 관리하에 놓인 것이다. 다만 '풍속영업 단속법'의 '부칙' 제1조(3)에는 "특수한 다방은 부녀 접객의 내용이 있는 한 본법의 대상이 되지만, 매음행위가 여기에 수반되는 경우에 이를 단속하는 것은 별개의 문제이다"라고 되어 있어서 옛 공창, 사창이 포함되어 있었던 매매춘지역의 창관은 더 이상 매매춘 시설이 아니라는 구차한 견해를 개진하고 있는데, 매매춘 금지에 관한 법률이 도무지 성립에 이르지 못하는 전후 십수년의 환경 속에서 매매춘행위의 사회적 용인과 그에 따른 성병 예방 대책은 이 법률들에 의해 지켜짐으로써 취업여성에 대한 관리와 억압이 전전과 동일하게 유지되었던 것이다. 게다가 더욱더 가혹하게도, 지방 공안위원회에 위탁된 풍속영업 단속법이 가창 등 관리 대상이 아닌 '산창散娼'을 비관리 매춘과 성병 예방이라는 양면에서 포위해 들어가기 위해, 각각의 지방공공단체가 새로운 단속법규를 발령했다. 예를 들어 도쿄도는 도의회 제1호 제1회 임시회(1949년 1월 25일)에서 임시 제19호 의안으로 '매춘 등 단속 조례 설정의 건'을 제출, '매춘 등 단속 조례'를 시행했다. 이는 후의 '매춘방지법'의 기본 개념으로도 이어지는 여성 인권에 대한 경시가 명백히 드러나 있는 것으로, 요컨대 '매춘한 여자', '장소를 제공한 자', '호객행위를 한 자'만 단속 대상이고 매춘買春한 손님은 이 조례에 일체 저촉되지 않는다는 것이었다.

지방자치단체가 경찰과 협력하여 여성의 신체를 관리한다는 매매춘 관리의 기본적인 구도가 여기서 전전보다 강화되어 있음이 확인되는데, 이에 따라 도쿄 번화가에서 대규모 '가창 사냥', '팡팡 사냥'이 펼쳐지게 된다. 이는 전전의 '밀매춘' 단속을 본뜬 것(현장단속臨檢, 예방구속 등)인데, 주류군에 의해 매매춘지역이 광역화되고 취업여성들도 공창제 폐지 이후 자립, 비관리형으로 전환해 있어서 사회적 반향이 컸다. 다무라는 전후 이른 시기에 '팡팡 사냥'을 제재로 한 작품을 썼는데, 작품에는 그러한 여성들에 대한 굴절된 시선이 피력되어 있다.

「육체의 문」에서, 동료 간의 룰을 어긴 보르네오 마야는 참혹한 린치를 당한다. 두 손을 묶인 채 천장의 철골에 매달려 희미해져가는 의식 속에서 옛 병사 이부키 신타로와의 성교를 통해 알게 된 육체의 기쁨을 놓치지 않으리라 다짐하는 결말 부분은 점령군 남성에게 빼앗긴 자국 여성을 신체의 열락을 통해 일본인 남성이 되찾는다는 구도가 되어 있다. 허나 보르네오 마야의 피학적인 성적 쾌락이 린치에 의

해 확인된다는 '도착'에 대해서는 어떻게 생각해야 할 것인가. 이는 한 편으로는 타국 남성에게 능욕당한 여성에 대한 처벌로서도 성립한다. 그녀들에 대한 피점령국 남성들의 뿌리 깊은 혐오 또한 드러나 있다. 다무라는 「여자사냥의 밤女狩りの夜」(1947.5)에서, 패전 직후의 암시 장과 '팡팡'에서 흘러넘치는 생명력에 감탄하면서도, '팡팡 사냥'에 걸려 끌려가는 여성들의 어이없을 만큼 순종적인 모습을 평하여 "봉 건제도로 여성을 억압해왔다고 해도, 바깥으로 내보내지 않았기 때문 에 어떤 의미에서는 과보호를 받아서, 자신의 의사를 잃어버린 무능 력자를 만들어버렸군요"라는 말을 한마디 덧붙이지 않을 수 없었다. 오인誤認체포되어 구속된 여성이 그에 항의하는 전단을 전봇대에 붙 여둔 것을 보고 주인공 고미야는 '그렇게 치욕스럽다면 검속당할 때 왜 죽기를 각오하고 반항하지 않았을까'라고 생각한다. 마지막 부분 의 이 중얼거림이야말로 남성이 여성에게 요구하는 '정조' 수호에 대 한 자각 요청이며, 나아가 이는 여성의 처녀성이나 무구한 '신성'을 향 한 끝없는 주문으로 이어져 있다. RAA가 여성을 모집할 때 내걸었던 '성의 방파제'라는 표어에 응답한 여성은 그 즉시 자국 남성을 배반한 매국노가 되어 비난당하게 되는 것이다. 이러한 비난에서 그녀들을 구해주는 논리는 '강제성'이지만, 다무라가 보는 여성들은 상상 외의 생명력을 발휘하여 생활의 곤란을 헤쳐나간다. 다무라가 그러한 여성 들을 읽어내려면, 그녀들을 '무능력자'로, 생각할 줄을 모르는 바보 같 은 존재로 치부할 수밖에 없었다. 일본과 한반도에서 펼쳐진 '피점령 지' 경험은 남성들의 르상티망에 의해 원래 발화해야 할 여성들의 언 어를 박탈하고 있는 것이다.

4.

원래 발화해야 할 여성들의 언어는 어떻게 되찾아야 할까. 이 물음에 응답해가기 위해 나는 역시 문학 속을 떠돌아다니고자 한다. 전후문학에서 특이한 위치를 차지한 여성작가로 이케다 미치코池田みち子가 있다. '여자 다무라 다이지로'로 불리며 '육체문학' 작가로 활약했던 그녀를 기억하는 독자는 많지 않다. 그렇지만 나는 그녀의 문학적 행보에 '위안부 재판'이라는 얼음을 부드럽게 녹여갈 열쇠 같은 것이 감추어져 있다는 생각을 떨칠 수가 없다. '위안부'라는 단어로 한데 묶이고 법의 언어에 의해 단일화되어버린 그녀들 한 사람 한 사람을 각각의 신체로 되돌리고 개별적인 얼굴을 부여하기 위해서는 어떻게 하면 좋을까. 이 글의 후반부에서는 이에 대해 생각해보고자 한다.

이케다 미치코는 1910년 교토에서 태어나 2008년 아흔일곱으로 세상을 떠났다. 전전에는 적색구원대에 참가하여 검거당하는 등 탄압을 받게 되어 상해로 건너갔다. 귀국 후 일본사진寫眞공사에서 근무하며 소설을 썼는데, 전후의 출판붐 속에서 두각을 나타내어, 유행작가가 되었다. 그녀의 작품의 특징은 여성의 주체가 어떤 식으로 신체나 성과 관련되어 있는가 하는 것에 있었다. 필연적으로, 그녀의 작품에서는 전후에 표면적으로는 자영업화된 성산업에 종사하는 여성들, '변태'라고 기피당했던 동성애자들, 또는 일상생활에 잠재해 있는 부부 간의 미묘한 감정교환 등이 자주 다루어지고 있다. 당시로서는 대담한 성묘사로 주목받았고, 문예지나 중간소설 잡지뿐만 아니라 '가스토리 잡지'(カストリ雜誌: 가스토리糟取는 원래 지게미로 만든 막소주인데, 가스토리 잡지는 패전 직후 일시적으로 유행했던 조악한 종이로 만든 대중오

락잡지로, 대체로 3호를 넘기지 못하고 폐간했으나 대담한 성적·신체적 묘사로써 전후 대중문화의 한 흐름을 형성했다-옮긴이)에도 다수 기고했다.

이케다가 그리는 여성들은 다무라가 비난하는 '무능력자'이다. 곤란한 현실에 직면하면 거의 사고를 정지시키고 마치 움막에 틀어박힌 작은 동물마냥 자폐한다. 1947년 간행된 『정인情人』(パトス)에는 1946년에 쓴 단편들이 수록되어 있다. 전시에서 전후에 걸친 곤란한 생활이 묘사되어 있는데, 여주인공을 통해 이케다가 주장하는 것은, 여성들은 전시하에 이미 허탈해하고 있었다는 점이다. 국가가 총력전을 펼치고 있는 전시하에서조차 여성들에게는 국가의 은혜가 조금도 미치지 않고, 고난과 인내가 요구될 뿐이다. 끝없는 곤란한 생활 속에서 여성들은 생각하기를 멈춘다. 달리 방도가 없다. 「고운 여체麗しき女体」라는 작품은 부모를 여읜 여주인공이 요시무라는 남자의 원조를 받으며 생활하는 이야기이다. 그녀에게는 다카오라는 사랑하는 연인이 있지만, 그는 생활력이 없다. 그녀에게 돈을 꾸어 생활하고 있다. 두 남자에게 들켜버린 주인공은 같은 아파트에 사는 '팡팡'의 도움으로 술집 일자리를 얻게 된다. 그럼에도 두 남자는 주인공에게 '너란 여자는 도대체 생각이란 게 없다'고 설교하며 관계를 유지하려 한다. 이러한 여주인공에게는 어떠한 선택이 허용되어 있을까. 떠내려가듯 부유하는 이 여주인공의 허무를 남자들은 이해하지 못한다. 남자들의 사정에 휘둘려가며 고된 삶을 살아온 주인공은 정녕코 전후 공간을 살아가는 여성들의 공허함을 대변하고 있다. 그것은 그녀들의 신체가 온당히 지녀야 할 자연을 국가가 빼앗아간 것에 대한 메타포로 기능하고 있음을 상상케 한다.

의지할 곳 없는 여자들의 허탈과 공허를 남자들은 결코 이해할 수

없으리라는 것을 이케다는 작품 속에서 남김없이 보여준다. 매춘방지법 이후의 그녀들의 뒤를 쫓은 이케다는 『재화의 싹災禍の芽』(現代, 1958), 『흘러가는 여체流れる女體』(文藝評論新社, 1958) 등에서 그녀들에게 밀착했다. 『산야의 여자들山谷の女たち』(現代社, 1967)은 그 궁극의 도달점을 보여준 작품집이다. 전후 성산업에 종사해온 여성들은 1957년의 매춘방지법 시행에 의해 갈 곳을 잃는다. 종전 직후 20세 전후였던 그녀들도 30세를 넘기려 하고 있다. 성산업에서 나이를 먹는다는 것은 '상품가치'가 떨어지는 큰 요인이 된다. 새 직장을 찾아 그녀들은 요식업 혹은 간이매춘으로 흘러들어갔지만, 1960년대에 이르러 그런 직장마저 잃어간다. 거주할 곳조차 없어진 그녀들은 산야(山谷: 도쿄 다이토台東구 북동부의 지명이다-옮긴이)에 당도한다. 이케다는 고도경제성장 전야 산야의 도야가이(ドヤ街: 일용노동자가 많이 사는 거리-옮긴이) 간이숙박소에 머물며 그녀들의 생활을 응시했다. 철저하게 타자의 시점을 취하는 이케다의 필치는 때로는 그녀들을 가혹하리만큼 똑바로 바라본다. 거기에는 발가벗겨진 그녀들의 삶이 놓여 있다. 과도한 동정, 혹은 성화聖化, 피해자성의 강조 따위는 티끌만큼도 없는 묘사의 힘은 역설적으로 그녀들에게 개별적인 얼굴을 부여하고 그녀들 자신의 개별적 주체가 드러나게 해준다.

1982년에 발표한 장편소설 『살아가다生きる』(新潮社)는 그 집대성이라 해도 좋을 것이다. 제2차 세계대전 당시 도쿄대공습으로 가족을 잃은 케이는 먹고 살기 위해 가창이 되어 요시와라나 다치카와立川 기지를 떠돌다가, 나이가 들어서는 바나 술집에서 일하게 된다. 그러나 거기서도 생활비를 벌기가 어려워지자 케이는 산야의 간이숙박소에서 생활하게 된다. 계절노동자나 임시 고용직, 출향(出稼ぎ)노동자 등

육체노동에 종사하는 남성들이 거쳐가는 이 거리에, 여자들은 성산업과 요식업을 거쳐 최후의 거주지로서 도착하게 된다. 케이의 꾸밈없고 솔직한 성격을 눈여겨본 간이숙박소 주인은 그녀에게 '지배인番頭'을 맡아달라고 의뢰한다. 이 거리에서 '지배인'은 통상적인 서비스업의 경우와는 그 성격이 다르다. 확실히 '지배인'은 하루의 숙박료를 징수하고 혹시 다툼이 발생하면 중재하기는 하지만, 기본적으로 투숙자의 개인적인 사정에는 일체 관여하지 않으며 과묵하게 거리감을 유지한 채 그들을 대한다. 가슴의 나비 문신을 숨긴 채 살아가는 케이는, 이 거리의 그런 희박한 인간관계가 마음에 들었다. 그리하여 케이는 산야의 관찰자가 된다.

이 소설은 타자와의 관계를 이런 식으로 규정하면서도, 그래도 인간의 감정이 북받치는 순간을 그리고 있다. 이름도 모르는 채로 죽어버린 투숙객, 개를 맡기고 간 젊은 노동자, 케이는 그들 한 사람 한 사람에게 순간적으로 따뜻한 시선을 던진다. 이것이 자신의 과거나 현재를 이어주고 있다는 것이다. 견디기 힘들 정도의 고통 속에서 살아온 케이의 완고한 몸과 마음이지만, 그럼에도 따뜻한 마음에 대한 갈구가 끊이지 않는다. 『살아가다』는 실로, 전후 경제성장의 첨병으로 가혹한 노동에 종사했던 사람들, 그리고 그 재생산의 도구로서 자신의 신체를 시장에 내던진 여성들에게 고도소비사회로 이행하는 일본이 어떻게 가혹한 처우를 해갔는지를 그리고 있으며, 무엇보다도 끝내 완수하지 못한 전후처리가 밑바닥을 살아가는 사람들을 어떻게 소외하고 폐기했는가를 똑똑히 그려내고 있다.

이케다는 산야를 무대로 창부들의 삶을 계속 관찰하는 이유에 대해 다음과 같이 대답하고 있다.

왜 줄곧 산야 도야가이만 쓰느냐는 사람들의 질문을 받는다. 10년쯤 전에 창부만 쓰던 시기가 있었는데 그 무렵에도 왜 창부만 쓰느냐는 질문을 받곤 했다. 그럴 때 나는 어떻게 대답하면 좋을지, 늘 당혹스러웠다. 나는 내 성격에서, 경쟁에서 뒤로 떠밀려난 사람들이 가진 어딘가 무너진 부분을 봤는데, 그래서 그들, 그녀들에게 친근감을 느낀다고 생각했다. 떨어질 데까지 떨어져서 더 이상 떨어질 데가 없는 장소에 머무르게 되면 경쟁심이나 허영심에 고뇌할 일이 없으므로 일종의 홀가분한 기분이 든다. 그런 홀가분함이 나는 좋다.(『무연불無緣佛』 후기, 作品社, 1979)

그녀가 말하는 '무너진 부분'이란, 정말로 모든 것이 모조리 허무하게 느껴지면서도 그래도 살아가려고 하는 신체의 생리적 욕구에서 삶의 보람, 용기, 긍지 같은 정신적인 장식을 떼어낸, 무모와도 자포자기와도 닮은 생존의 한 형태이다. 그러나 '무너지다'라는 것은 그렇게 해서 사회규범으로부터 이탈drop out한다는 의미에 그치지 않고, 그 사회규범 자체가 '무너짐'의 요인을 안고 있음에도 불구하고 그러한 '무너짐'을 사회로부터 쫓아내고 기피하고 무시하고 끝내는 교정하려고 드는 위선에 대한 고발이기도 하다. 사회구조 그 자체의 근본적 도의성이 무뎌지고 윤리관이 결락한 부분을 위선적 언어로 호도하고, 그러면서 더한층 혹독한 처사를 되풀이하는 정치, 법, 행정을 있는 그대로 인정할 수 있단 말인가. 피압박자의 내적인 초조는 때때로 규범을 조소하는 듯한 '일탈'을 행사한다. 그것은 사회 일반에서 '무너짐'으로 불리며 기피당하지만, 바로 이 '무너짐'이야말로 소설의 언어가 발동하는 스위치인 것이다. 마치 '무너짐'이 없었던 것처럼 위장하고 정합整合시키려 하는 세상의 기만에, 이케다는 무의식적이기는 하나 생리적으로 반발했다. 그것은 수십 년에 걸친 산야행, 그리고 그곳 산야에서의 수많은 만남과 헤어짐, 그리고 산야투쟁 재판 방청이라는 행동을 통해 그녀의 생활에서 주요한 부분을 차지하게 되었다.

여기서 다시 한번 박유하의『제국의 위안부』와 이케다의 작품을 연결지어 보면, 같은 문제를 안고 있는 공유점이 자연스레 드러난다. 완전히 무고한 것도 완전히 악인 것도 세상에는 없다. 그렇게 조정措定하려 드는 국가의 욕망이야말로 회의적인 시선으로 바라봐야 할 것이다. 성이라는 전적으로 개인적인 신체적 경험이 국가적 욕망에 포박될 때, 그것은 실체로서의 개개의 신체나 감정이나 정동情動을 떠나 일률적인 '표현'으로 치환되어버린다. 그곳에는 얼굴도 몸도 없는, 밋밋하고 두루뭉술한 '이름붙여진 것'만이 망령처럼 앉아 있는 것이다.

박유하가『제국의 위안부』에서 표현하려고 한 것은 바로 '위안부'로 이름붙여진 여성들에게 본래의 얼굴과 신체를 주는 일이었다. 문제가 된, 병사들과의 '동지적' 관계라는 표현은 참으로 장대한 오해를 만들어내는 기인이 되었지만, 지금 자신의 눈앞에 있는 한 개인에게 향했던 그녀들의 인간적인 시선이 꼭 부정적으로 이야기되어야만 하는 것일까. 거기서 '위안부'들이 손에 넣은 감정이나 정동을 나는 인간적으로 지극히 가치 있는 것이라 믿는다. 그것을 국가와 연동시키는 사고의 과정이야말로 근본적인 문제를 가지고 있는 것으로, 개인으로서의 그녀들의 내면에서 형성된 감정의 고조를 부정할 수는 없다. 물론 전전 일본의 국가주의에 의해 발생한 이 압도적인 고난을 계속 기억해나가는 것은 한일 양국의 사명이다. 하지만 '위안부 문제'의 비극을 해결하기 위해 지금 또다시 전전의 국가주의와 동일한 구조를 지닌 국가애나 애국심을 끌어내서는 안 된다는 것을 깨달아야 할 터이다. 제 악의 근원에 그것이 있다면, 그것을 없애기 위한 노력을 기울여야 한다. 박유하가 근거로서 제출한 문학은 '허구'이지만 '거짓'은 아니다. 문학에는 우리의 상상을 넘어서는 타자의 신음과 환희, 절망과 비애가 각인되어 있다.

인간에게 있어서 자신이 어떠한 범주로 분류되고 마는 것은 고통 말고 그 아무것도 아니다. 표본화된 '위안부' 이미지에 개개의 얼굴과 신체를 주는 영위營爲로서 박유하의 『제국의 위안부』를 읽어가고자 한다. 그것은 국가의 관리로부터 자신의 성을 되찾는 작업이기도 한 것이다.

(번역: 이승준)

전시 성폭력과 미소지니
─아쿠타가와 류노스케의
『덤불 속』을 읽다

니시 마사히코西成彦

1.

'야스쿠니 신사'에 '영령'으로 모셔진 옛 일본군 병사는, 용감하게 싸웠노라고 한다면 과연 그럴지도 모르지만, 그들이 그 사이사이에 난폭낭자亂暴狼藉(무차별 살인이나 성폭력)를 저질렀을 가능성이 있었다는 의심은 100년이 지나건 200년이 지나건 사라지지는 않을 것이다. 애당초 '야스쿠니'를 참배하려는 사람들은 '나라를 위해' 싸운 병사들에게 감사의 뜻을 표하는 것만으로는 충분하지 않다. 그들은 국가를 위해 목숨을 바치도록 강요당한 일종의 '희생자'에게 애도의 마음을 바치고, 그들이 전투 사이사이에 저질렀을지도 모를 부끄러운 소행까지도 생각하면서 자기 스스로도 또한 부끄럽게 여기는, 그런 남녀노소일 터이고, 또 그래야만 한다고, 나는 생각한다. '야스쿠니'에서 참배자가 엄숙해진다는 것은, 원래, 그런 의미인 것이다.

전후에 태어났고 종군 경험이 없는 나 같은 사람에게, 모리 오가이 森鴎外가『쥐고개鼠坂』에 쓰고 이시카와 다쓰조石川達三가『살아 있는 병사生きている兵隊』(1938)에 남긴 것 같은 일본인 남성의 비인도적인 행위는 후세의 우리들이 미래영겁 떠안을 수밖에 없는, 문자 그대로 국민적 기억의 '치부'이다. 센다 가코의『종군위안부』(1973) 이후, 조금씩 일본군 '위안부' 이야기가 세간에 모습을 드러내기 시작한 1970년대에서 80년대에 걸쳐서—이 시기는, 야마자키 도모코山崎朋子의『산다칸 8번 창녀관サンダカン八番娼婦館』(1972)이나 모리사키 가즈에森崎和江의『가라유키상からゆきさん』(1976)이 앞다투어 읽힌 시대이기도 했다—그 군국주의 일본의 부끄러워하여 마땅한 '어둠'의 깊이는 실로 현기증을 유발하는 것이었다. 나처럼 전후에 태어난 사람이 '헌법 제9조'에 감사를 표현한다면, 그것은 그러한 '어둠'으로부터 적어도 나는 자유롭다고 느낄 수 있는 조금은 응석 어린 안도감에서 나온 것이다.

그리고 이러한 일본사의 '치부'가 바로 '식민지지배'의 '치부'이기도 하다는 것을 지적하는 듯 한국을 비롯한 아시아 국가들(과 네덜란드)에서 '전 위안부'들이 '이름을 걸고' 자신의 존재를 드러내어, 1990년대에 일본 남성은 나이가 많고 적고를 떠나 여간 '부끄러운 줄 모르는' 인간이 아니고는 극심한 '수치심'에 사로잡히지 않을 수 없었던 것이다. 일본의 페미니즘이 그러한 '수치심'을 일본 남자들 사이에 불러일으킨 것도 확실하다. 당시의 남자들은 분명하게 '부끄럽다'고 선언할 수 있는 유형과 뻔뻔스럽게 '부끄러운 줄 모르고' 나다니는 유형으로 양분되었다.

다만 그러한 1990년대의 일본에서는 '고노 담화'와 '아시아여성기금' 시기를 분수령으로, 언제까지, 어디까지 계속 '부끄러워해'야 하는가를 둘러싸고 번민이 깊어져갔다. 내가 '쥐고개 살인사건'이라는 제목의 모리 오가이론[1]을 쓴 것은 그러한 시대였다. 법적 구속력은 갖지 않는다고 하면서도 '국제법정'이라고 명명한, '여성'들을 중심으로 한 '여성국제전범법정'에 관한 찬반 양론이 극심하게 펼쳐졌던 시대 배경을 강하게 의식했다.

『쥐고개』는 오가이(모리 린타로森林太郎) 자신의 러일전쟁 종군 경험을 소재로 한 일종의 '전장소설'인데, 만주에서 민간인 여성을 강간하고 살해하기에 이른 일본인은, 병사가 아니라 군부대를 따라다닌 신문기자라는 설정이다. 더욱이 이 작품이 '소설'로서 교묘한 것은, 단순히 전시 성폭력을 사실적으로 묘사하는 것이 아니라, 강간한 자 자신이 '무용담'으로서, 있는 말 없는 말을 섞어서 떠벌인 대가로, 술자리를 마련한 러일전쟁 이래의 친구가 짓궂게도 본인 앞에서 재차 과거를 폭로해버린다는 구성 그 자체이다. 거기에는 제3자도 있고, 그 집 주인의 아내도 사내들에게 술을 따라주면서 동석하고 있다. 모처럼의 술자리를 즐기러 온 사내는 어느새 '죄상 인정' 여부를 추궁당하게 되어 어쩔 줄을 모른다. 그리고 그대로 침실로 안내받아 누운 사내는 몽마夢魔에 사로잡혀 목숨을 잃는다. 신문에는 '뇌일혈증'으로만 보도된 죽음의 진상은 '7년 전'의 밤 만주에서 죽은 여인의 '넋(死靈)'이 제국의 수도 도쿄 한복판에서 살인귀에게 복수를 한 것이라고 설명할 수 있다. 그런 식으로 이야기를 풀어나가는 '괴담'풍의 작품이『쥐고

---

1   『20세기를 어떻게 넘을 것인가20世紀をいかに越えるか』(姜尚中·西成彦·西川長夫編, 平凡社, 2000)에 처음 실렸고. 대폭 수정가필하여『가슴 두근거리는 오가이胸さわぎの鷗外』(人文書院, 2013)에 수록했다.

개』이다.

　나는 이 소설이, 메이지 시대 이후에 일본이 행한 해외파병(민간인이 따라간 것도 포함한다)이 얼마만큼이나 무법행위에 손대었는가를 정곡으로 고발한 작품으로서, 소품이기는 하나, 그 뒤의『살아 있는 병사』와 같이 평가받아 마땅한 '전시 성폭력 고발 소설'의 걸작이라고 평가하고 있다. 그런데도 이 작품이 전후의 어느 시기까지 오가이의 작품 중에서도 거의 주목의 대상이 되지 않았던 것은 너무나도 직구로 승부한 '반전소설'이었기 때문이 아닐까 생각된다.

　『쥐고개』가 빼어난 점은 부끄러워해야 할 전쟁터에서의 악행을 노골적으로 묘사하는 것에 그치려 하지 않았던 데에 있다. 이 작품이 그리는 것은, 그와 같은 만행을 사람들이(주모자조차도) 희화적으로 가공하여 노악露惡취미의 '무용담'으로 바꿔버리는 인간이라는 생물의 천박함, 더욱이 그러한 악취미의 이야기가 군국주의 국가의 항간에서는 여성까지 함께하는 자리에서 '도시전설'처럼 유통되고 전승되어버리는 인간의 어리석음, 그것까지 포함한 인간의 모습의 전체상인 것이다. 모리 오가이는 그와 같은 '도시전설'의 창조와 계승에 스스로 관여한 것이 된다.

　그리고 범죄 피해자가 겪게 되는 '플래시백'이라는 것이 범죄 가해자에게도 언제 다가올지 모른다는 사례를 제시했다는 뜻에서도 오가이의 '심리학자'다운 면모가 여지없이 발휘된 작품이라고 할 수 있을 것이다. 이러한 인간 관찰은 일본에서는 '구 일본군 병사'의 '명예'를 지킨다는 명목으로 '영령'의 과거를 다시 문제삼지 않겠다는 '국민적 총의'의 형성('야스쿠니'는 그와 같은 만들어진 총의의 상징이라고 할 수 있다)에 힘입어 효과가 있었을지도 모른다. 그러나 적어도 오가이는 그러한 일본사회의 구조 자체를 문학자 특유의 방법으로 '폭로=고발'하여 보여준 것이다.

하지만 2000년도의 내 생각은, 당장은 거기까지였다. 민족이 걸어온 '오욕의 역사'를 다시 끄집어내는 것을 즐기는 천박함과 그것을 언제까지나 계속 부정하려는 역사수정주의의 완고하고 무식함──『쥐고개』가 묘사하려고 하는 것은 그 한 쌍이다.

내 사고는 일단 거기에서 멈추었다.

있을 수 있었던 강간 살인, 있을 수 있었던 그것을 뽐내는 것, 있을 수 있었던 플래시백, 있을 수 있었던 도시전설, 있을 수 있었던 은폐….

『쥐고개』는 그 어떤 역사교과서도 묘사해낼 수 없을 듯한 인간의 우스꽝스러움과 추함을 잘 그려내고 있었다.

2.

그 후 이 2000년대의 일본에서는 이른바 '우경화'에 박차를 가해 '야스쿠니'의 성역화가 진전되었고, '아시아여성기금'도 소기의 목표를 충분히 달성하지 못한 채 활동을 마쳤으며, '위안부 문제'를 둘러싸고 교착상태가 계속되었다. 그러한 가운데, 일본에서는 민주당 정권이 탄생한 지 얼마 안 된 2011년 8월, 한국 헌법재판소가, 한국 정부가 일본군 '위안부' 피해자의 배상청구권에 관하여 구체적 해결을 위해 노력하지 않는 것은 '피해자들의 기본권을 침해하는 위헌행위'라는 결정을 내렸다. 서울의 일본대사관 앞에 소녀상이 설치된 것은 같은해 12월이었다.

사실 내가 박유하 교수의 존재를 알게 된 것은 2010년 7월이었다. 당시 박 교수는 『제국의 위안부』 같은 책을 한일 양국에서 출판하는 일은 아마도 생각하지 않았을 것이다. 한국에서 나온 『화해를 위해서』(2005)가 사토 규佐藤久 번역으로 일본에서 출간(平凡社, 2006)되자마자 이 책은 큰 화제를 불러일으켰고, 오사라기 지로大佛次郎 논단상을 받기에 이르렀다. 그렇지만 이 책은 '위안부 문제'만을 다룬 책이 아니었고, 그 후 박 교수는 한일의 '화해' 문제에서 조금 떨어져서 '전 조선 거주 일본인'(요컨대 식민지시대에 한반도에서 살다가 종전 후에 일본으로 돌아간 귀환자引揚者) 문제로 눈을 돌리고 있었다.[2] 또한 일본문학 연구자 사이에서는 박유하 교수가 와세다대학에서 박사학위를 받은 논문을 바탕으로 한 『내셔널 아이덴티티와 젠더』(クレイン, 2007)의 임팩트가 더 컸을지도 모른다. '국민적 문호'인 나쓰메 소세키를 젠더론의 관점에서 재심에 부친 이 책은 지금도 소세키의 가치를 판가름하려는 연구자라면 피해갈 수 없는 기본 문헌이라고 생각한다.

그리고 그러한 박유하 교수의 본령을 꿰뚫어보기라도 한 듯, 식민지문화학회 대표 니시다 마사루西田勝 교수는 〈식민지주의와 여성〉이라는 포럼을 학회 연차대회의 특별기획으로 제안하고 거기에 박 교수를 발표자로 초대했다. 나도 마침 '토론자'로 나서달라는 제안을 받은 자리였다.[3]

---

2 『귀환문학론 서설―새로운 포스트콜로니얼을 향해引き揚げ文学序論―新たなポストコロニアルへ』, 人文書院, 2016.

3 『식민지문화연구植民地文化研究』 10호, 植民地文化学会, 2011. 이 잡지에서 인용한 것은 본문에 쪽수를 명기했다. 또한 이날 박유하 교수가 발표한 글은 "2008년 10월에 한국 서강대학교 인문과학연구소 주최 국제심포지엄에서 보고하고 그 후 논문으로 정리한 것(「식민성과 젠더」, 『서강인문총서』 제24집, 2008.12)을 바탕으로 하고 있다"(16쪽)고 한다.

사실, 그 자리에서 박 교수가 한 발표는 마치 기획자의 의도를 뒤엎기라도 하듯이 식민지지배하의 한국·조선인 '남성' 이야기가 주였다.

　"식민지화라는 사태"는, "식민지 남성들이 여성을 부양하는 경제적 주체로서의 위치를 잃어버렸다는 것"을 보여주었다고 한다. 유명한 노래 〈아리랑〉에 대한 박유하의 해석은, 노래에는 "여성들이 팔려가는 상황…을 그저 바라보고 있을 수밖에 없었던 남성들의 무력감과 억울함과 경멸의 감정…이 배어 있다"(11쪽)는 것이었다. '무력감'에 빠진 남자는 '팔려가는 동포 아가씨'를 보면서, '동정'과 '의분' 같은 감정보다 먼저 '억울함'과 '경멸'에 고통스러워하며 몸부림치지 않을 수 없다. 그런 식민지 남성에게는, 가령 그것이 '일왕을 위해 죽는 것'일 수밖에 없었다고 해도 그것이 "남성성을 회복하기"(12쪽) 위한 길의 하나였던 것이다. 요컨대 그 포럼에서 박유하 교수가 말했던 것은 식민지지배가 피식민지 남성에게 미친 '거세'(10쪽)적인 작용에 관해서였다.

　이 발표를 듣고 토론자인 나는, '거세'의 위기에 처한 남성의 '남성성 회복'이라는 기획을 '허세'(41쪽)라는 이름으로 부르고 군국주의가 종주국에서 식민지에 이르기까지 남자들에게 강요한 것은 한결같이 '허세를 부리는 것'이었으리라고 보충하는 형태로 응답했다. '저항하는 남성'은 철저하게 '거세'하고, 그 대신 '애국적인 국민(=황민)'으로서만 '허세'를 부리게 하는――그것이 군국주의 국가의 남성 조종법이었다. 그것은 식민지 특유의 현상이 아니고, 국민국가 자체가 그러한 조종법으로 남자들을 길들이는 것이다. 그리고 제국 일본은 식민지 대만과 식민지 조선에서 오랫동안 징병제를 실시하지 않았으므로, 현지 남성들에게는 '허세'를 부리는 것을 강요하지도 않았고 허용하지도 않았다.

그리고 그 속에서 여성은 얌전하고 '지켜주고 싶은 여성'이 되거나, 아니면 '허세를 부리는 남성'에게 봉사하는 "'군수품'으로서의 여성"[4]이 되거나, 둘 중의 하나였다.

2010년 당시에는 깨닫지 못했던 점이긴 하지만, 지금 돌이켜보면, 근대 국가의 '남성 젠더화'를 둘러싼 박유하 교수의 비판적인 시각은 이미 자라고 있었으며, 그러한 시각이야말로 '위안부 문제'의 깊은 이해를 가능케 한다는 강한 확신이 박 교수의 내면에는 배태되어 있었다고 생각한다.

그리고 단순히 전쟁터와 식민지의 여성을 성적으로 착취하는 '강제적이고 난폭하며, 무턱대고 허세를 부리는 남성'과는 별개로 '여성들이 팔려가는 상황…을 그저 바라보고 있을 수밖에 없었던 남성'까지도 동시에 바라보지 않고는 식민지 여성의 비애를 이해할 수 없다. '식민지주의와 여성'이라는 논제를 받아든 박유하 교수는 이렇게 길을 우회하여 역사의 진실에 육박하려고 시도했던 것이다.

이하는 내가 나름대로 『덤불 속藪の中』을 독해한 것인데, 아마도 식민지문화학회에서 박유하 교수와 명함을 교환하고 『제국의 위안부』와 만나지 않았으면 착상할 수 없었을 논고라고 생각한다.

그리고 이하의 논의는 원래 한국 청중을 강하게 의식하고 쓴 것이다. 2016년 4월 29일 서울의 한국외국어대학교에서 열린 기호론학회

---

4 "네덜란드인 위안부가 일본군에게 정복의 결과로 얻은 '전리품'이었다면, 일본인·조선인·대만인 위안부는 사기 앙양을 목적으로 늘 필요했던 '군수품'이었다."(『帝国の慰安婦』, 朝日新聞出版, 2014, 173쪽, 한국어판에는 219쪽에 두 표현이 나온다)

에서 발표한 영문 원고[5]를 조금 다듬은 것이기 때문이다. '일본군 위안부' 문제(와 전시 성폭력 문제)는, 역사인식 차원에서는 '가해국과 피해국'이라는 이원론적 대립에 발판을 둔 논의에 빠지기 십상이나, 그러한 이원론적 대립을 넘어, '여자와, 여자를 괴롭히고 죽게 내버려두는 남자'라는 민족국가의 경계를 '횡단하는' 또 하나의 구분에 따른 관점도 또한 요구되고 있다고 생각한다.

내가 박유하 교수가 설정한 논의에서 가장 많이 배운 것은, '가부장제'에 대해 되물을 때는 세계를 활보하는 '남자들의 공모와 공범'을 역시 국경을 가로질러 '고발=폭로'하는 자세가 불가결하다는 인식이다.

3.

아쿠타가와 류노스케芥川龍之介의 작품 중에서도 『덤불 속』(1921)은 세계적으로 잘 알려져 있다. 구로사와 아키라黑澤明의 〈라쇼몽羅生門〉(1950)의 명성이 여기에 기여하고 있다는 것은 말할 나위도 없다.

이 소설은 한 여성(마사고眞砂)이 유명한 도둑(다조마루多襄丸)에게 강간을 당하고, 동행했던 남편(다케히로武弘)이 살해된다는 줄거리로 구성되어 있다. 다만, 다케히로를 살해한 것은 자신이라고, 도둑도, 여성도, 그리고 죽은 다케히로의 망령조차도 주장한다. 그리고 그 하수인이 누구였는가에 대해서는 결정적인 답이 나오지 않은 채 소설이 끝

---

5   "Incompatibility and Authenticity of Testimonies, an Analysis of Akutagawa Ryunosuke's In a Bamboo Grove", The 3rd International Conference of Semiosis Research Center, "Narrativity & Beyond, Transmedia, Experience, Meditaion".

난다. 그런 뜻에서 이 소설은 '추리소설'의 틀을 갖추지 못하고 있으며, 그것이 도리어 이 소설의 '메타추리소설'로서의 명성을 높이는 결과로 이어졌다고 생각해야 할지도 모른다.

그러나, 여기에서는 『덤불 속』을 '살인소설'이 아니라 '성폭력소설'로서 읽고자 한다. 그야말로 모리 오가이의 『쥐고개』의 연장에 있는 작품으로서 이 소설을 읽어보고자 하는 것이다. 다케히로를 살해한 세 명(다케히로 자신을 포함해서)의 서로 모순되는 증언을 그냥 나란히 늘어놓는 아쿠타가와의 수법은, 성폭력에 관련된 당사자─강간범, 강간 피해자, 그리고 그 피해자와 가까운 입장에 있는 방관자─각각의 내면을 부각시키는 심리주의적인 선택에 바탕을 두고 있는 게 아닐까, 그런 식으로 생각해보려고 하는 것이다. '증언' 간의 불일치를 따져든들 다람쥐 쳇바퀴 돌듯 제자리를 뱅뱅 돌 뿐이기 때문이다.

『쥐고개』의 강간범은 자신이 옛날에 저지른 만행을 자랑스럽게 말하고 다닌 과거가 있음에도 불구하고 막상 '죄상 인정'을 요구받자 "엉터리로 막 떠든 얘기를 잘도 기억하고 있네" 하며 기가 꺾이고 만다. 하지만 이런 식의 무죄 결백 주장에 속아서는 안 된다. 남자들끼리만 나누는 대화에서는 성폭력에 관한 화제가 기피되기는커녕 오히려 선호되는 경향이 있고, 더구나 그와 같은 호모소셜homosocial한 자리의 대화에서는 이야기를 부풀리는 과장이 일반적이어서, 『쥐고개』에서는 "아직 스물이 되지 않은 나이의, 굉장한 미인이었다고 한다"라고, 소문 차원에서는 피해자는 '미인'인 게 당연하다는 듯이 각색되고 있다. 그리고 『덤불 속』에서도 다조마루는 "나에게는 그 여자의 얼굴이 여자 보살처럼 보였다"면서 호언장담에 스스로 도취한다.

가부장제적인 구조 속에서는 가령 강간이 벌어져도, 본래 부끄러워하여 마땅한 남자가 아니라 능욕당한 여자 쪽이 '부끄러워'하게 되어 있다. 먼저 이 부조리를 염두에 두고 생각하지 않으면 안 되는데, 그 결과 성범죄에 관해서는 부끄러워하여 마땅한 남자 쪽이 '말이 많고' 피해자 쪽은 '침묵'을 강요받는다는 전도가 일어나는 것이다.『쥐고개』나『덤불 속』은 이러한 바로잡아야 할 '왜곡'을 보기 좋게 폭로하고 있다고 할 것이다. 부끄러워해야 할 사람이 완강하게 부끄러워하기를 거부하고, 부끄러워할 필요 따위 없어야 할 인간이 부끄러워하도록 강요받는다. 결과적으로, 부끄러운 줄 모르는 남자들은 과거에 대해 이야기하면서도 전혀 반성하지 않고 반대로 피해자 쪽은 한결같이 침묵해버린다. '성폭력소설'이란 가해자와 피해자 사이에 만들어지는 이러한 비대칭성을 '고발=폭로'한다는 사명을 떠맡으려는 소설을 말한다.

4.

『덤불 속』이 '성폭력소설'로서 아주 뛰어난 작품이라고 한다면, 거기에는 강간범의 자랑뿐 아니라 피해자 자신, 그리고 그 가족들의 비통한 목소리가 꼼꼼하게 담겨 있기 때문일 것이다. 그것은 피해자와 그것을 둘러싼 사람들의 슬픔과 분노는 조금도 언급하려고 하지 않는 『쥐고개』와의 커다란 차이이기도 하다.

'도둑'에게 능욕당한 여성이 피해를 당한 뒤에도 계속 고통스러워해야 했던 것은, 그녀의 '참회'를 읽어보면 알 수 있다——"감색 스이칸水干을 입은 그 남자는 저를 능욕하고 나자, 묶여 있는 남편을 보며 조롱하듯이 웃었습니다. 남편은 얼마나 원통하고 분했을까요.… 저는 엉겁결에 구르듯이 남편 곁으로 달려갔습니다. 아니, 달려가려고 했습니다. 그러나 그 남자는 순식간에 저를 그쪽으로 걸어차 쓰러뜨렸습니다. 마침 그때였습니다. 저는 남편의 눈 속에서 뭐라고 형언할 수 없는 빛이 번뜩이는 것을 깨달았습니다.… 거기에 번뜩이고 있었던 것은 분노도 아니요 슬픔도 아닌, ──그저 저를 경멸하는 차가운 눈빛이 아니겠습니까?"

요컨대 성범죄 피해자인 여성은 처음의 능욕으로 고통받을 뿐만 아니라 제2, 제3의 치욕에도 노출되지 않으면 안 되었던 것이다.

그리고 마침내 그녀는 남편을 죽이기로 결의했다──"이렇게 된 이상, 더 이상 당신과 함께 살 수 없습니다. 저는 눈 딱 감고 죽을 각오입니다. 그렇지만, ──그렇지만, 당신도 죽어주십시오. 당신은 저의 치욕을 보셨습니다. 저는 이대로 당신을 혼자 남겨둘 수는 없습니다."

그녀는 스스로를 부끄럽게 여기고, 그 자리에 남편이 함께 있었던 것을 그 이상으로 부끄럽게 여겨, 우선 남편부터, 그리고 그다음에는 자기 자신도 이 세상에서 지워 없애려고 생각했던 것이다.

그러나, 그녀는 자결에 실패하여 혼자만 살아남아 기요미즈데라淸水寺의 승려 앞에서 '참회'의 말을 늘어놓게 된다. 만약 그녀가 남편을 죽이는 데에까지 이르지 않았다면 그녀는 자기가 당한 성폭력을 굳이 남에게 말하지 않았을 것이다. '도둑에게 강간을 당한' 그녀는, '남편을 죽인' 죄상에 대해 말하면서 그 살인의 동기를 설명하기 위해 자신의 피해 경험을 어쩔 수 없이 말한 것에 지나지 않는다. '강간' 그 자체는 상대가 누구이건, 말할 성격의 피해는 아니었던 것이다. 성범죄는 그것만으로는 그 사실을 언어화하는 조건이 되지 않는다. 『덤불 속』은 성범죄를 둘러싼 담론이 파렴치한 성범죄자 측에 의해 독점되어버리는 경향이 있다는 것을 명확하게 보여주고 있다. 그리고 그 독점이 깨지는 것은 피해자 쪽이 가부장제적인 권위에 상처를 낼 수 있을 만큼의 폭력에 스스로 호소할 때뿐인 것이다.

5.

그런데 『덤불 속』은 아르헨티나의 아돌포 비오이 카사레스와 호르헤 루이스 보르헤스가 『세계의 베스트 탐정소설 II』(1983)에 수록한 것으로도 알려져 있는데, 두 사람은 이 색다른 '탐정소설'의 특징으로 '초자연성'을 들고 있다. 그것은 아마도 살해된 강간 피해자의 남편도 또한 '무당'을 통하여 '증언'한 것을 의식한 바일 터이다.

이를테면, 그(무당의 목소리)는 다음과 같이 말한다――"내 앞에는 아내가 떨어뜨린 칼 하나가 빛나고 있었다. 나는 그것을 손에 쥐고 단번에 내 가슴을 찔렀다."

그리고 그(무당의 목소리)는 자기 아내가 '도둑'의 구애를 받고 자기를 배신하는 꼴을 보지 않으면 안 되었던 '분함'을 듣는 이에게 전달하지 않으면 안 되었던 것이다. 그는 자신의 아내가 이렇게 말했다고 증언한다――"저 사람을 죽여주세요. 저는 저이가 살아 있어서는 당신하고 함께 있을 수 없어요."

그리고 그(무당 목소리)는 아내에게 배신당한 '절망감'을 절절하게 들려주려고 한다. '도둑'에게 "내 아내가 될 생각은 없어?"라는 제안을 받은 아내의 표정을 떠올리면서 "나는… 그때만큼 아름다운 아내를 본 적이 없다"고까지 말한다. "나는 질투로 몸부림"칠 수밖에 없었던 것이다. 만약 아내를 '도둑'에게 빼앗기는 일이 없었다면 그는 계속 아내를 사랑할 수 있었을 것이다. 그럼에도 불구하고 뜻하지 않은 사고로 인하여 그는 더 이상 아내와 해로할 수 없게 되어버린다. '성폭력 소설'로서의 『덤불 속』에 진정성이 깃들어 있다고 한다면, 이 어이없는 '변심'이 이야기의 주제가 되어 있는 데에서 유래한다.

그러나 여기서 나는 조금 다른 요소를 추가하고자 한다. 만약 『덤불 속』의 다조마루가 단순한 불량배가 아니라 외국에서 온 병사였다면 어떻게 될지를 물어보는 것이다. 그 경우 아내를 빼앗긴 남편의 '절망'은 배증된다. 다른 남자에게 아내를 강간당했을 뿐 아니라 다른 민족에 빼앗겼다는 굴욕감이 가산될 터이기 때문이다. 여성에 표적을 맞춘 성적인 공격은 식민지화되고 점령당한 쪽의 남녀 사이에도 틈을 만들고 그 상호 신뢰를 찢어놓는 것이다.

화제를 좀 더 키워 보자면, 대서양을 무대로 수세기에 걸쳐서 전개된 노예교역은 노예제 사회에 바로 이러한 '분단'을 가져왔다. 거기에서는 노예 여성들이 항상 동족 남자들을 배신할지 모르는 존재로서 의심받았다. 그리고 실제로 여자들은 종종 혼혈 아이를 낳았다. 메이지 시대 이후의 일본이 식민지와 점령지에서 현지의 일상적인 생활을 파괴하고 현지인의 마음에 트라우마를 각인했다고 한다면, 그것은 개개의 '성폭력'이 행사되어서만이 아니다. 식민지와 점령지의 마사고는 다조마루의 폭력에 의해 물리적으로 고통받았을 뿐만 아니라, 다케히로의 '질투'와 '경멸'까지도 감당하지 않으면 안 되었던 것이다.[6]

---

[6] "'사죄'라는 것이 '증오'를 해소하기 위한 응답의 행위라면, 한국(및 북한)에도 위안부들에게 '사죄'해야 할 사람들이 있다. … '식민지화'라는 것은 그처럼 국가(제국)에 대

20세기 동아시아에서 수복하기 어려울 정도로 서로에 대한 불신감을 뿌리 깊은 것으로 바꿔버린 일본군 병사(및 거기에 수행한 군속)의 성폭력과 관련하여 그것을 정면으로 다룬 소설은 극히 한정되어 있다. 그렇다면, '가설'이라 할지라도『덤불 속』을 '전시 성폭력을 그린 소설'로서 해석하는 것은 목적만 그르치지 않는다면 허용될 것이다.[7]

그리고 이러한 해석은 이른바 협의의 '전시 성폭력' 범주에는 들어맞지 않을지도 모르나 확실하게 '연장선상에 있는 것(地続き)'[8]이라고 할 수 있는 '일본군 위안부 문제'를 생각하는 데에 있어서도 유익할 것이다. 원래 살고 있었던 땅에서 유괴·납치되어 최전선으로 끌려가 일본군(황군) 병사에 의한 단속적인 능욕으로 고통받지 않으면 안 되었던 여성들은 요컨대 마사고였던 것은 아닐까? 그 여성들은 언제 끝날지도 모르는 능욕을 견뎌가면서 동시에 동포들(특히 남성)의 '멸시'에 찬 눈길에도 괴로워하지 않으면 안 되었을 것이다. 마사고를 빼앗긴 다케히로의 '질투'와 '분노'는 다조마루에게뿐만 아니라 마사고에게까지 향했을 가능성이 높다.『덤불 속』이 무서운 것은 그러한 인간 심리를 여지없이 그리고 있기 때문인 것이다.

물론 아쿠타가와 자신은 이 소설이 전쟁터를 무대로 한 동시대소설로서 읽힐 것으로는 예상하지 않았을지도 모른다. 그러나『덤불 속』이

한 협력을 둘러싸고 구성원 사이의 치명적인 분열을 만들어내는 사태이기도 한 것이다."(『제국의 위안부』, 50쪽, 한국어판 42쪽)

7 『가슴 두근거리는 오가이』에 수록한「쥐고개 살인사건」은 일본 근현대문학에서 "가해자문학의 희소성"(28쪽)을 메우기 위한 방편으로『덤불 속』을 '전시 성폭력 문학'으로서 "접목"(31쪽)하여 읽으려고 시도한 것이다. 이 글은 그 연장선상에 있다.

8 『내셔널리즘과 젠더ナショナリズムとジェンダー』(岩波書店, 1998)의 우에노 지즈코는 오키나와에서의 '소녀 강간'과 '기지촌 매춘'을 예로 들면서 이것들은 '여성에 대한 일상적·구조적 폭력' 면에서 "연장선상"에 있다고 말한다(126쪽).

아시아태평양전쟁을 예언하기라도 한 소설이었다고 생각할 권리가 우리에게는 있다. 그것은 일종의 의무이기도 하다고 나는 생각한다.

알제리 독립전쟁 때, 민족해방전선FLN과 함께 행동한 정신과의사 프란츠 파농은 "식민지화는 그 본질에서 이미 정신병원의 거대한 공급자로서 나타나 있었다"[9]고 썼다. 정신과의사와 카운셀러의 결핍은 식민지나 점령지 사람들의 정신장애를 방치하도록 강요했지만, 일본인의 한 사람으로서 과거의 전쟁 책임, 식민지지배에 대한 책임을 떠맡기 위해서는 과거 식민지와 과거 일본군 점령지역에서 그 후에 진행된 '탈식민지화', 그리고 '국민국가 형성'의 과정이란, 그 이전의 폭력이 낳은 정신적인 외상과의 투쟁이기도 했다는 것을 간과하지 않는 것이라고 생각한다. 그렇기 때문에 나는 일본 작가가 쓴 것에 지나지 않은 것이라 할지라도 『덤불 속』을 '전시 성폭력을 그린 심리소설'로서 동아시아 국가들이 공유하고 향후의 상호적인 역사인식을 향한 소재로서 활용할 것을 제창하고자 한다. 거기에는 식민자와 피식민자, 성폭력의 가해자와 피해자 쌍방이 차별 없이 묘사되고 있다고 생각되기 때문이다.

아쿠타가와 류노스케 자신에게 '미소지니스트(여성혐오자)'의 측면이 있었던 것은 틀림없지만, 그러나 『덤불 속』의 아쿠타가와는 여성을 표적으로 하는 등의 남자들의 '호모소셜한 공모'를 용감하게 그려내고 있다. '무당의 입을 빌린 죽은이의 영혼'의 증언에 의하면, "저이를 죽여주세요"라고 외치는 마사고에게는 아무런 "대답을 하지 않은" 채 다조마루는 다케히로에게 이렇게 지시를 요구했다는 것이다——"저

9　프란츠 파농, 『대지의 저주받은 자들』, 鈴木道彦·浦野衣子 역, みすず書房, 1969, 143쪽.

여자는 어쩔 셈인가? 죽일 건가, 아니면 살려줄 건가?"

이때 두 남자는 최종적인(그것은 악마적이라 해도 좋을 것이다) 합의에 이른다. 마치 여성에 대한 생살여탈권은 항상 남성이 쥐고 있다고 말하기라도 하듯이. 이 다조마루의 질문을 들은 다케히로는 다조마루를 (무당의 목소리를 통해) 이렇게 평한다──"나는 이 말만으로도 그의 죄를 용서해주고 싶다."

한 사람의 여성을 놓고 경쟁관계에 있는 남자들이 일방적으로 서로의 유대를 확인해버린다. 마사고가 입에 재갈을 물린 다케히로의 '눈'에서 발견한 '경멸하는, 차가운 빛'이란, 결국은 여자를 협상의 자리에서 내쫓아버리는 남자들끼리 이룩한 공모의 필연적인 귀결이었다고 이해해야 할 것이다.

가부장제적인 시스템은 남자들끼리의 공모를 바탕으로 여자를 착취=이용하고 악용=학대한다.

요컨대『덤불 속』은 오로지 홀로 부끄러워할 수밖에 없었던 여자의 비극이다.

진정코 '부끄러워'해야 하는 자는 누구인가? 그럼에도 불구하고 여자에게 '치욕'을 짊어지게 함으로써 자신들을 면죄해온 것은 누구인가? 아시아태평양전쟁 시기에 일본의 군인과 군속이 저질렀던 부끄러워해야 할 '전시 성폭력'에 대해 생각할 때, 우선 돌아가야 할 원점은 여기에 있고, 역사인식은 "'가해국과 피해국'이라는 이원론을 넘어서 '여자와, 여자를 괴롭히고 또한 죽게 내버려두는 남자'라는, 민족과 국가의 경계를 가로지르는 남성중심주의"에 대해 되물음으로써 정리되어야 할 것이다.

"그때만큼 아름다운 아내를 본 적이 없다"는 술회가 다케히로의 입

에서 흘러나온다면, 이것은 다조마루와 다케히로의 '공모'가 거기에

작동하고 있기 때문이라고 할 수밖에 없다.[10]

6.

다케히로의 마음을 좀먹고 있었던 '미소지니'에 대해서도 추궁하라

고 요구하는 것은 결코 다조마루의 면죄를 의미하지는 않는다. 문제

삼아야 할 것은, 다조마루의 파렴치함을 허용해버리는 남성중심주의

또한 그중의 하나임은 말할 필요도 없지만, 그뿐만이 아니라, 표면적

으로는 대립하고 있는 것처럼 보이는 남자와 남자 간의 '공모=공범'

---

10 안드레아 드워킨은 「이스라엘, 그것은 결국 누구의 나라인가?ISRAEL: Whose
Country Is it Anyway?」(『批評空間』 제Ⅱ집 3호, 岡真理 역, 1994)에서, 이스라엘에 만
연하는 '홀로코스트 포르노그래피'에 관해 이렇게 지적하고 있다 ──"나치에 의해
파괴될 뻔한 유태인 여성들은 이제 다시 나치를 대신한 이스라엘 남성들에 의해 파괴
되려고 하고 있다. 이스라엘 남성의 섹슈얼리티는 홀로코스트에 의해 형성된 것인가?
그것이 그들에게 절정감을 가져다주는가?"(80쪽)
　　일본군 위안소 제도를 그대로 '홀로코스트'에 비유할 것인가 여부에 관해서는 다른
곳에서 논의할 필요가 있다고 생각하지만, '홀로코스트'에 비교해도 본래적으로 '포
르노그래피'적인 요소를 가지고 있는 '일본군 위안소 제도'가 전후(일본 패전 후/한반
도 해방 후)의 한국에서 그 특징이 봉인되지 않았다는 것은 이 책에 실린 요모타 이누히
코의 논문을 읽어보면 알 수 있다. 또 야마시타 영애山下英愛는 『내셔널리즘의 사이에
서 ─ '위안부' 문제를 보는 또 하나의 시점ナショナリズムの狭間から─慰安婦問題に対す
るもう一つの視座」에서 박유하의 『화해를 위해서』에서 언급되었던 "'위안부'를 테마로
한 누드사진집을 낸 어느 여배우 사건"(平凡社, 2006, 103쪽)에 대해 이렇게 고찰하고
있다 ──"애초에 이 기획은 여성을 남성 폭력의 대상, 지배의 대상으로 그리는 성의
상품화 시장에서, 일본 제국주의 군대가 피지배국 조선의 여성을 성적으로 유린한다는
설정이 남성 독자들을 만족시킬 것이라는 상품가치를 기대한 것이었다.… 그런 의미에
서 뜻하지 않게 한국 남성들의 속마음을 노출시킨 사건이었다. 그러나 사태의 전개는
그러한 젠더폴리틱스의 본질에 눈을 돌리기보다는 '민족의 순진무구한 여성이 피해를
입은 민족문제를 포르노산업에 이용하려고 했던' 제작자와 여배우의 부도덕성 문제로
옮아갔다."(明石書店, 2008, 248~249쪽)

이기도 하기 때문이다. 그렇기 때문에 역사 청산에 있어서 가부장제가 수행한 책임을 추궁하지 않는 '타협'은 진정한 '화해'로 가는 길을 열지 못한다. 그것은 기껏해야 마사고를 소외한 눈속임의 '야합'일 수밖에 없기 때문이다.

박유하 교수는 전시 성폭력에 휘말린 당사자 간의 '화해'를 제창하고 있다. 하지만 그것이 '마사고를 내버려둔 채 이룬 다조마루와 다케히로의 화해'여서는 안 되는 것은 말할 나위도 없다. 그리고 '화해'에 마사고 또한 관여한다면, 거기에서는 가부장제 위에 안주해온 다조마루와 다케히로의 행동양식에 배어 있는 '남성성'을 가차없이 부끄러워하기를 피하지 않는, 그러한 국경을 넘어선 남자들의 '협동'이 불가결하다고 생각한다. 식민지지배에 의해 지배자와 피지배자의 관계에 놓인 남자들이, 그 비대칭성 속에서 그래도 은밀하게 내통하고 있었을지도 모른다는 과거를 양자가 서로 인정하는 것. 남녀 간의 '화해'는 물론이거니와, 남자들끼리의 '화해'를 '야합'으로 만들지 않기 위해서는 그 나름의 궁리가 필요하다고 생각하는 것이다.

일본에서는 '다조마루의 면죄'를 획책하는 세력이 일정한 영향력을 행사하고 있는 데에 반해, 한국에서는 '마사고와 다케히로의 화해'를 민족의 이름으로 추진하려는 움직임이 큰 성과를 올리고 있다. 그러나 그러한 가운데 박유하 교수의 문제제기는 '다조마루에 대한 문책의 재개'를 강력히 촉구함과 동시에 '마사고와 다케히로가 다시 새롭게 화해할 것'을 제안하는 두 개의 방향성을 제시하고 있다. 한일 양국에서 박유하 교수의 작업을 기피하는 세력이 생기는 것은 그러한 박유하 교수의 '이도류'(二刀流: 양 손에 칼을 쥐고 싸우는 검술 유파—옮긴이)에 대해 각각 반발과 저항이 생기기 때문일 것이다. 그러나 거기에

'삼자가 서로 견제하여 셋 다 꼼짝 못 하는 상황'이 존재한다는 사실을 회피하는 한 진정한 문제 해결은 없다. 그것은 '마사고의 존엄 회복'뿐만 아니라 '식민지지배에 의해 거세될 뻔했던 다케히로에 대한 치유'와도 관련되는 문제인 것이다.[11] 물론 다조마루에 '가해자 임상'이 필요하다는 것은 말할 나위도 없다.

(번역: 이희경)

---

[11] 같은 한국·조선인이라도 '군인'으로 봉사한 식민지 남성과 '위안부'로서 똑같이 봉사를 한 여성 사이에 법적인 대우가 달랐다는 사실을 박유하 교수는 이렇게 지적하고 있다——"그녀들은 군인들의 '목숨' 대신 '성'을 '국가'(=남성)에 바치기 위해 끌려온 존재이다. 그럼에도 군인들처럼 야스쿠니가 기다리고 있는 것도 아니고, 유족들이 연금을 받는다는 보증이 있는 것도 아니었다."(『제국의 위안부』 218쪽) 그리고 "국가는 전쟁에 국민을 동원하고, 남성의 신체(생명)를 위한 법률은 마련했지만, 여성의 신체(성)를 위한 법률은 마련하지 않았던 것입니다"(319쪽, 일본어판「후기를 대신하여—위안부 문제를 재고하지 않으면 안 되는 이유」)라고 쓰고 있다. 더구나 이것은 어디까지나 일본에서의 법률 이야기인데, 한국 측에서 일본군에 봉사한 한국·조선인 남성에 대한 평가는 대단히 아이러니한 면이 있는 듯하다. "'위안부'를 동정하는 한국도 조선인 병사를 친일파로 간주하고 그들의 영령을 위로하는 기념비가 한국에 세워지는 것을 아직도 거부하고 있는 상태이다."(174쪽) 요컨대, 일본의 법은 다조마루와 다케히로의 야합을 준비하고, 한국 측의 여론도 또한 다케히로와 마사고 사이의 화해를 추구하는 것처럼 보이는데, 실은 다조마루와 다케히로의 연대책임이라는 고정관념에서 자유로울 수가 없었다는 이야기가 된다.

제3부

___

페미니즘의
발판을 응시한다

'제국의 위안부'와
'제국의 어머니'

가노 미키요加納實紀代

'어머니'와 '변소'

1970년 여름, 자그마한 몸피에 미니스커트를 입은 여자가 혼자서 도쿄의 역과 집회에서 전단을 뿌렸다. 70년대 초에 불타오른 여성해방 운동, 우먼리브는 그렇게 시작되었다고 한다. 전단의 제목은 '변소로부터의 해방'. 정말 폼 안 나는 제목인데, 거기에는 이렇게 쓰여 있었다. "남자에게 여자는 모성의 따뜻함=엄마, 아니면 성욕처리기=변소라는 두 이미지로 나뉘는 존재이다." 그리하여 "따뜻함やさしさ과, 따뜻함의 육체적 표현으로서의 섹스, 이 양쪽을 함께 갖는, 총체로서의 '여자'"는 둘로 찢어지고, 남자 자신도 빈약한 성을 살아가게 되어 있다고 한다.

다나카 미쓰田中美津. 스물일곱. 연구자도 활동가도 아니요, 여성해방에 관한 책 한 권 읽은 적이 없었다고 한다.[1] 직관에서 나온 '하늘의 소리'인 셈인데, 일본 근대의 성性정책을 제대로 짚고 있다. 메이지 국가는 간통죄와 이에(家: 일본의 가문—옮긴이)제도로 여성에게 '정절'을 부과했고, 다른 한편으로는 공창제로 남자의 혼외섹스를 용인했다. 그것을 통해 여성에게 국민의 재생산을 담당케 하고, 남성에게는 성욕 처리를 보장하면서 '부국강병'에 전념시켰던 것이다. 전국에 설치된 육군과 해군 소재지에는 방대한 공창과 사창가가 형성되어간다. 그 결과 여자는 '현모양처'와 '창부'로 양분된다. 그것은 계급적인 분단이기도 했다.

전시하에서 '창부'는 '위안부'가 된다. '변소로부터의 해방'은 그것을 아주 신랄하게 언급하고 있다. "'군국의 아내의 정절과 정액으로 더럽혀진 종군위안부의 성기'란, 성을 부정하는 의식구조의 양극에 위치하고 있는 것이므로! 정숙한 여자와 종군위안부는 하나의 짝이 되어 지배권력의 침략, 반혁명을 지탱한다."

그 후에 뿌린 전단 「투쟁하는 여자에서 투쟁하는 농민으로」에서도 "정숙한 여자는 '일본의 어머니'로서 후방을 지켜왔던 것이다. 그리고 전선前線에서는 종군위안부가 정숙한 아내의 남편의 배설행위의 상대 = '변소'를 맡으며, 성의 관리를 통해 남자를 군대 질서에 순종하며 사람 죽이는 데에 유능한 '천황폐하의 적자'로 키워갔던 것이다"라고 썼다. '어머니'와 '변소'가 성적 존재인 "총체로서의 '여자'"를 나눠놓은 것이라면, '군국의 아내'와 '위안부'는 동전의 양면이 된다.

'위안부' 문제를 일반인이 알게 된 것은 1973년에 센다 가코의 『종

---

1   田中美津, 『어디에 있어도, 리브리안何処にいようと、りぶりあん』(社会評論社, 1983)에 실린 「변소로부터의 해방便所からの解放」의 해설.

군위안부』가 나온 뒤인데,[2] 우먼리브는 그 이전부터 '위안부'를 문제
시했던 것이다.『종군위안부』에서 센다는 우먼리브와 스쳤던 체험을
쓰고 있다. "3년 반 전에, 위안부에 대해 내가 약간 알고 있다는 이야기
를 전해듣고 신좌익계 여학생이 찾아왔다." 그 여학생은 신좌익운동
에도 '위안부'가 존재한다면서, 구일본군과 신좌익이 "정신적으로 같
습니다. 여자에 대한 남자들의 멸시, 차별, 이것이 여자를 단순한 위안
의 대상으로 삼아왔던 것입니다"라고 말했다. 거기에 대해 센다는 위
안부는 전투력과 치안 유지를 위한 '도구'였으며 여성차별과는 관계
없다고 말하고 있다.[3]

　센다에 따르면, 여학생은 C대학의 C파 소속으로, 젠가쿠렌全學連
대회에서의 고발에 대해서도 열정적으로 말하며 지원을 요구했다. 그
렇다면, 그 여학생은 1971년 7월, 주카쿠中核파, 젠가쿠렌 제30회 정
기대회에서 「성의 차별 = 배외주의와 투쟁하는 결의 표명」이라는 전
단을 뿌린 오카노 스미에岡野澄江[4]이다. 오카노는 전단에서 다나카 미

2　和田春樹,『아시아여성기금과 위안부 문제アジア女性基金と慰安婦問題』(明石書店, 2016)
　　에 따르면, '위안부' 문제를 처음 지적한 것은 1964년에 나온 「한중일 삼국 인민연대의
　　역사와 이론日・朝・中三国人民連帯の歴史と理論」(日本朝鮮研究所)이다.

3　마루야마 유키코丸山友岐子는 1977년 『온나 에로스女・エロス』 9호에 「남성 필자가 쓴
　　'종군위안부'를 비평한다男性ライターの書いた '従軍慰安婦'を斬る」라는 원고를 쓰고, 김
　　일면의 『천황의 군대와 조선인 위안부』, 요시다 세이지의 『조선인 위안부와 일본인朝
　　鮮人慰安婦と日本人』과 함께 센다의 『종군위안부』를 비판하고 있다. "남자들의 '양가집
　　규수'에게 바치는 경의와 창부에게 던지는 경멸과 혐오는 말하자면 동전의 양면과 같
　　은 것이다. 둘 다 남자들의 억압의 결과가 낳은 여성의 삶의 방식임에는 차이가 없다."
　　바로 리브이다. 마루야마의 글은 내가 엮은 전후사상 앤솔로지 『성과 가족性と家族』(社
　　会評論社, 1995)에 수록되어 있다.

4　젠가쿠렌全學連 제30회 정기대회 리플릿 「성의 차별=배외주의와 투쟁하는 결의 표명
　　性の差別=排外主義と戦う決意表明」은 『신편 일본의 페미니즘1 리브와 페미니즘新編日
　　本のフェミニズム1 リブとフェミニズム』(岩波書店, 2009)에 수록되어 있다. 서명은 스미
　　에澄江.

쓰의 고독한 싸움을 조롱하는 남학생들에게 온몸으로 분노했으며, 동시에 '억압민족인 일본인으로서 억압하는 자의 추함'을 추궁한다. 그리고 '위안부' 문제에 대해 이렇게 말한다.

"일본 육군 위안부의 90퍼센트는 조선 여성이었다.… 일본 여성과 조선 여성은 위안부라는, 여자의 찢겨 갈라진 성을 본질적으로 공유하고 있다. 그러나 일본 여성 위안부는 자신들과 같은 위안부인 조선 여성을 억압자 일본인으로서 대해 자신을 그들과 구별하고 있다. 구별함으로써 더한층 전락해갔다."

1972년 10월에 나온 『리브 뉴스·오로지 이 한길リブニュース·この道ひとすじ』 창간호에 따르면, 이미 70년 12월 8일의 '여자는 침략을 위해 낳지 않고, 키우지 않는다' 시위에 동참하라고 호소하는 전단에서 조선인 '위안부'를 언급하고 있다.

"정숙한 여성은 정숙한 여성으로 존재함으로써 침략을 지탱하고, 정숙한 여성으로 존재함으로써 조선 여성에 대한 능욕에 가담했던 것이다. 지배민족으로서의 일본 여성은 다른 민족과 관계를 맺을 때 이 사실에 근거하여 일상생활 속에서 의식화해가지 않으면 안 된다."

여기에는 '성 문제에서의 피해'와 '민족 문제에서의 가해'의 이중성에 대한 인식이 있다. 관념의 세계의 생경한 말이기는 하지만, 리브의 목소리에서는 박유하의 『제국의 위안부』와 공명하는 '제국'의 여자들의 고뇌가 엿보인다.

두 번 죽임을 당하다

그러나 이와 같은 우먼리브의 시각은 이후의 일본 여성운동에는 계승되지 않았다. 리브운동이 거의 끝난 1975년, '세계 여성의 해'를 계기로 유엔이 주최하는 세계여성회의가 열려, 민관 양쪽에서 남녀평등의 움직임이 활성화되었다. 80년대에는 고용기회균등법 등의 법도 정비되었다. 그러나 '위안부' 문제는, 90년대 초에 '위안부'였던 한국의 김학순이 처음으로 자신의 이름을 걸고 증언하여 사회문제가 되기 전에는 일본 페미니즘의 과제로 인식되지 않았다.

그것은 나 자신의 문제이기도 하다. 나는 70년대 중반부터 '총후사銃後史'라 칭하여 전시戰時여성사를 연구하고 있었기 때문에 센다의 책과 김일면의 『천황의 군대와 조선인 위안부』를 통해 알게 된 '위안부' 문제는 물론 의식하고 있었다. 오사카의 옛 유곽거리인 도비타신치飛田新地를 오가며 여성경영자를 만나 증언을 채록하기도 했다. 그러나 결국 아무것도 하지 못했다.

오사카에서 했던 증언 채록 작업과 관련해서는 오히려 통한의 추억이 있다. 그 여성경영자에 따르면, 중일전쟁이 시작되자 벌이가 좋아서 앞당겨 쓴 빚을 빨리 갚을 수 있다는 중개업자의 말에 넘어가 도비타신치에서 몇 명의 여자가 '위안부'로 중국으로 건너갔다. 그리고 완전히 심신이 피폐해져서 돌아온 여성도 있었다고 한다. 몇 번인가 찾아갔을 때 "원하시면 소개해드릴까요?"라는 말을 들었다. 생각지도 못한 일이었다. 그런데도 나는 막상 때가 오자 주저주저하다가 모처럼의 기회를 살리지 못했다. 그 여성에게 상처를 주는 건 아닐까, 그렇게 생각해버린 것이다.

언뜻 보기에는 무척이나 위안부로 간 여성을 배려한 것처럼 보이지만, 여기에는 '현모양처' 쪽에 선 여자의 '위에서 내려다보는 시선'이 있다. 부끄러운 짓을 강요당해서, 불쌍하게도…. 그녀들의 체험을 부도덕하고 부끄러워하여 마땅한 행위로 생각하기에 '상처 준다'고 생각해버리는 것이다. 모리사키 가즈에의 『가라유키상』을 읽었을 때 그 점을 통감했다. 그 책에는 이런 말이 있었다.

> … 여자의 일을 하면서도 여전히, 그 고통의 바다를 헤엄치며 생활의 터전을 일구려고 한 사람들의 애달픈 시선을 느낀다.
> 그런 형언할 수 없는 마음. 그 속으로 들어가서 가라유키(唐行き: 외지, 특히 해외로 돈 벌러 나간 여성-옮긴이)를 마음으로 느끼지 않으면 팔려간 가라유키상은 두 번 죽임을 당하고 만다. 한 번은 관리매춘의 업자와 공창제를 둔 국가에 의해, 두 번째는 마을처녀의 품 넓은 인간애를 잊어버린 나에 의해.

가라유키상은 두 번 죽임을 당한다——. 통렬한 말이다. 그냥 비참한 일, 부끄러운 일이라 여겨 그들의 이야기를 들으려고 하지 않았던 나는, 과거에 '위안부'였던 여성을 두 번 죽인 셈인 것이다.

그랬기에 더더욱, 20년 전에 모리카와 마치코森川萬智子가 구성하고 해설한 『문옥주 버마 전선 방패사단의 '위안부'였던 나ビルマ戰線楯師團の「慰安婦」だった私』[5]를 읽었을 때는 감동했다. 이 책은 뛰어난 여성문제 연구서로서 제16회 야마카와 기쿠에山川菊榮상(1996)을 받았

---

5 모리카와 마치코 구성·해설, 『문옥주 버마 전선 방패사단의 '위안부'였던 나』, 梨の木솝, 1996, 신장증보판, 2015. 이 책은 2016년에 여성문화상도 받았다.

는데, 주변에서는 '운동의 발목을 잡게 되지는 않을까' 걱정하는 목소리도 있었다. 당시 '위안부' 운동의 주류는 '위안부 = 성노예'로 규정하고 국가보상을 요구하고 있었다. 그러나 이 책에서 묘사되고 있는 문옥주의 '위안부' 생활은 '성노예'라는 말과는 어울리지 않는다.

문옥주는 일본 노래를 익히는 등 일본 병사의 마음에 들도록 노력했다. 덕분에 인기를 누리게 되고 버마(미얀마)의 랭군(양곤) 시장에서 유행하는 옷과 보석을 사기도 하고 군사우편으로 큰돈을 저금하기도 했다. 그렇다고 해서 그녀의 일상이 비참하지 않았던 것은 아니다. 그런 가운데 상등병 야마다 이치로(가명)와의 '사랑'은 그녀에게 얼마나 구원이 되었던가. 그는 문옥주에게 청혼을 했고, 조선인이 되어도 좋다고 말했다고 한다. 품위 있고 부드럽고 유머러스하고 현명했다면서, 50년이 지난 뒤에도 문옥주는 대놓고 야마다를 칭찬한다.

이런 문옥주의 모습에 나는 감동했다. 아무리 가혹한 상황에 처해서도 사람은 생존전략을 구사하여 정체성을 추구하고 사랑을 키워나갈 수도 있는 것이다. 문옥주는 1996년에 작고했지만, 신장新裝증보판의 해설에 따르면 모리카와는 말도 통하지 않는데도 미얀마로 날아가 총 14개월에 걸쳐서 정글과 고지에서 문옥주의 발자취를 찾아다녔다. 그 결과, 문옥주의 증언의 확실성과 함께 '야마다'의 존재를 특정했다.

야마다의 본명은 혼다 미네오. 문옥주는 혼다를 언급할 때 '우리 혼다 미네오', '우리 혼다상'이라고 말하며 '소녀와 같은 수줍음을 머금은 미소'를 띠었다고 한다. 그리고 군사우편 환불 재판을 위해 일본을 찾았을 때는 텔레비전 카메라를 향해 "버마에서 함께 고생한 요시코(문옥주가 위안소에서 쓰던 이름)가 이렇게 일본에 왔어요. 혼다상, 당신은 살아 계신가요?"라고 말했다고 한다.

모리카와는 일본군 병사와 조선인 위안부를 '지배/피지배'의 틀로만 파악하려 들지 않고 모리사키가 『가라유키상』에서 말하는 '애달픈 시선', '형언할 수 없는 마음'으로 헤치고 들어가 문옥주를 느끼려고 했다. 그 결과 문옥주라는 '위안부'는 두 번 죽임을 당하는 일 없이 '제국'의 범죄성을 더욱 깊은 곳으로부터 추궁하는 존재로서 우리들 앞에 서게 된 것이었다.

'평화의 소녀상'을 둘러싸고

그러나 이와 같은 문옥주의 모습은 '위안부' 문제를 부정하는 논거로 내세워져왔다. 지금도 인터넷상에서는 저금센터의 원부原簿라는 공문서에 남은 문옥주의 고액의 군사우편저금을 들어 역시 위안부는 우악스럽게 돈벌이를 한 매춘부에 불과하다는 목소리가 나오고 있다. 그런 의미에서는 20년 전에 걱정했던 대로 운동의 발목을 잡은 셈이 된다.

그런데 그 이상으로 문제라고 생각되는 것은, 문제 해결을 지향하는 지원자들의 자세에서 '두 번 죽임을 당하고 마는 것'과 통하는 것이 느껴진다는 점이다. 지난 20년, '위안부' 문제는 '강제연행'의 유무를 초점으로 전개되어왔다. 부정파가 '강제연행'을 나타내는 사료(공문서)는 없다, '위안부'는 돈벌이를 하려던 매춘부에 지나지 않는다고 하는 데에 맞서서, 지원자들은 사료 발굴에 노력하는 한편, '강제'는 모집단계뿐 아니라 성행위를 강요당하는 구속적인 일상 그 자체라고 재정의되고 '성노예'라는 단어가 등장하여 현재에 이르고 있다.

왜 '강제'의 유무가 초점이 되는 것인가. '위안부' 문제의 '해결'을, 피해자에 대한 일본 정부의 사죄와 국가보상이라고 했을 경우, 국가에 의한 물리적 힘을 포함하는 '강제'의 존재가 증명될 필요가 있기 때문일 것이다. 나도 그러한 인식을 공유하고 있었지만, '강제성'으로 초점이 좁혀지는 데에는 위구심이 들었다. 1993년, 나는「문제는 '강제'의 유무인가」라는 다음과 같은 글을 썼다.[6]

(위구의 이유의) 하나는 식민지 책임의 문제이다. 가미사카 후유코上坂冬子는 보상청구소송의 원고 중 한 사람인 '전 위안부' 김학순이 이전에 기생으로 일했다는 사실을 들어 '강제성'에 의문을 제기하고, 일본 여성과의 사이에 차별은 없었다고 말한다.

분명히, 위안부가 된 조선 여성 중에는 강제연행된 사람뿐만 아니라 거의 대부분의 일본인 위안부와 마찬가지로 이미 성산업에서 일하고 있었던 사람도 많았을 것이다. 그러나 그녀들이 일하지 않을 수 없었던 상황에는 일본의 식민지 책임 문제가 있다. 일본은 공창제도를 조선으로 들여가고, '부녀 매매에 관한 국제조약'의 적용에서 제외하여 일본 여성과 차별했다. 즉, 일본 여성은 조약에 의해 21세 미만으로 '추업醜業'에 취업하는 것이 겉으로는 금지되고 있었으나 식민지 조선에서는 18세 이상이면 가능하게 되어 있었던 것이다.

또한 '강제성'으로 위안부의 비참함을 상징하는 것은 그녀들을 '처녀'와 '비처녀'로 분단하게 될 위험성도 있다.

---

6 『임팩션』82호(1993)에「1993년, 8월, 3제三題」로 처음 발표했는데, 2005년에 나온『전후사와 젠더戰後史とジェンダー』(インパクト出版会, 2005)에도 실려 있다.

나는 지금 한국의 '평화의 소녀상'을 둘러싼 대립의 뿌리에서 20년도 더 전에 썼던 '처녀'와 '비처녀'의 분단을 느끼고 있다. 왜 일본 정부와 부정파는 기를 쓰고 일본대사관 앞의 소녀상을 철거하려고 하는가. 일본 정부는 빈 조약을 내세워 '공관의 위엄'에 대한 침해를 든다. '공관의 위엄'이란 '국가의 위엄'이기도 할 것이다. 2016년 말, 부산 총영사관 앞에도 새로이 설치되었기 때문에 일본 정부는 주한대사, 총영사의 일시귀국을 포함하는 제재조치를 취했다. 자그마한 소녀상이 세워짐으로써 왜 일본 국가의 '위엄'이 그토록 침해당하는 것일까.

'평화의 소녀상'은 2011년 12월 14일, '위안부' 할머니들이 일본대사관 앞에서 시작한 수요집회 1000회를 기념하여 정신대문제대책협의회(정대협)가 세운 것인데, 14, 5세 소녀의 이미지를 담은 상이라고 제작자인 김서경, 김운성이 말하고 있다.[7] "지금 수요집회에 나오고 있는 위안부 할머니들은 고령이지만, 일본의 만행에 피해를 당했을 때는 14, 5세의 소녀였다. 그 어린 소녀는 일제 때문에 가족과 조국을 잃어버리고 오랜 고난의 세월을 살았다. 일본 정부 관계자는 자신의 선대가 짓밟은 소녀의 상을 통해 과거의 일본의 죄를 직시해야 한다." 이것이 제작자의 의도라고 한다. 한국 국내뿐 아니라 미국, 캐나다, 중국, 호주에서도 소녀상 설치를 추진하고 있는 한국의 운동도 같은 입장에 서 있는 것으로 생각된다.

일본의 전시체제는 아시아태평양전쟁이 시작된 후, 남성 노동력의 부족을 보충하기 위해 젊은 여성을 근로정신대로서 공장 등에 동원하여, 1944년 8월에는 여자정신근로령을 내어 14세부터 40세의 여성

---

[7] 기타하라 메구미北原惠의 제작자 인터뷰 「할머니들과 함께 일본대사관을 계속 주시한 다ハルモニたちとともに、日本大使館を見つめ続ける」,『임팩션』185호, 2012.

에게 1년 동안의 근로를 의무화했다. 한반도에서도 국민학교를 통해 모집하여 12, 3세에서 14, 5세의 소녀를 근로정신대로서 도야마富山나 나고야의 군수공장에서 일하게 했다. 이것이 한국에서는 '위안부'와 혼동되어 소녀의 '강제연행 신화'를 낳았다고 한다. 한국의 지원단체 이름이 '정신대문제대책협의회'인 것은 그 때문이다. 1990년대 초에는 '위안부'와 정신대는 다르다는 것이 밝혀졌지만, 신화는 지금도 여전히 살아 있다고 한다.

만약 '위안부'를 기억하기 위한 동상이 14, 5세의 소녀상이 아니라 나이든 모습이거나 너무나도 '성노예'를 연상하게 하는 모습이었다면 어땠을까. 실은 나는 일본 정부와 부정파가 이토록 기를 쓰고 철거하기 위해 애쓰지는 않을 거라고 생각한다. 20년 전, 7개사의 중학교 역사교과서 전부에 '위안부'가 기술된 일로 부정파의 움직임이 일거에 거세져서 '새로운 역사교과서를 만드는 모임'이 결성되었다. 지방자치단체가 '위안부' 기술을 삭제해달라는 청원과 진정도 잇달았는데, 그 요청문에는 중학생의 교과서에 성적 기술이 들어가는 것은 문제라는 주장이 들어 있었다.[8] 그들에게는 10대 중반의 소년소녀, 특히 소녀는 어디까지나 성적으로 무구한 존재여야만 하는 것이다.

그들에게는 '처녀'와 '비처녀', 우먼리브가 말하는 '어머니'와 '변소'의 분단이 있다. 이미 '오염'된 창녀라면 모를까, '현모양처' 예비군인 소녀(처녀)를 강제로 '변소'로 만들었다면, 그것은 중대한 '만행'이다. 주먹을 쥐고 똑바로 노려보는 소녀(처녀)상은 일본의 '만행'의 기억을 재생산하며 계속 들이민다. '아름다운 나라' 일본의 '위엄'은 현

---

8   졸고 「세기말 교과서 광시곡과 성의 이중기준世紀末教科書狂奏曲と性の二重基準」, 『임팩션』 102호, 1997 참조. 앞에서 언급한 『전후사와 젠더』에 실려 있다.

저하게 훼손된다.

그런지 안 그런지 확실하지 않지만, 2017년 1월, 자민당 외교부회 등에서는 '소녀상'이라는 호칭에 대한 비판이 속출했다. '소녀상이라고 부르면 실제로 소녀가 위안부가 되었다고 생각하게 된다'는 것이다. 그 결과 일본 정부는 '소녀상'이 아니라 '위안부상'으로 부르기로 했다고 한다(「위안부상 '소녀' 호칭에 비판 집중」, 『산케이신문』 2017년 1월 28일자). 소녀상의 철거는 곤란하니, 하다못해 호칭이라도 말살하려고 한 것이다.

'처녀'와 '비처녀'의 분단은 한국의 운동 쪽에도 있는 것 같다. 성폭력이 여성에 대한 중대한 인권침해인 것은 말할 나위도 없지만, 그것은 피해자가 '처녀'이건 '비처녀'이건 관계없다. 그럼에도 한국의 운동은 '위안부'의 피해를 어디까지나 순결하고 무구한 소녀상으로 표상한다. 그것은 '처녀 상실'을 '위안부' 피해의 상징으로서 계속 기억하는 것이다. 그로 인해 '위안부'로서의 일상과 이후의 인생의 괴롭고 쓰라림, 그러한 가운데에서도 사람은 문옥주에게서 볼 수 있듯이 희망과 긍지를 찾아서 살아가는 것인데, 그러한 나날들은 사상捨象되고 만다. 한국의 기지촌에서 미군 병사를 상대로 성을 팔았던 김연자는 지원자와의 어긋남을 이렇게 이야기하고 있다.

그래서 나는 그 현실을 이기고 버텨온 그 삶의 희망을 이야기하고 싶었다. 천막을 치며 새롭게 살아보려고 몸부림치며 그 속에서 느낀 희망과 자부심, 내가 변하게 된 계기를 말하고 싶었다. 하지만 주최 측은 내가 미군을 상대로 매춘을 하며 고통스러웠던 까닭, 자살하고 싶었던 경험 같은 것을 위주로 이야기해주기를 바랐고 군사정책을 중심으로 얘기가 진행되기를 원했다.(김연자, 『아메리카 타운 왕언니 죽기 오분 전까지 악을 쓰다』, 삼인, 2005, 273쪽)

　이것은 그들을 '두 번 죽이는' 게 아닐까. 소녀상 설치를 추진하는 한국의 운동과 이를 철거하려고 기를 쓰는 일본 정부와 부정파는, '처녀 숭배'와 '매춘부 멸시'에서 같은 지평에 있는 것으로 보인다. 그렇다면 대립의 해소는 용이한 일은 아닐 것이다.

　'평화의 소녀상'에는 '성'뿐 아니라, 말할 것도 없이 '민족'이 관련되어 있다. 그 착종된 구조에 과감하게 메스를 대어 해방 이후 한국사회가 고개를 돌려 봉인해온 문제를 남김없이 펼쳐 내보인 것이 박유하의 『제국의 위안부』이다. 지금까지 서술한 데에서 알 수 있듯이, '위안부' 문제에 관한 내 인식은 '강제연행'에 초점이 맞춰지는 데에 대한 비판 등 박유하와 공통되는 부분이 있다. '처녀'로서의 소녀상 비판에도 공통성이 있다. 그러나 거기에 '민족'이 뒤얽혔을 때, 그 정교하고 치밀한 분석과 한국사회에 대한 통렬한 비판에는 놀라지 않을 수 없었다. 거기에는 아프게 느껴질 만큼 강인한 '지知'의 힘이 있다.

　박유하는 '성소녀聖少女'로서의 소녀상은 '위안부'의 리얼리티를 보여주지 않는다고 말한다. 원래 조선인 '위안부'에는 스무 살이 넘은 여성도 꽤 있었고, "일본옷을 입고 일본이름으로" 불리며 "일본인을 대체하여", "일본군 병사를 사랑하고, … 죽음으로 향하는 일본군을 마지막 민간인으로서 배웅"하기도 했다. 그것이 식민지 조선의 '위안부'라는 것이었다. 거기에는 "피해자이자 협력자라는 이중구조"가 있다. 그것은 '위안부'뿐만 아니라 식민지의 모든 구성원에게 강요된 분열상태였다.

소녀상이 "성소녀로서 순결하고 저항의 이미지만을 가지고 있는" 것은 그러한 "협력과 오욕의 기억을 당사자도 보는 이도 함께 지워버린" 결과이다. '완전한 피해자'로서의 소녀상은 "부끄러운 기억을 망각하고 규탄하여 '우리들'의 밖으로 내몰아온 해방 이후 60년을 집약하고 있기도 하다"고 박유하는 말한다.

『제국의 위안부』에서 보는 끝모를 비참함

이러한 인식은 『제국의 위안부』 전체를 관통하고 있다. 박유하는 조선인 위안부를 '제국의 위안부'로 규정하여 전쟁이라기보다는 식민지 지배에 따른 피해로 여겼다. 점령지, 전투지였던 중국과 동남아시아의 '위안부'는 전시 성폭력의 피해자이나, "식민지가 된 조선과 대만의 '위안부'들은 어디까지나 '준일본인'으로서 '대일본제국'의 일원이었다"고 말한다. 이 말은 나로서는 생각도 못 했던 새로운 인식이었다. 인도네시아 등에서는 '강제연행'을 보여주는 사료도 있는데 왜 조선에서는 발견되지 않았는가. 왜 납치강간과 같은 성폭력(의 증언)이 중국, 필리핀 등에 비해 대단히 적은가. 가슴에 응어리졌던 이러한 의문은 이것으로 눈 녹듯이 해소된다. 식민지와 점령지, 전투지는 다른 것이다. 생각해보면 지극히 당연한 것인데, 그것을 '위안부' 문제에 대해 지적한 사람을 박유하 외에 나는 알지 못한다.

그리고 박유하는 이렇게 말한다. "물론 실제로는 결코 '일본인'일 수 없었고, 차별은 존재했다. 그래도 그녀들이 군인의 전쟁 수행을 돕는 존재였던 것은 분명하다." 그렇다면 조선인 '위안부'와 일본 병사는, 굳이 말한다면 '동지적' 관계이다. 그 안에서는 일본 병사와의 '연애'도 있을 수 있고, 일본의 승리를 기원하는 '애국'도 있을 수 있을 것이다. 앞서 언급한 문옥주는 일본의 패전을 알았을 때, 하루아침에 패자가 된 일본 군인에 눈물을 흘렸다. "그때까지 '일본은 세계에서 가장 강하다. 일본인은 가장 훌륭한 인간이다'라고 말했던 군인들이 나라가 지니까 왜소해져버린 것이다. 얼마나 비참할까 생각하니 또 눈물이 났다./ 그때의 나는 아직 일본인의 마음을 가지고 있었는지도 모른다."⁹ '위안부'로서의 문옥주는 정녕 '준일본인'이었던 것이다.

그러나 이와 같은 박유하의 주장은 한국사회와 일본의 지원자 사이에서 격렬한 반발과 분노를 불러일으켰다. 나눔의집에 있는 옛 '위안부'들이 명예훼손 소송을 제기해 박유하는 엄혹한 법정에 서게 되었다. 그러나 나는 『제국의 위안부』가 열어젖힌 것의 깊이와 잔혹함에 말을 잃어버린 심정이었다.

조선인 위안부가 '준일본인'으로서 '군인의 전쟁 수행을 돕는 존재'였다는 것은 중국 전선에서 펼쳐진 '모두 죽이고, 모두 태우고, 모두 빼앗는' 삼광三光작전에서 볼 수 있는 처참한 침략전쟁의 협력자가 되어야만 했다는 말이다. 『제국의 위안부』에는 성의 상대뿐 아니라 국방부인회의 일본식 앞치마 모습으로 상처 입은 군인들을 돌보거나 세탁을 하는 '위안부'의 인용도 있다. 그녀들이 돌본 군인들은 민가를 습격하여 식량을 약탈하고 여성을 납치강간했을지도 모른다. 전시 강간은 범죄였으므로 기록이 남아 있지 않다는 게 정설로 되어 있는데, 그렇지는 않다. 과거 나는 남자들의 전쟁체험기를 20권 넘게 읽었는데,

---

9　『문옥주 버마 전선 방패사단의 '위안부'였던 나』, 143쪽.

그중에는 중국 전선에서의 강간 체험이 지겹도록 서술된 것도 있었다.[10]

'제국의 위안부'라는 것은 그러한 군인들의 '악행'조차도 뒷받침했다는 것이다. 그렇다면, 중국 민중 입장에서 일본인 이름을 쓰고 일본 옷을 입은 조선인 '위안부'는 증오와 멸시의 대상이었을지도 모른다. 버마의 시장에서 일본 군표를 아낌없이 써가며 최신 유행의 옷과 보석을 산 문옥주도 현지인들의 원성을 샀을 가능성이 있다. 일본군이 패하고 떠나간 후 군표는 한낱 휴지조각이 되어버렸으므로.

예전에 박유하는 「'사이에 선다'는 것은 어떤 것인가」[11]에서 일본군 포로였던 네덜란드 군인이 그린 그림 한 장을 소개했다. 그림에는 전라의 '일본인 간호사'가 외설스러운 몸짓을 하고, 포로가 조금이라도 흥분을 하면 감시원이 포로의 성기를 막대기로 치는 고문 광경이 담겨 있었다. 박유하는 그 '일본인 간호사'가 조선인 '위안부'였을 가능성을 시사하며, 그 네덜란드인에게는 그 간호사가 '가해자'로서 기억되고 있다는 점을 지적하고 있다. 이에 대해서도 지원자들로부터 비판이 나왔다. 전라의 여성이 조선인 '위안부'였는지 아니었는지는 알 수 없다. 만약 그렇다 하더라도, 대낮에 그러한 모습을 남자들에게 드러냈다면 그것 자체가 비참한 일이다. 그런 비판도 있었던 것으로 기억한다.

그러나 박유하가 이 예를 든 것은 네덜란드 병사에게 그 여성이 분명하게 '가해자'로 기억되고 있다는 사실에 지원자들이 유의할 것을

---

10 예컨대 모리카네 지아키森金千秋, 『악병惡兵』, 叢文社, 1978. 앞에서 언급한 책 『전후사와 젠더』에 실린 「전쟁 체험기 속의 '여성체험'戦争体験記のなかの'女性体験'」참조.

11 『임팩션』171호, 2009.

촉구하고, '복잡한 관계망 전체를 극복하는 방법'(도미니크 라카프라)을 모색하기 위해서였다고 할 수 있을 것이다.

아울러 말하면, 박유하도 쓰고 있듯이, 막대기를 든 감시원이 조선인이었을 가능성은 높다. 아시아태평양전쟁 개전 후, 일본군은 수많은 포로들을 감시하는 데에 식민지 남성을 동원했다. 그 결과, 일본 패전 후, 포로에 대한 가혹한 처우의 책임을 추궁당해 조선인 148명이 B·C급 전범으로서 유죄판결을 받았고, 그중 23명이 사형을 당했다. 식민지지배에 의한 피해자이면서 일본의 가해 책임을 짊어졌던 것이다. 그리고 살아남은 전범들을 바라보는 한국사회의 시선은 차갑다고 한다. '친일파'로 간주되었을 것이다.[12]

'위안부'에 대해서도 똑같은 구조가 있다. 서두에 쓴 우먼리브의 말이 떠오른다. "그리고 전선에서는 종군위안부가 정숙한 아내의 남편의 배설행위의 상대 = '변소'를 맡으며, 성의 관리를 통해 남자를 군대질서에 순종하며 사람 죽이는 데에 유능한 '천황폐하의 적자'로 키워갔던 것이다." 이것은 너무나도 잔혹한 말인데, 식민지지배하에서 '제국의 위안부'가 된다는 것은 단순히 '성노예'로서 구속적인 일상 속에서 성행위를 강요당한다는 것만이 아니다. 그렇게 함으로써 침략전쟁을 지탱한다는 '가해'조차도 짊어지게 된다는 것이다. 이보다 비참한 일이 또 있을까.

박유하가 말하듯이, 거기에 있는 '피해자이면서 협력자라는 이중구조', 그로 인한 더할 나위 없는 비참함은 위안부뿐만 아니라 식민지의 모든 구성원이 강요당한 것이다. 그 비참함에서 '협력자'를 지워버

---

12 우쓰미 아이코内海愛子, 『김씨는 왜 처벌받았는가―조선인 BC급 전범의 궤적キムはなぜ裁かれたのか－朝鮮人BC級戦犯の軌跡』, 朝日新聞出版, 2008 외 참조.

리고 '피해자'로서만 기억하는 것만으로는 식민지지배가 갖는 비참함의 바닥까지 도달할 수 없다. 박유하는 고독한 싸움에서 만신창이가 되면서도 여전히 위안부 문제의 끝모를 비참함을 직시하라고 호소하고 있다.

'제국의 어머니'들

그때 일본 여자들은 어디에 있었을까. 『제국의 위안부』는 그 질문에 직접 대답해주지는 않는다. '대일본제국'의 침략이 확대되는 상황에서 조선 여성이 전선에서 '변소'로서 협력을 강요당하고 있었을 때, 일본 여자들은 '어머니'로서 후방에 있었다.

이 대목에서 나는 "일본 여자는 7년간의 빚이 있다"는 말을 떠올린다. 작가 다무라 다이지로가 중국 전선에서 돌아와 제일성으로 터뜨린 발언이다. 다무라는 1940년부터 46년까지 일개 병졸로서 중국 산시山西성의 전쟁터에서 지냈다. 전후 바로 그 체험을 바탕으로, 포로가 된 중국 여성과의 '연애'를 그린 「육체의 악마」, 일본군 병사에 대한 조선인 '위안부'의 열정과 죽음을 그린 「춘부전」을 발표하여 일약 인기 대중작가가 되었다.

왜 "일본 여자는 7년간의 빚이 있"는가. "전쟁터에서 우리의 상대가 된 것은 대륙의 오지로 흘러들어온 조선 여성들"이었기 때문이다. 이 말은, 박유하가 말하듯이 조선인 '위안부'가 '대체일본인'이었다는 것을 보여줌과 동시에 일본군 남자들에게 전쟁터에서의 '성'은 당연한 것이었다는 것을 보여준다. 그 상대는 당연히 일본 여성이었어야

할 텐데, 위안부로서의 "일본 여성은 숫자도 적었고, 거의 장교에 의해 독점되어 있었다". 그리고 압도적으로 많은 여자들은 국내에 있어서 남자들을 상대하지 않았다. 그렇기에 '빚이 있다'고 한 것이다. 다무라에 따르면, 이 발언은 패전 직후의 남자들의 마음을 대변하는 말로서 유행했다(『나의 문단 청춘기わが文壇靑春期』, 新潮社, 1963).

이 말을 여성 입장에서 보면 어떨까. 일본사회에서는 '성'은 남녀 사이에 비대칭성이 있다. '성'은 대개는 일상생활을 함께하는 남녀 사이의 영위인데, 전쟁은 남녀를 전선과 후방으로 갈라놓는다. 15년 동안 계속된 '쇼와昭和'의 전쟁에서는, 군은 '위안부'를 안겨주어 남자들에게 '성'을 보장하는 한편 여자들에게는 금욕을 요구했다. '정숙한 여성'으로서 전쟁을 위한 인적 자원의 재생산을 수행하게 하기 위해서이다. 우먼리브의 말을 빌리자면, "정숙한 여자는 '일본의 어머니'로서 후방을 지켜왔던 것이다".

그것이 '대일본제국'이 구축한 젠더질서였으므로, 전방에서 상대를 안 했다고 해서 여자들이 힐책당할 이유는 없다. 다무라의 '빚이 있다'는 발언에는 그러한 남성 중심의 체제와 남자의 성욕을 본능으로하는 '남성 신화'[13]에 대한 안주가 있다. 인간의 성욕도 문화적으로 구축된 것이라는 사실은 일찍부터 밝혀진 바인데, 최근의 하시모토 도루橋下徹 발언에서도 볼 수 있듯이 아직도 공고하게 살아 있다.

그러나 다무라의 발언에 전혀 귀담아 들을 점이 없는 것은 아니다. 일본 여자들이 '정숙한 여성'으로 존재할 수 있었던 것은 전선에 조선인 '위안부'가 있었기 때문이다. 다무라의 발언에는 그것을 자각하지

---

13 彦坂諦, 『남성 신화男性神話』, 径書房, 1991.

못하는 여자들에 대한 비판도 느껴진다. '정숙한 여성'과 '위안부'는 동전의 양면이긴 하지만, 거기에는 압도적인 비대칭성이 있다. '정숙한 여성'은 사회적으로 인지되고 칭찬받지만, '위안부'는 '추업'시된다.『제국의 위안부』에서 박유하가 말하듯이 "성을 제공하는 일은 설사 제도적으로는 문제가 없었다고 해도 사회적·심리적 인지를 받을 수 있는 일은 아니었다". 더구나 그녀들은 "최전선에서도 폭탄과 폭력에 시달리면서 군인들의 욕망에 응하지 않으면 안 되었다".

다무라는 이 발언으로부터 20년 가까이 지나 쓴 소설「메뚜기」에서 그런 조선인 위안부를 그리고 있다. 박유하는 이 작품을 "남녀 차별에 더해 종주국 국민에 의한 식민지 차별의 구조"에 의해 지탱되는 "남성에 의해 여성이 '수단화', '물질화', '도구화'된 상태"를 밝혔다고 평가하고 있다.

"남성에 의해 여성이 '수단화', '물질화', '도구화'된 상태"는 '제국의 어머니'에게도 해당된다. 그러나 그녀들의 대부분은 '정숙한 여성'에 안주하며 '위안부'에 대한 시선을 남자들과 공유했다. 40여 년 전에 리브가 말했듯이, "정숙한 여성은 정숙한 여성으로 존재함으로써 침략을 지탱하고, 정숙한 여성으로 존재함으로써 조선 여성에 대한 능욕에 가담했던 것이다".

이 또한 비참함의 극치가 아닐까. 일본의 여성들은 '정숙한 여성'으로서 '후방의 방어'에 전념했고, 끝내는 남편과 아들을 잃고 공습, 원폭 등의 피해를 당했다. 이것 자체로 비극이지만, 그것에 의해 침략전쟁을 지원한 것, 그리고 '조선의 여자에 대한 능욕'의 '공범성'이 문제가 된다. '피해자이면서 협력자라는 이중구조'는 '제국의 어머니'들에게도 있다.

'제국의 위안부'와 '제국의 어머니'에 공통되는 '피해자이면서 협력자라는 이중구조'. 그 끝모를 비참에서 벗어나는 길은 결국 여성을 '어머니'와 '변소'로 분단해서 이용하는 '제국'의 해체를 지향하지 않고는 열리지 않을 것이다.

　그것은 과거의 '대일본제국'만의 문제는 아니다. 『제국의 위안부』에서 박유하는 일본에 앞서서 아시아를 식민지화한 서구 열강도 성적 위안시설을 용인한 사실을 지적하고 있다. 거기에서 일하는 여자들은 "가부장제와, 자국의 세력을 해외로 확장하려고 한 제국주의, 그리고 제국주의를 뒷받침한 국가주의"에 의해 해외 이동이 조장된 가난한 여자들이었다. "위안부 문제란 국가와 제국이라는 정치 시스템의 문제일 뿐만 아니라 더욱 본질적으로 자본의 문제"라고 박유하는 말한다. "위안소는 표면적으로는 군대의 전쟁 수행을 위한 것처럼 보이지만, 그 본질은 그와 같은 제국주의와 인간을 착취하고 이윤을 남기려는 자본주의에 있다."

　그렇다고 한다면 그것은 바로 '지금, 여기'의 문제이다. 조선인 '위안부'를 '제국의 위안부'로서 포착함으로써 박유하는 과거의 '대일본제국'뿐만 아니라 글로벌 시대인 현재까지도 비판하는 길을 열었다고 할 수 있을 것이다.

(번역: 이희경)

『가라유키상』과
『제국의 위안부』

후지이 사다카즈藤井貞和

1. 일본 근대문학의 회피

일본의 식민지주의가 1910년(메이지 43년) '한국 병합'을 직접적인 계기로 해서 조선 민족의 주권과 오랫동안 이어져온 고유의 역사를 결정적으로 그리고 송두리째 수탈한 일과 일본 근대문학의 성립은 한 시야에 넣고 봐야 하지 않을까? 그렇게 생각하는 건 나도 할 수 있다고 말할지 모르지만, 일본인이건 한국인이건 재일조선인이건, 일본문학의, 혹은 문학 자체의 연구자라면 순수한 (한국 및 일본) 국내 계열의 문제군에 대한 연구와는 별개로, 한/일 혹은 동아시아 차원에서 정말로 마주보며 협력해 다루어가야 할 과제일 터인데, 일본인 연구자들의 경우, 아무래도 소극적인 자세가 되어 그런 연구에 착수하기에는 좀처럼 어려운 상황으로 보인다.

　제국주의, '식민지주의 일본'하에서는 소설 작품도 시 작품도, 혹은 비평적 담론마저도 어쩔 수 없이 그런 상황에 놓인 채로 썼고, 쓸 것을 강요당했다고 한다. 그러한 일본 근대문학의 의식 그리고 무의식 속에 있는 가해자성, 혹은 문학 자체에 숨어 있을지도 모르는 피해자성을 붙들고 연구해온 연구자는 극히 적은 감이 있다.

복잡한 민족감정이나 종교의식이 얽혀 있는 한국/일본의 작품 자체를 어떻게 다루면 좋을지 생각하는 도중에 날이 저물어버리는 것이다.

2. 정면에서 계속 질문을 던져왔다

문학 연구자가 다른 연구영역, 이를테면 역사학 등의 예의銳意의 '논객'들에 비해 뭔가 특별한 입장에 서 있을 리도 없다. 소설 작품이나 시 작품을 다른 연구보다는 중시할지도 모르겠지만, 글을 쓰는 행위나 쓰이는 표현, 영상, 예술을 포함하는 표현행위를 주된 연구대상으로 삼아왔다.

그러한 텍스트들은 역사 속에서 의도적으로 소각되기도 하고, 은폐, 변형되기도 하므로, 그 조각들을 찾아다니며 여기저기 흩어진 것들로부터 복원을 시도하고 자료가 결손된 부분에 대해서는 구전문학(oral literature: 전승, 설화, 듣고 쓴 기록이나 민속조사를 포함한다)으로 보충하고, 타 영역(역사학이나 사회학)의 성과를 대담하게 '이용'하기도 한다. 경우에 따라 연구 자체가 작품적 가치를 지니는 일도 자주 관찰된다.

수탈당하고 상실되고 만 '역사' 자체를 상대로 역사학을 비롯한 다른 학문들은 어떻게 성립시키면 좋을까? 문학 연구자가 나설 차례라고 해도, 대학에까지 시위대가 들이닥치고, 피고인석까지 준비한다고 하니, 이를 두고 너무 가혹하다고 한다면 틀린 말일까?

연구자들이 연구주제로 잘 다루지 않는 것이 일본 근대에 짜여 넣어진 가해자성, 그리고 문학 자체에 숨어 있는 피해자성이라고 한다면,『내셔널 아이덴티티와 젠더 ─ 소세키·문학·근대』(한국어판은『내셔널 아이덴티티와 젠더 ─ 나쓰메 소세키로 읽는 근대』, 김석희 옮김, 문학동네, 2011)의 저자 박유하는『화해를 위해서』(한국어판은 뿌리와이파리, 2005),『반일 민족주의를 넘어서』(2000년에 사회평론에서 나왔던『누가 일본을 왜곡하는가』를 2004년에 개제한 것이다)를 통해 한국인 연구자로서 정면에서 계속 질문을 던져왔다. 그러한 질문은 이제『제국의 위안부』(한국어판 2013)에 이르렀고, 신간『귀환引揚げ문학론 서설』(2016)에서도 볼 수 있다.

3. 문장의 배후에 제국을

텍스트 표면의 의미의 배후에 있는 의도를 떠오르게 하기 위해서는 연구자의 문체가 필요하다는 것일 터이다. '따옴표' 같은 부호들을 인용 이상의 목적으로 많이 쓰기도 한다. 그로 인해 문장을 읽어나가기가 어려워 신음할 때도 있는 것은, '논객'들의 논고에서도 겪곤 하는, 마찬가지의 고심의 흔적이 아니었을까? 제3부 제1장 '부정자들을 지탱해주는 식민지 인식'에서 한 군데를 인용해보자.

'위안부'들이 병사들에게 "단체로 다가가 자신을 팔기 위해 적극적으로

애교를 부렸"다거나 "참으로 밝고 즐거워 보여"서 "성적 노예에 해당하는 모습은 어디서도 볼 수 없었"(오노다 히로오)다고 보인 것은 그러한 구조에 의한 것이다. 그녀들이 자신을 팔기 위해 '애교를 부'리거나, 그 때문에 '밝게' 행동하고, '즐거워' 보이기도 했다면, 그것은 그녀들 나름대로 '국가'에 대해 최선을 다하고자 했던 일인 것이다.

그러나 포주의 철저한 감시 속에서 자신의 의지로는 되돌아갈 길이 없다는 것을 알게 된 위안부들이(물론 그중에는 계약기간의 만료에 따라 돌아간 이들도 있다) 시간이 지나면서 처음 도착했을 때의 당혹감과 슬픔과 분노를 지우고 '자신을 팔기 위해 적극적으로' 행동하게 되었다고 해도 이상할 것은 없다.(『제국의 위안부』 일본어판, 231쪽, 한국어판 150~160쪽)

내게는 박유하의 이러한 문체가 매우 잘 이해되고, 공감이 간다. 직접적으로 전해져오는 '당혹감과 슬픔과 분노'와 함께 문장 표현의 배후에 '국가'(=제국)를 확실하게 포착해두고, 이 책의 취지와 관련되는 업자를 고발하는 자세를 흐트러뜨리지 않으면서, 억압을 통한 강제에 의해 그녀들이 '전쟁을 지탱하'는 상황의 본질이 진정한 의미의 피해자성이라는 것을 '그러한 구조', 즉 '구조'라고 하는 키워드로써 나타내고 있다.

4. 가해자 근성을 고발한다

계속해서 인용하자면, '낭자군'으로서 "몸을 피할 구덩이를 파고, 도주 중에 폭탄을 나르고, 붕대를 빨기도 했다. 그리고 그러는 사이사이에 폭탄이 터지는 최전방에서도 폭력에 시달리며 병사들의 욕구를 받아주어야 했다.… 그러한 그녀들의 일은 보이지 않는 억압구조가 강제한 것이었다".(같은 쪽)

나는 이 문체들을 단단한, 굳이 말하자면 아름다운 문체라고 생각한다. 그러나 이러한 문체에 대해서도, '용서할 수 없다', '말도 안 된다', 혹은 박유하의 일본어를 '조잡'하다고 비판하는 말들이 이쪽저쪽에서 들리는 요즘이다. 이런 식의 표현담론으로 인해 불행한 대립이 싹틀지도 모르겠다는 사실에 서글퍼진다.

내 느낌을 이야기한다면, 이 책은 이러한 문체를 통해, 억제를 해가며 원래부터 더듬더듬 쓴 책으로, 지금의 일본사회에서 아마 계속해서 다수파를 이룰 옛 일본군 병사들의 가해자 근성(피해자가 아니라, 가해자 근성)을 확실하게 고발의 심판대에 세운다.

문학 비평이 갖는 일종의 무방비함(문학 연구라면 피할 수 없을지도 모르는 무방비함)은 항상 존재하는데, 한국사회나 재일조선인사회로부터는 반발과 윤리 비평을 유발하고, 일본사회에서는 편의주의적으로 해석하고자 하는 욕망에 따를 위험도 있어서, 그것이 다시 한국에서의 반일의 욕망을 돋우게 된다. 그 결과, 이 책의 한국어판에 대해 '판매 금지 등 가처분신청'이 제기되었고, 사법권력은 34곳을 '삭제하지 아니하고는 출판…해서는 아니된다'는 '일부 인용' 결정을 내렸다(이 결정에 대해 이의신청을 한 저자와 출판사는 34곳을 삭제한 '제2판, 34곳 삭제판'을 내놓았다-편집자).

5. 더 이상 물러설 수 없는 일선

나로서는 기소를 피했으면 좋겠다는 생각이 있어서 54명의 「박유하 교수 기소에 대한 항의성명」(2015년 11월 21일)에 찬동해왔다. 한국에서도 일본에서도, 그리고 중국사회에서도 볼 수 있었던, 예로부터 흔한, 어떤 의미로는 희귀할 것도 없는 언론 사건이고, 그에 대한 연구자와 문인들의 어쩔 수 없는 저항 또한 더 이상 물러설 수 없는 일선이기에 지원하는 것은 동업자로서 당연한 역할이라고 생각하고 있었는데, 이번에는 삭제 명령을 받는다고 했다. 문제의 쟁점 자체를 말소하는, 어디가 고소의 대상인지를 알 수 없게 하는 폭거이며, 고소당하는 연구자에게는 생활의 버팀목 자체를 위협받는 위기이기도 한 일을 지극히 우려하지 않을 수 없었다.

『제국의 위안부』 한국어판에서 삭제된 곳을 일본어판에서 확인하기 위해, 삭제 부분을 일본어 번역으로 읽었다. 그것에 따르면, 예를 들어 센다 가코의 『목소리 없는 여성 8만 명의 고발, 종군위안부』(1973)와 관련하여, 박유하가 "센다는 '위안부'를, '군인'과 마찬가지로, 군인의 전쟁 수행을 자신의 몸을 희생해가며 도운 '애국'한 존재라고 이해하고 있다", "어떤 책보다도 위안부의 본질을 정확하게 짚어낸 것"이라고 썼더니, 그곳이 삭제해야 하는 부분이 되었다.

즉 '위안부'가 '애국'적 행동을 했다고 하는 표현에 대해 할머니들에 대한 명예훼손이라고 판단하여 삭제 명령을 내린 것이다. '위안부의 본질'과 같은 표현 하나도 허용할 수 없다는 뜻일 것이다. 센다의 책에 대한 박유하의 이해라고 하는 중요한 문맥은 지워져버린다.

6. 명예훼손이란

고소의 원점은 명예를 침해했다는 격렬한 비판이다.

법정의 변론에서도 할머니 한 분이 증언에 나서서, 박유하의 '망언'을 비판하고 교단에 설 자격이 없는 사람이라고 호소한다. 할머니들이 명예훼손을 느끼면 고발 자체가 수리된다는 뜻일지도 모르겠다. 나는 할머니들에게 강한 경외심을 느끼고 있으며, 그녀들의 '증언'이 결코 망언이 아니라는 것, 또한 그곳이 원점이기에 중요하다는 사실도 알고 있다. 명예훼손이란 그러한 문제일 것이다.

박유하의 연구의 기본은 한/일의 내셔널리즘 자체를 냉정히 분석하는 것에서부터 시작되는 것이기 때문에(『내셔널 아이덴티티와 젠더』에서 볼 수 있다), 그것이 정말로 '망언'인가 하는 이 부분은 어떤 방식으로든 정면으로 부딪쳐갈 수밖에 없다. '망언'이냐 아니냐를 다툰다니, 참으로 한심한 재판이라고밖에 달리 할 말이 없다.

정치가나 외교 관계자의 일이라면 내심과 무관하게 정세로부터 판단하고 교섭해서 타협할 경우가 있으니(물론 그들의 '양심'을 처음부터 의심하는 것은 아니다), 역으로 말하자면, 연구자 주체는 정치적 판단과 무관하게 별개로 독립해서 존재한다. 세상에는 의도적인 명예훼손의 경우도 있고, 저열한 문학작품이 초래하는 약자 괴롭히기에 시달리는 경우도 있다. 나는 『제국의 위안부』가 그런 속되고 고약한 짓과는 완전히 다른 문학 연구자의 생각에서 출발하고 연구된 책이라고 생각하며, 나아가 앞으로 한국사회에서 학문과 정의의 이상적인 모습을 점칠 하나의 시금석이 될 것이라고 생각한다.

7. 군 관계 시설인가, 유곽인가

'일본인 위안부'가 익명 등으로 연구자의 인터뷰에 응한 경우는 있지만, 끝내 이름을 밝히고 모습을 드러내지는 않았다는 말을 듣는다. 그뿐이랴. 일본 국내의 옛 병사들은 어디에 있는 것인가? 이제 그들의 모습도 시야에서 사라지고 있다. 현재 90대의 한 저명한 문학자가, 국내에서 학도병으로 동원되었을 때 위생 삿쿠(콘돔-옮긴이)를 배급받고 비번 날에 외출했다고 예전의 어느 연구회(오리구치 노부오折口信夫 관련 모임이었는데) 자리에서 말하는 것을 들은 적이 있다. 딱히 더 묻고 들을 생각도 없이, 젊은 그가 어딘가에 있는 유곽에 몰려간 것이려니 정도로 막연하게 듣고 흘려버렸다.

하지만, 돌이켜 생각해보면, 그가 간 곳이 유곽이라고 했을 때, '삿쿠'를 배급하고 내보낸다는 게 있을 수 있는 일인지 없는 일인지 알 수 없어졌다. 역시 80대 후반의 군대 경험이 있는 근대문학 연구자 한 명에게 편지를 써서 뭔가 아는 게 없는지 여쭈었던 것이 고작 내가 할 수 있었던 조사의 전부였다. 국내에서 병역을 치른 경우, 유곽에 나가는 일이 있을 수 있었다는 것이 내가 받은 느낌이다.

애니메이션영화 〈이 세상의 한구석에〉(2016)는 동명의 원작(고노 후미요こうの史代)이 있는데, 구레呉 군항軍港의 어느 마을에 있는 아사히朝日 유곽을 조사하여 그리고 있다. 세토瀬戸 내해內海의 섬들에는 그러한 유곽들이 번성했을 것이라는 느낌도 받았지만, 그 이상은 알 수 없는 일이었다.

그러니, 젊은 학도병이었던 한 작가가 삿쿠를 받고 유곽에 갔다고 한 것인지, 군 관계 시설로 향했다고 한 것인지, 결국 정확히 알 수가 없다. '국내'에 위안소는 있었던 것일까? 요시미 요시아키의 『종군위안부』(77쪽)에 따르면, 본토 결전에 대비해 규슈九州나 지바千葉현에 군위안소가 설치되어 있었다. 그 90대의 옛 학도병은 지바현의 본토 결전 요원이었다.

『오사카인권박물관 전시종합목록』(오사카인권박물관, 1996)에는 "각지에 흩어져 있는 '종군위안소'"[1]라는 아시아태평양 지역의 지도 및 사진이 실려 있는데(41쪽), 오키나와에 121곳이 있는 것 이외에 일본 '국내'에 있는 9곳의 ▲표시를 볼 수 있다. ▲표시는 옛 병사들의 수기와 증언, '위안부'의 증언에 근거해서, 만주, 중국, 동남아시아, 태평양 제도로 확산되었다고 쓰여 있다.

같은 쪽에는 1992년, 한국에서 있었던 일본대사관 앞 데모 사진도 실려 있다.

이시카와 이쓰코石川逸子의 『'종군위안부'가 된 소녀들「從軍慰安婦」にされた少女たち』(1993)에서 '국내'의 위안소를 몇 군데 찾아볼 수 있다. 이 책이 예로 든 곳은 후쿠오카福岡, 고베神戸, 오사카大阪, 와카야마和歌山, 나가레야마流山, 그리고 '마쓰시로松代' 등지이다.

『일본인 '위안부'日本人「慰安婦」』(現代書館, 2015)에서는 주로 히라이 가즈코平井和子의 논고를 통해, '황군위안소', '산업위안소', 가노야鹿屋 기지 '위안소', RAA의 쓰키시마月島 창고에 일본군의 '삿쿠'가 대량으로 보관되고 있었다는 사실 등을 검색할 수 있었다. '산업위안소'란 무엇일까? 모르는 것투성이이다.

그리고 오키나와. 신간인 홍윤신洪玧伸의 『오키나와 전장의 기억과

---

1   정오표가 있는데, '종군위안소'(誤), '군위안소'(正)이라고 쓰여 있다.

'위안소'沖繩戰場の記憶と「慰安所」』(インパクト出版会, 2016)는 130곳이나 된다는 위안소를 하나하나 조사한 역작이다. 태평양전쟁 속의 오카나와는 해외일까, 국내일까? 나는 오키나와 전투의 전제로서 군위안소가 있다는 사실을 몰랐고, 전후의 오키나와문학과의 관계에 대해서도 생각해본 적이 없었다.

8. 남자들은 '지사'가 되어

이 책『제국의 위안부』와 관련하여, 모리사키 가즈에의『가라유키상』을 자의적으로 인용하고 있다는 비판이 있는 것 같으니, 정말로 자의적인지 양자의 관계를 조금 고찰해두고 싶다. 모리사키가 조사한 가라유키상은 말할 필요도 없이 메이지 30년대(러일전쟁 시기)부터 다이쇼大正 초기·중기에 걸친 시대에 해외침략의 민간 담당자로서 해외로 나간 사람들이다. 남자들은 '지사'가 되어 한반도나 중국 대륙을 설치고 다녔고, 여성들 또한 바다를 건너 '여자의 일'에 취업한다.

『가라유키상』의 차례를 써두겠다. '고향을 떠나는 딸들(현해탄을 넘어서/ 밀항녀들/ 고향의 피)', '나라의 새벽과 마을사람(러시아의 유녀들/ 시베리아행/ 외국인 아이와 상하이)', '사슬의 바다(머나먼 곳唐天竺으로/ 바다를 건너는 요시와라/ 전장의 군중)', '통곡의 땅(오키미おキミ와 조선 철도/ 다롄 비가悲歌/ 황야의 바람)', '고향말(오요시おヨシ와 일장기/ 아마쿠사나다天草灘)', 그리고 '여운'.

'지사'들의 활동에 따라, 창부들이 '애국자'의 측면을 갖는다고 논하는 곳은 '고향말' 중 '아마쿠사나다'의 한 구절로『가라유키상』의 마지막에 해당하며, 말하자면 이 책을 마무리하는 부분이다. 모리사키가 참고로 한 책 가운데 하나로『동아선각지사 기전東亞先覺志士記傳』(3권, 1936)이 있다. 겐요샤玄洋社나 고쿠류카이黑龍会라는 국수주의적 침략의 담당자들, 진정한 제국의 침략자 그 자체인 민간의 당사자들이 내부 깊은 곳에서부터 숨김없이 조목조목 쓴 역사의 '일등' 자료인데, 낭자군의 '애국적 행동'을 언급하는 부분에서도 지면 너머로 읽히는 '증언'성은 의심할 여지가 없다.

9. 존엄과 명예를 위해서

모리사키는 가라유키상의 20년 후인 제2차 세계대전 중에, 일본군이 남방으로 진격하게 되자 공창제가 동남아시아 각지에서 재개되어 현지의 딸들도 공창으로 편입된 일, 그리고 군 관계의 위안부대가 투입된 일 등을 남김없이 논하고 있다(233쪽). 모리사키가 이 기록을 쓴 이유는 너무나도 명료하다. '오키미 상' 이야기로부터 글을 시작한 데에서도 알 수 있듯이, 일본 근대에 농락당한 '밑바닥' 여성들의 진정한 존엄의 확인과 명예의 회복을 위해서이다.

아시아와 여자가 하나가 된, 조금은 '따뜻하게' 가라유키상이라고 부르는 그 이름을 모리사키는 이 책의 제목으로 썼다. 전혀 흠잡을 데가 없는 모리사키의 필치이다. 모리사키 이전에 그녀들의 존엄과 명예를 위해서 혼신의 힘을 다해 붓을 휘두른 저술을 나는 본 적이 없다. 박유하의『제국의 위안부』가 그것을 이어받아『가라유키상』의 인용을 시도한 것을 두고 자의적이라고는 도저히 판단할 수 없다고 생각한다.

　박유하는 제1부 제1장 "1. '강제적으로 끌어간' 건 누구인가"에 이어, "2. '가라유키상'에서 '위안부'로"를 통해 실질적으로『제국의 위안부』의 서술을 시작한다. 근대문학 연구자로서 박유하가 러일전쟁 시대, 그리고 '한국 병합'에 입각해서 쓰기 시작하는 것은 당연한 일이고, 모리사키의 뒤를 이어받는 성실한 글쓰기라고 할 것이다.

10. 시발점에 있었던 일본인 여성

박유하는 쓴다.

　　사실 일본인들은 한국이 일본에 병합되기 전부터 한국에 많이 건너와 살았다. 그중에는 속아 팔려온 소녀들이나 살길이 막막했던 가난한 여성들이 적지 않았는데, 그들의 '이동'을 조장하고 묵인한 건 국가권력과 민간 업자였다.
　　그런 의미에서는 훗날의 '조선인 위안부'의 전신은 '가라유키상', 즉 일본인 여성들이었다.(37쪽, 한국어판 30쪽)

　물론, 1990년대 이후에 문제화된, 처음부터 군인을 상대하는 군위안부와는 다르다. 그래도 일본 근대의 경제적, 정치적 세력을 확장할 목적으로 해외로 나간 남자들(군대는 그 중심이 되었다)을 그 땅에 묶어두기 위해 가라유키상이 동원되었다. 그러한 일본인 여성의 자리를 조선인 여성이 대체하고, 업자들 또한 암약하게 된다. 그 업자들 중에는 많은 조선인 동포가 존재했다는 것을 박유하는 강하게 고발하는 것이다.

"'가라유키상의 후예', '위안부'의 본질은 실은 바로 여기에 있다"는 대목도 사법권력에 의해 삭제되어버렸지만, 이 책이 뜻하는 바가 말소되어야 할 이유는 전혀 없다고 말하고 싶다.

가난과 가부장제의 잔혹함을 드러내면서도 군 관계 시설의 안팎에서 암약하는 업자들의 존재를 놓치지 않으며 한국인 연구자의 책임으로 엮어낸 책『제국의 위안부』에는『가라유키상』의 한 세대 뒤를 끌어안아, 그 발생부터 서술하는 진지함이 있다. 문학 연구에는 아직 희망이 있다고 할 수 있을 것이다.

(번역: 윤경일)

조선인 '위안부'를 둘러싼 지배권력구조

구마가이 나오코熊谷奈緒子

들어가는 말

이 글은 박유하 교수의 책 『제국의 위안부 ― 식민지지배와 기억의 투쟁』(일본어판, 2014. 이하 『제국의 위안부』)에서 논의된 조선인 '위안부'의 실상과 심리를 정치학적 견지에서 다시 한번 살펴보고자 하는 것이다. 즉, 이 책이 조선인 '위안부'가 관리매춘 상태에 놓여 일본군의 동지적 테두리 안에 있으면서 애국에 동원되었다고 보는 상황, 이른바 '제국'의 상황을 지배권력의 구조적 측면에서 살펴보고, 그 구조에서의 조선인 '위안부'의 실상과 심리의 자리매김을 확인하고자 한다. 그리고 현재 위 표현들이 위안부 할머니들의 명예를 훼손했다는 이유로 한국인 위안부 할머니들과 그 지원자 측에서 비판을 하고 있는 가운데, 이러한 표현들이 포함하는 진의를 명확히 하는 것이 이 글의 목적이다.

조선인 '위안부'를 둘러싼 '제국'의 복합적 지배구조

저자는 '위안부' 문제를 '전쟁'의 문제가 아닌 '제국'의 문제로 자리매김하고 있다. '제국'이란 "강자주의적 '지배욕망'"(10쪽, 일본어판 서문)이며, 대일본제국뿐만 아니라 개인 간, 남녀 간, 국가 간에 존재하는 모든 지배욕망의 총체를 나타낸 것이다(10쪽). 이 경우 지배는 국가적 지배, 식민지적 · 민족주의적 지배, 남성우월주의적 · 가부장제적 지배를 의미한다. 그 어떤 시점도 '위안부' 문제를 다룰 때에는 이미 논의되어왔던 것들이지만, 지금까지는 하나의 시점에만 집중되는 경향이 강했다.[1] 그러나 저자는 '지배의 욕망'으로 나타나는 국가적 지배, 식민지적 · 민족주의적 지배, 남성우월주의적 · 가부장제적 지배의 구조와 그 상호관계를 포괄적으로 파악하여 그것이 조선인 '위안부'의 심리와 언동에 미치는 '영향'을 명확히 제시했다. 그것을 통해 저자는 한국사회에서 형성되어온 '어리고 무구한 소녀가 일본군에 의해 강제연행되어 위안소에서 비참한 생활을 보냈으며, 일본군이 패전했을 때 많은 위안부는 일본군에 의해 학살당했다'는 보편적 인식보다는 훨씬 복잡한 조선인 '위안부'의 실상과 심리를 부각시켰다. 특히 일본의 식민지지배 통치하에서의 피지배자 여성으로서의 조선인 '위안부'들의 입장은 일본군이 침략해서 전쟁을 벌였던 다른 나라의 위안부들과는 다르다는 것이 명확해졌다고 할 수 있다.

'제국'하에서는 국가적 지배, 식민지적 · 민족주의적 지배, 가부장제

---

1 예를 들면 '위안부' 문제를 민족의 문제로 볼지 젠더의 문제로 볼지에 대한 논의. 일본의전쟁책임자료센터편, 『심포지엄―내셔널리즘과 '위안부' 문제シンポジウム―ナショナリズムと「慰安婦」問題』, 青木書店, 1998.

적 지배가 복잡하게 얽혀 있다. 거기에서 인간은 각각의 사회적 분류에 속하면서 중층적인 지배를 받는다. '조선인 위안부'는 조선인이라는 민족의 일원인 까닭에 일본의 식민지 통치를 바탕으로 하는 지배 아래에 있는 동시에 '일본 국민'으로서도 대일본제국의 전쟁 수행이라는 권력행사의 영향을 받는다. 더욱이 '위안부'라는 '여성'으로서 가부장제적 가치관과 제도의 지배를 일본인과 조선인 남성으로부터 받는다. 그 어떤 지배구조에서도 조선인 '위안부'는 언제나 피지배자이며 억압당하는 측으로서 자리매김된다.

구조적 지배는 이하의 네 종류의 권력형태로 형성, 실행, 유지된다고 할 수 있다. 첫 번째로 직접적 권력이 있다. 이것은 지배자가 바라는 것을 저항하는 피지배자에게 강제적으로 실행하게 만드는 것이다(Dahl, 1957). 두 번째로 피지배자가 바라는 것을 이루지 못하게 만드는 것과 같은 권력의 행사가 있다(Bachrach and Baratz, 1962). 세 번째로 피지배자가 지배자를 위해 하는 행동을 피지배자 자신이 자기의 원망願望이라고까지 받아들이는 상황도 있을 수 있다(Luke, 1974). 네 번째는 그 연장선상에 있는 궁극의 지배로서, 피지배자가 지배자의 원망을 내면화하는 것이다. 즉, 피지배자가 자기의 주체성(아이덴티티) 또는 신조라고 생각하고 있는 것이 실은 지배자의 원망에 부응한 결과 만들어진 것이라는 의미에서, 심리적으로 내면화한다는 권력지배까지도 상정할 수 있다(Digeser, 1992). 이와 같은 네 종류의 권력형태는 정치적 강제, 물리적 폭력, 협박, 사회적 담론을 이용한 문화적 헤게모니 등의 모습을 취한다는 사실도 이미 잘 알려져 있다.

세 번째, 네 번째 권력형태에서는 피지배자는 자기의 무력함에 대한 자각을 바탕으로 저항을 포기하고, 억압적 상황을 경감하기 위해

지배자의 요구에 적응하는 과정에 있다. 네 번째 권력형태에서는 피지배자 자신의 주체성 안에 억압을 포용하게 된다. 이와 같은 지배권력구조는 피지배자 안에 상반하는 아이덴티티를 낳고, 때로는 복종과 저항이 복잡하게 뒤섞인 언동을 만들어내기도 한다.

또한 구조적 지배이기에 피지배자의 언동에는 공통된 패턴이 보이는 한편, 국가적 지배, 식민지적·민족주의적 지배, 가부장제적 지배가 복잡하게 착종하는 상황은 지배자, 피지배자라는 각 주체에 문맥에 따라 변용하는 아이덴티티를 형성하고, 그것은 각 주체 간에 계층의식과 동료의식, 적대와 협력과 같은 양의적 관계를 만들어낸다.

지배권력구조의 이러한 관점이 시사하는 연구상의 중요한 교훈은, 피지배자, 지배자의 언동은 각각의 주체성과 의도를 반드시 반영하지는 않을 가능성이 아주 높고, 그 때문에 언동으로부터 주체성과 의도를 쉽게 추론할 수는 없다는 것이다. 그러한 추론에는 대단히 신중한 자료 선택, 정독, 해석이 필요해진다.

'제국'하에서의 조선인 '위안부'의 심정 표현을 둘러싼 논쟁―학문 연구의 자유, 연구 발표의 자유, 그리고 피해자의 인권

일본문학 연구자인 저자는 국가적 지배, 식민지적·민족주의적 지배, 가부장제적 지배하에 있는 조선인 '위안부'의 아주 섬세하고 복잡한 심정을 픽션, 증언 등의 다양한 자료를 구사하여 분석했다. 거기에서 저자는 조선인 '위안부'의 자리매김이나 심정의 표현으로서 '(일본에)

애국적', '(일본군의) 동지', '(일본 병사의) 매춘부'와 같은 표현을 사용하거나 인용했다. 이 표현들은 식민지하에서의 표면상으로는 협력적으로 보이면서도 그 근저에 존재하는 아주 미묘한 지배관계의 특이성과 복잡성을 상징적으로 표현함으로써 메시지성을 높이고 있다. 실제로 저자는 특히 상징적 표현의 시사로서 "'애국'적 행위"(74쪽, 한국어판 59쪽), "'동지적 관계'"(83쪽, 한국어판 67쪽), 식민지 여성의 "'자발'성과 '적극'성"(232쪽, 한국어판 158-162쪽)과 같이 홑따옴표로 이 단어들을 묶고 있다.

다만, 몇몇 위안부 할머니들과 지원자들은 그러한 표현에 의해 위안부가 비난당하고 그녀들의 명예가 훼손되었다고 생각해 저자를 민·형사 고소했다. 이 재판은 위안부 문제를 학문적으로 논의할 때의 표현의 방법이 학문의 대상인 전 조선인 '위안부'의 명예를 훼손했는가를 심사하게 된다. 즉, '제국'의 지배하에 있었던 조선인 '위안부'의 상황이나 심정 표현이 할머니들의 명예를 훼손했는지를 심사한다는 것이다.

확실히, 명확한 피해자가 있는 주제에서는 '학문의 자유'의 테두리 안에 있다 할지라도 '학문 연구의 자유'는 그렇다 치고 '연구 발표의 자유'라는 측면과 관련되는 연구 내용의 표현, 발표 형태와 발표의 장을 고려할 필요가 있다. 위에서 언급했듯이 피해자인 조선인 '위안부'는 저자가 지적한 세 가지 지배구조, 즉, 국가적 지배, 식민지적·민족주의적 지배, 가부장제적 지배 모두의 피지배자이다. 과거 젊은 나이에 비전투원이면서 전쟁터로 보내져, 전쟁 중에도 전쟁 후에도 오랜 세월 차별과 빈곤 속에서 살았던, 심지어 대일협력자라는 딱지(上野, 131쪽)가 붙어 몇 겹으로 억압과 학대를 받아온, 지금은 고령의 여성이라는 절대적 약자이다. 그러한 약자에 대한 표현에는 세심한 주의와 배려를 할 필요가 있다.

또한 각각의 사회에는 어떤 연구 발표를 명예훼손으로 규제할지에 대한, 그 사회가 언론의 자유, 학문의 자유를 획득해온 역사적 경위에 바탕을 둔 기준이 있다(猪木, 180쪽). 한국사회 또한 식민지지배와 전후 일본과 가까운 관계를 구축해온 군사정권체제로부터의 민주화 경험과 기억이 있기에 한국사회 특유의 '규제기준'도 존재할 것이다.

그렇다고는 해도 연구 발표의 자유에 대한 '규제기준'의 사회적 폐해는 늘 검증되어야 할 것이다. 게다가 학문 발표와 표현의 자유에 대해 연구자가 과민해지면 이른바 자기검열이 작동하여 '연구의 자유' 자체가 제한될 수도 있다. 그러므로 연구자에게는 연구 내용의 표현의 정확성, 필요성, 적절성에 대한 신중한 판단이 요구된다. 그것을 위해서 연구자는 내용 표현에서의 사실 출처의 타당성과 해석 논리의 명확성에 유의하고 연구 대상이 놓여 있는 사회적 문맥을 살핀 표현을 선택해야 한다.

'제국'하에서의 조선인 '위안부'
— '애국', '동지', '매춘부'의 배후에 있는 지배권력구조

이제부터는 '제국' 지배하에서의 조선인 '위안부'가 일본군에게 '애국'적, '동지'적이었으며, 그리고 일본군의 '매춘부'였다고 표현된 상황을 조선인 '위안부'가 처해 있던 지배권력구조의 관점에서 되짚어봄으로써 이러한 표현의 진의를 명확히 하고자 한다.

먼저 저자는 전 조선인 '위안부'가 '일본인'으로서 처한 상황에서 품게 되는 굴절된 '애국적' 정신을 발견해낸다. 일본말을 하고, '황국신민서사'도 욀 수 있는 조선인 '위안부'(77쪽, 한국어판 61쪽)의 애국은 국가적 지배, 식민지적·민족주의적 지배, 가부장제적 지배가 낳은 것이다. 조선인 '위안부'는 식민지 종주국이 전쟁을 수행하고 위안소를 필요로 했기 때문에 피지배지인 '조선' 사람으로서, 그리고 가부장제적 관행 속에서 요구되는 '여성'으로서 조선인 '위안부'가 되었다. 고향에 돌아갈 수 없을 정도로 멀리 떨어진 전쟁터 위안소의 엄격한 관리하에서 일본군 장병에 대한 성적 봉사를 요구당하는 비참하고도 절망적인 상황을 받아들이고, 체념 속에서 어떻게든 당장 눈앞의 역할을 충실히 수행(231~232쪽, 한국어판 158-161쪽)함으로써 위안부는 자기 존재의 의의를 얻었다. 그것이 일본군에 대한 위안·위로라는 '애국'(74쪽, 한국어판 59쪽) 행위였다. 그러나 그로부터 얻을 수 있는 자기 존재 의의로서의 긍지는 기껏해야 '자기기만'(74쪽)에 불과하다. 또한 그것은 '거짓'의, 혹은 '내면화된 애국'(77쪽, 232쪽, 한국어판 62쪽, 160쪽)이라 표현된다. 즉, '애국'이라는 것은 억압하에서의 '저항'과 '체념'의 다음 단계로서의, 지배자의 요청을 자신의 원망과 동일시하려 하는 내면화 노력의 과정, 자신을 속이는 과정의 산물이다.

'애국'에는 국가의 기만이라는 요소도 작동하고 있었다고도 지적하고 있다. 국가는 조선인 업자와 조선인 '위안부'를 모두 '충량한 신민'(111쪽)이라 칭하면서도 조선인 업자가 국가라는 이름 아래 조선인 '위안부'를 지배하는 관계를 낳는다. 업자는 '국가를 위해서'라는 미명 아래 위안부들이 더 많은 손님을 받도록, 때로는 폭력으로 이를 관리하고 경쟁시키곤 했다(109쪽, 한국어판 88쪽). 그러한 업자를 한 위안부는 "때려죽이고 싶었다"고 표현할 만큼 증오했다(110쪽, 한국어판 89쪽).

그러나 '충량한 신민'이었던 조선인 '위안부'는 대일본제국의 군사적 진출지에서의 현지인과의 관계에서 민족적 계층구조를 발견하고 '두 번째 일본인'(112쪽, 한국어판 90쪽)으로서 군사적으로 지배하는 현지의 중국인과 인도네시아인에게 권력을 행사할 수가 있었다(112쪽).

국가의 기만성이 나타나는 가장 좋은 예는 조선인 '위안부'가 일본인이 될 것을 요구받으면서도 일본인과는 차별을 받았다는 것이었다. 조선인 '위안부'는 계급적이고 민족적인 이중차별하에서 일본인 '위안부'보다도 혹독한 환경, 산속과 오지의 주둔지 등으로 보내졌다(232쪽, 한국어판 161쪽). 조선인 '위안부'는 조금이나마 더 잘 살아남기 위해, 혹은 차별당하지 않기 위해 '일본인 이상으로 일본인이 되어야만 했던 식민지의 구조'(233쪽, 한국어판 161쪽)를 포함하는, 일본인 이상으로 국가에 봉사하지 않으면 안 된다는 강력한 국가지배하에 있었던 것이다.

확실히, 조선인 '위안부'가 실제로 바로 눈앞에 있는 위안의 대상인 일본군 병사에게 순수하게 친근감, 존경, 때로는 애정을 가진 경우도 있었을지 모른다. 다만, 그러한 심정은 실은 눈앞에 있는 피폐한 인간에 대한 동정과 따뜻하게 돌보아주는 마음이라는, 순수하게 인간성의 문제로서 생각해야 한다. 그리고 그러한 심정조차도 조선인 '위안부'를 지배권력구조에서의 피지배자라는 위치에서 벗어나게 해주지는 못했다.

다음으로 조선인 '위안부'의 일본 병사와의 '동지적 관계'(83쪽, 한국어판 67쪽)라는 표현을 지배권력구조의 관점에서 분석해보고자 한다. '동지'라는 말은 이데올로기를 바탕으로 한 정치적 투쟁, 적의 존재를 전제로 한 전장에서의 병사들의 연대를 표현한다. 거기에는 공통의 목적을 달성하기 위한 기능적 협력은 물론이거니와 그것을 초월하는 굳건한 정치적 사명감의 공유, 때로는 공통의 고향, 경험, 기억을 바탕으로 하는, 그리고 운명적인 심리적 유대가 존재한다. 대일본제국이 수행하는 전쟁의 대의, 싸우는 사명감, 그리고 거기에 따른 역경을 뚫고 살아남은 연대감이야말로 동지적 관계의 기반이 될 것이다. 그러나 '제국'에 의한 전쟁에서, 일본인과의 관계에서는 '조선인'이며 게다가 여성이었던 조선인 '위안부' 측의 협력은 군의 효율적 관리를 위한 위안 제공이라는 기능적 협력, 게다가 '제국'의 지배하에서 이루어진 협력이었다. 따라서 일본인 병사와의 '같은 일본인'으로서의 '동지적 관계'조차도 뿌리 깊은 식민지 지배구조하에 있었고, 실은 '겉모습과는 딴판인 차별을 내포'(83쪽)하고 있었다.

애초에 조선인 '위안부' 측도, 일본인의 모습을 강요당하고 일본 이름으로 불렸다고 해서 일본인으로서의 아이덴티티를 갖고 기능적 협력, 나아가서는 심리적 유대의 표출로서의 '동지'관계를 의식했었다고 생각하기는 어렵다. 분명 위안부는 "병사와 함께 '죽을 준비'"(125쪽, 한국어판 101쪽)를 할 정도로 심리적 유대를 보여주었다고 하지만, 저자는 그것은 "억지로 갖게 된 '자부심'"(125쪽)이라 해석하고, 거기에서 '애국'과 마찬가지로 극한의 상황 속에서 형성되어 온전히 자기내면화되지 못한 '긍지'의 기만성을 본다. 즉, 조선인 '위안부'의 동지적 언동은 피지배자로서 억압적 처지에 놓여 있는 가운데에서의 기능적 역할과 심리적 유대를 자기 자신에게 받아들이게끔 하는 과정에서 나타난 것이라 할 수 있다.

일본군 병사와 뭔가의 진정한 심리적 유대가 있었다고 한다면, 그 것은 군과 전투의 틀, 즉 '제국'의 틀로부터 벗어나서 비로소 병사가 발견하는 위안부의 고마움에 기인하는 것이었다. 피폐하고 때로는 절 망했던 일본군 병사가 위안부에게 보여준 것은 "천황과 국가가 허락 하지 않았던 '눈물'"(88쪽, 한국어판 68-70쪽)이고, 거기에서의 일본군 병사와 위안부의 관계는 국가적 지배와 식민지적·민족주의적 지배 를 초월한 것이다. 저자는 그러한 인간관계의 공간이 "'전장=국가의 공간'을 배반하는, 불온하고 불경스럽기까지 했던 공간"(88쪽)으로, 위안부와 병사 사이에 각각의 '수치'와 '연민'을 바탕으로 한 '감정의 연대'가 허용되는 공간(88쪽)이었다고 표현한다.

'애국', '동지적'이라는 위안부의 적극성의 표현에 대해 위안부 할 머니들과 지원자들이 민감하게 반응하는 배경에는, 애초에 '위안부' 문제에는 민족의 역사를 부정당한 식민지지배, 민족지배의 고통의 역사가 집약되어 있다는, 한국인들 사이에 널리 퍼진 인식이 깔려 있 다(남기정, 서울대 일본연구소 교수, 2015년 12월의 한일 합의에 대한 코멘 트의 일부. 아사히 신문, 2015년 12월 29일자). '위안부' 문제 해결을 위한 1990년대 한국의 사회운동도 이러한 시각을 조장했다. 가부장제적 가 치관을 문제시하는 여성운동으로서 시작된 '위안부' 문제 대책이 남 성 중심의 한국사회 안에서 영향력을 갖기 위해서는 남성의 공감도 이 끌어낼 수 있는 민족주의적 담론을 두르지 않을 수 없었다(山下, 149쪽). 그러한 민족의 고통의 역사를 전제로 한다면, 현재의 한국사회가 지 배자였던 대일본제국에 대한 '애국'과 '동지'라는 요소를 그 최대의 피해자일 터인 조선인 '위안부'에게서 발견해낼 여지는 없게 된다.

또한 그렇기에 더더욱, 한국인에게 조선인 '위안부'는 매춘부여서는 안 되는 것이다. 한국사회는 자발적 매춘부인 일본인 '위안부'와 대일본제국에 의해 위안을 강제당한 조선인 '위안부'를 대비하는 구조 하에서 후자의 피해성을 인식해왔다(야마시타, 140쪽). 한국사회는 '무구한 소녀가 강제연행당해 희생되었다'는 위안부상을 공적 기억으로 채택했는데, 그것은 다양한 지배형태하에서의 위안부의 복잡한 실태, 매춘을 포함하는 실태를 다 포괄할 수 없는 제한된 기억에 지나지 않는다.

원래 매춘은 합의를 바탕으로 한 대등한 상업적 계약이라는 일반적 이해가 있지만, 실은 매춘은 다음과 같은 지배, 권력관계, 강제성을 내포하고, 그것들에 부수하는 다양한 피해를 불러온다. 먼저 의사의 문제로서, '뜻에 반하여'라는 명백한 저항의 의사와 그 대극에 있는 '동의에 근거하여'라는 합의의 의사 사이에는 '동의 없이without consent'라는 상황이 있다. 실은 그곳에야말로 약자의, 특히 성적 피해를 입은 여성들이 놓였던 상황이 있고(Pateman, 1980), 그것은 매춘에 존재하는 상황이기도 하다. 실질적으로는 거부의 의사를 갖고 있으면서도, 거부의 의사표시는 주어진 환경, 습관, 때로는 징벌의 가능성 때문에 불가능하다. 이와 같은 '동의 없이'의 매춘의 지배권력구조는 물리적 폭행을 동원하는 강간의 지배권력구조보다도 훨씬 복잡하다.

이와 같은 사실상의 강제성은 더욱이, 매춘의 실태가 대등한 사람들끼리의 자발적인 계약관계라는 이해와는 멀리 떨어져 있다는 데에서 분명해진다. 매춘의 판매자는 매춘부가 아니라 업자이고, 여성은 교환의 주체가 아니라 객체 = 상품이다(上野, 116쪽). 실제로 위안부는 상품으로 취급받고 있었다(『제국의 위안부』, 216쪽, 한국어판 145쪽). 여성은 객체로서 판매자, 구매자라는 주체와 제도(관습)의 권력지배하에 들어간다. 딸을 사고파는 관습에서 객체인 매춘부, 위안부는 '부모를 위해, 가족을 위해'라는 조종당한 원망顧望이 저항감 속에 복잡하게 뒤얽힌 심정을 가진 가운데 업자와 주인, 그리고 최종적으로는 구매자인 남성에게 팔린다. 객체인 여성은 업자가 설정하는 선불금제도로부터 빠져나오지 못하고 계속해서 주인의 지배를 받는다.

또한 설령 대등한 합의가 명확하게 존재하는 매춘이었다 하더라도, 거기에는 결과적으로 매춘부의 신체와 자아의 남성에 대한 종속sub-jugation이 생겨난다(Pateman, 1988). 일반 노동계약에서도 그렇지만 신체와 자아self는 분리할 수 없는 것이고, 노동자의 자아도 고용주에게 어느 정도 종속된다. 일반적 노동계약에서 고용주는 노동자의 신체를 사용하는 노동서비스에서 발생하는 상품의 생산을 추구하지만, 매춘계약에서는 계약 남성은 여성의 신체 그 자체를 직접적으로 이용한다(Pateman, 1988). 거기에서 자아 종속의 수준, 도덕적 자율의 상실 정도는 일반 노동계약의 경우보다 당연히 높다(Pateman, 1988). 거기에서는 매춘부의 주체성 상실이라는 궁극적인 형태의 권력지배가 발생한다.

더욱이 위안부의 경우 매춘의 관행은 구조적 지배하에서 이루어졌다. 조선인 '위안부'가 군의 대장보다 많은 돈을 벌었다는 사례는 일본인 남성이 조선인 '위안부'를 지배했다는 사실의 존재를 부정하지 못한다. 조선인 '위안부'는 아무리 돈을 번다고 해도 자신을 '위안부'라는 입장에 처하게 한, 일본군에 의한 위안부로서의 요청이라는 지배의 틀을 벗어날 수는 없다. 게다가 이 지배의 틀은 가부장제적 가치관이 갖는 여성에 대한 모순된 요구 때문에 위안부를 시간적인 이중적 억압하에 장기간에 걸쳐 방치해왔다. 전시에는 위안부에게 성적 봉사를 요구하는 한편으로, 전후에는 위안부가 여성의 정조라는 가치관을 어겼다는 이유로 위안부들을 사회적으로 차별해왔던 것이다.

이와 같이 지배권력구조의 관점은 '매춘'의 배후에 있는 강제성과 그 피해를 부각시킨다. 그러나 그것이 사회적 이해로서 존재하는가 하는 것은 다른 문제이다. 어느 나라에도 매춘부에 대한 제도적·심리적 차별, 모멸이 뿌리 깊게 침투해 있다. '매춘'이라는 표현을 통해 그 배후에 있는 강제성이 일반 여론에 전달되기는 어렵다. 매춘에 대한 차별 반대를 부르짖는 페미니스트운동에서조차도 1970년대에는 아직 매춘부에 대한 차별이 존재했다고 한다(藤目·鈴木·加納, 1998).

'매춘'이라는 표현이 위안부의 자발성을 시사하고 피해성을 부정한다는 해석에는 매춘부에게는 고통이 없다는 오해가 있음을 저자도 지적하고 있다(저자 인터뷰, 아사히 신문, 2016년 11월 27일자). 다만, 위안부 할머니 측이 명예훼손이라고까지 해석하고 있는 부분을 좀 더 깊이 파고 들어가면, 매춘·위안에 숨어 있는 강제성을 초월한 인간의 가치에 대한 철저한 멸시에 그녀들이 전쟁 중에도, 또 그 이후에도 노출되어왔다는 측면이 부각된다. 즉, 매춘이라는 말을 도덕적 비판(자주적으로 성을, 게다가 일본군에게 팔아 돈을 벌었다는 등의)뿐만 아니라 위안부의 총체적인 피해성과 고통을 허위로 만들고 전인격적인 모멸과 무관심만을 보여왔던 사회의 자세를 상징하는 것으로 위안부들은 인지하고 있다고 생각한다. 위안부 할머니들은 자기 자신의 증언, 체험이 허위이며 들을 만한 가치가 없다고 취급당해온 것이 분하고 슬프다고, 자기 말을 믿어주었으면 좋겠다는 취지의 발언을 한다.[2] 많은 위안부들은 부모에게 팔려, 민간업자에게 속아, 고용주, 그리고 병사들에게 폭언·폭력을 당해야만 했다. 저자는 그러한 편력에 비추어보아 위안부들의 "인간으로서의 존엄을 상실케 한 마지막 결정타를 먹인 것은 군인"(221쪽, 한국어판 148쪽)이었다고 지적한다. 위안부들은 이 마지막 결정타 이후에도 전후 사회에서 오랫동안 침묵의 딜레마와 증언에 대한 불신의 목소리에 그대로 노출되어왔다. 위안부 할머니들은 '매춘'이라는 말을 위안부로서의 사실상의 강제 피해뿐만 아니라 피해 자체마저도 허위라 여겨져 인지되지 못하는 '인간성의 부정'이라는 치명타를 상징하는 말로서 받아들이고 있다고 생각된다.

맺음말

저자가 『제국의 위안부』에서 사용하고 있는 '애국', '동지', '매춘'이라는 용어는 제국의 지배·억압하에서 조선인 '위안부'들이 살아남기 위해 '저항'을 포기하고 지배자의 요구를 받아들여 내면화하는 과정에서의 심정과 언동을 표현하는 것이다. 이 용어들은 조선인 '위안부'의 피해성이라는 전제를 언뜻 부정하는 듯한 인상을 갖고 있기 때문

---

2   예를 들면 여성국제전범법정에 원고 측으로 참가한 전 위안부는 "전 일본군 병사의 증언으로 내가 지금까지 해온 증언이 진실이었다는 걸 보여주었던 것이 가장 기뻤다"고 말한다(女戦犯法廷10周年委員会, 2011, 40쪽). 송신도 씨의 증언(다큐멘터리영화 〈내 마음은 지지 않았다—재일조선인 '위안부' 송신도의 싸움オレの心は負けてない—在日朝鮮人「慰安婦」宋神道のたたかい〉, 2007), 강일준 씨의 증언(도쿄대학 현대한국연구소 특별연구회 「위안부 문제를 생각한다—할머니의 증언을 듣는 모임慰安婦問題を考える—ハルモニの証言を聞く会」, 2015년 3월 30일) 등.

에 더더욱, 그 억압의 복잡함과 인간 심리에 대한 영향을 도리어 효과적으로 표현할 수 있는 용어가 아닐까.

그 지배의 틀을 넘어서 순수한 인간성의 발로로서의 일본군 병사에 대한 섬세하고 따뜻한 심정도 확실히 존재하기는 했지만, 그것이 지배의 틀에서 유래하는 것은 아니다. 또한 그러한 다정한 심정이 나타나는 그 순간에도 조선인 '위안부'는 지배구조 안에 있었다.

『제국의 위안부』는 한일 양국의 진정한 화해를 지향하며(9쪽, 일본어판 서문) 조선인 '위안부'를 지배했던 '제국'의 복잡성을 지나치게 학문적으로 치우치지 않고 상징적이면서도 간결한 기술과 표현으로 효과적으로 보여주고 있다. 이 책은 특정한 학문분야의 방법론과 개념 정의의 상세한 논의를 제시하는 학술논문의 형태를 취하지 않으면서도, 조선인 '위안부'의 심정과 언동의 배경에 있는 '제국'의 복잡한 영향의 학제적 통찰을 명확하게 제시하고, 이 글에서의 초보적 시도와도 같은, 각 학문분야에서의 연구방법과 개념을 가지고 이루어지는 분석·이해를 위한 중요한 기반을 제공해준다.

이 책의 상징적 표현을 둘러싸고 벌어지는 재판에 대해서는 학문의 자유에 대한 사법 개입을 경계한다는 의미에서 일본과 미국으로부터도 저자의 학문의 자유 보장을 요구하는 목소리가 많다.[3] 학문의 자유에 뒷받침되며 30년 가까이 진전되어온 '위안부' 문제 연구는 '위안부' 문제의 주요 논점(위안부와 정신대의 차이, 강제연행의 다양한 의미, 위안소에서의 강제성 등)을 더욱 깊은 차원에서 연구하며 앞으로도 화해

---

3 「미일 학자들의 항의성명 『제국의 위안부』 저자의 재택기소」, 『아사히신문』 2016년 11월 27일자. http://www.asahi.com/articles/ASHCV468SHCVUTIL01H.html

를 위한 노력에 공헌할 것이다.[4]

저자인 박유하 교수는 한국인 여성이고, 전 위안부와 그녀들의 여성 지원자들과 같은 아이덴티티를 갖고 있으면서도 객관적인 자세를 견지하며 현재의 민족주의의 단순하면서도 알기 쉬운, 이른바 '모델 피해자상'(上野, 2012)을 넘어섬으로써 '제국'의 억압하에 있었던 조선인 '위안부'가 다양한 형태로 자기 존재의 모색에 고뇌하고 있었던 과정을 명확히 했다. 이러한 모든 조선인 '위안부'의 전인격을 존중한 박교수의 연구야말로 전 위안부 할머니들이 인간으로서의 진정한 존엄과 명예를 회복하는 데에 근본적으로 기여할 것이다.

(번역: 이권희)

〈참고문헌〉

猪木武徳, 『自由の思想史　市場とデモクラシーは擁護できるか』, 新潮選書, 2016.

上野千鶴子, 『ナショナリズムとジェンダー』, 岩波現代文庫, 2012.

藤目ゆき・鈴木裕子・加納美紀代, 「女性史と『慰安婦』問題」(インパクション, 107号), 1998

山下英愛, 『ナショナリズムの狭間から－「慰安婦」問題へのもう1つの視座』, 赤石書店, 2008.

女性国際戦犯法廷10周年記念委員会編, 『「法廷」は何を裁き、何が変わったか－性暴力・民族差別・植民地主義』, 2011.

4　2000년대 후반에 있었던 협의・광의의 강제성에 대한 논의는 2010년대에 들어서는 주류가 아니게 되었고, 위안소도 포함한 강제성 속에서의 여성의 피해가 공통인식이 되었다. 또한 위안부가 인신매매의 희생자이기도 하다는 사실도 공통인식으로 굳어지고 있다. 이른바 협의의 강제연행의 이해로부터 큰 영향을 받아 사용했던 '성노예'라는 말과 함께 '위안부'라는 표현도 병기되게끔 되었다(제12회 일본군 '위안부' 문제 아시아 연대회의, 일본 정부에 대한 제언「일본군 '위안부' 문제의 해결을 위해서」, 2014년 6월 2일).

Bachrach, Peter and Morton S. Baratz, "Two Faces of Power," *American Political Science Review*, Vol. 56, 1962, pp. 947-952.

Dahl, Robert, "The Concept of Power," *Behavioral Science*, Nov. 2, 1957, pp. 201-215.

Digeser, Peter, "The Fourth Face of Power," *The Journal of Politics*, Vol. 54, No. 4, 1992, pp. 977-1007.

Lukes, Steven, *Power: A Radical View*, Houndmills: Macmillan Education, 1974.

Pateman, Carole, "Women and Consent," *Political Theory*, May 1980, pp. 149-168.

Pateman, Carole, "What's Wrong with Prostitution?" *The Sexual Contract*, Stanford: Stanford University Press, 1988, pp. 189-218.

『제국의 위안부』의
탈식민지주의

우에노 지즈코上野千鶴子

'탈식민지화'의 과제

역사학의 '서사적 전회narrative turn'에 의해 역사학은 커다란 전환을 요구받았을 터였다. 역사란 기록 이상으로 집합적인 기억collective memory이고, 또한 집합적인 기억이란 선택적인 망각과 기억의 집합이라는 것. 기억이란 '이야기'에 의해 '화자'와 '청자'의 상호관계 사이에서 그때 그곳에서 생산되고, 부단히 재정의되는 경험이라는 것. 그러므로 더더욱, 누가 무엇을 누구에게 말하는가를 물어야 한다는 것. 이제 역사가는 '기억'이라는 개념 없이는 역사를 논할 수 없다, 고 할 터였다.

역사학에 이러한 '서사적 전회'를 가져온 것은 포스트콜로니얼리즘이라는 사조였다. 포스트콜로니얼리즘은 권력의 비대칭성하에서의 '입장성positionality'이라는 이름의, '이야기'의 복수성을 도입했기

때문이었다. 이야기는 결코 단일하지 않다. '공적 기억public memory' 의 '중심적인 이야기master narrative'라는 것이 있다면, 반드시 소수자 의 '대항적인 이야기counter narrative' 혹은 '또 하나의 이야기alternative narrative'라는 것도 있다. 그리고 이러한 '대항적인 이야기'의 산출 그 자체가 '역사의 실천doing history'이 된다는 것을 도전적으로 보여준 사람이 『래디컬 오럴 히스토리ラディカル・オーラル・ヒストリー』 (2004)의 저자인, 오스트레일리아 애보리진 연구자로서 장래를 촉망받다 요절한 역사인류학자 호카리 미노루保苅實였다.

그리고 권력의 비대칭성을 바탕으로 한 '이야기'의 복수성에 대해서는, 포스트콜로니얼리즘에 기대할 것도 없이 페미니즘이 '여자의 담론' 속에서 일찍부터 주장해왔다. 포스트콜로니얼리즘 자체가 페미니즘과 손을 잡고 발전해왔다고도 할 수 있다.

그런데 역사가들은 이 '이야기의 복수성'이라는 개념이 마음에 들지 않는 듯하다. 아니 그 이전에 '역사'가 '이야기'와 등치되는 정황 자체가 용납되지 않는 모양이다. 왜냐하면 '진실'은 오로지 하나이고, 그 것은 '입장성'의 여하를 불문하고 만인에게 인정되어 마땅한 것이며, 그 진실의 진실성을 재정裁定하는 심판자는 훈련을 거친 역사가여야 하기 때문이다. 역사가는 역사법정의 재판관이라는 특권적인 지위를 놓치고 싶어하지 않는 것처럼 보인다.

역사학은 커다란 전환을 요구받았을 '터였다'고 쓴 것은, 기대와는 달리 역사학이 조금도 바뀌지 않은 것으로 보이기 때문이다. 1990년 대 후반에 '위안부' 문제를 둘러싸고 구축주의 대 실증사학 사이에서 '우에노·요시미吉見 논쟁'이 벌어졌다고, 그리고 일부 역사가들 사이에서는 '우에노는 반성했다'고 하는 이야기가 있는 모양이지만, 나는 반성 같은 건 전혀 한 바 없다. 오히려 박유하의『제국의 위안부』를 둘러싼 논쟁에서 근 20년 전의 논쟁이 마치 데자뷔처럼 반복되는 사태를 보고 역사가들은 아무것도 배우지 못한 게 아닌가 싶어 암담한 기분이 든다.

『제국의 위안부』가 역사서로서 읽을 만한 가치가 없다는 비판은 주로 '실증사학'의 수준(사실의 인정 여부)에서 이뤄지고 있다. 그러나 내가 보기에는『제국의 위안부』가 가져온 학문적 임팩트는 '실증'의 수준이 아니라 '이야기'와 '기억'의 수준에 있다. 그리고 그 점을 보지 못하는『제국의 위안부』평가는 모두 과녁을 벗어나 있다고 해도 좋다.『제국의 위안부』는 굳이 강조하지는 않았지만 포스트콜로니얼리즘 —'탈식민지화'로 번역된다—의 과제를 우리 앞에 내밀었다.

일본의 '패전', 조선의 '광복'으로부터 70년여. 예전 식민지제국이었던 일본에서도 구 식민지에서도 '탈식민지화'의 과제는 아직도 완수되지 못한 상태이다. 물론 일본뿐 아니라 구 종주국이었던 구미 제국주의 국가들이 구 식민지에서 들어온 이민의 통합이라는 과제에 애를 먹고 있는 것처럼, '지배와 억압'의 대가는 지배자 측으로도 돌아오고 있다. 그러나 압도적인 권력의 비대칭관계하에서의 '탈식민지화'의 과제는 지배자 측과 피지배자 측에 서로 다른 대처를 요구한다. 일본은 구 식민지인을 먼저 강제적으로 '일본인화'한 후 비열하기 짝이 없는 방법으로 다시금 '외국인화'했다. '전후 책임'이라고도 할 그 '부채'를 일본은 갚아야만 하는데, 그것은 일본과 일본인 측의 문제이다. 박유하는 한국 측의 '탈식민지화'의 과제에 진검승부하듯 마주했다. 그것이『제국의 위안부』이다.

식민지의 기억은 지배 측에게도 피지배 측에게도 '잊고 싶은 과거'

이다. 특히 유린당한 측에는 치욕과 굴종의 기억이다. 『제국의 위안부』가 박유하와 같은 나라 사람들을 더 분노하게 했다 해도 이상할 것은 없다.

'구조적 강제'의 폭력

이 책의 최대 특징은 제목에서 나타나듯 '제국', 즉 일본의 식민지지배를 주제화한 것이다. '전시 성폭력'의 틀 속에서 이야기되어온 '위안부'를 식민지지배의 틀로 바라봄으로써 '조선인 위안부'와 다른 위안부 피해자들 사이의 뚜렷한 차이를 찾아냈다. '위안부' 문제는 애당초 '조선인 위안부' 문제로서 시작된 것이었고, 한일 간에 '위안부' 문제의 해결이 가장 어려운 것도 다른 점령지에는 없는 '식민지'지배가 들어가기 때문이다. '정대협' 대표였던 윤정옥 교수가 2000년 여성국제전범법정의 '한계'를 지적한 것도 그 점이었을 것이다.

식민지지배라는 압도적인 권력의 비대칭성을 저자는 '구조적 강제'라고 개념화한다.

> 영합의 정도는 다를지언정 구조적으로 누군가가 국가에 의한 국민동원의 '협력자'가 될 수밖에 없었던 상황이야말로 '식민지라는 사태'였다.(49~50쪽, 한국어판 41~42쪽)

> 식민지가 된 조선과 대만의 위안부들은 어디까지나 '준일본인'으로서 제국의 일원이었고(물론 실제로는 결코 '일본인'일 수 없는 차별이 있었

다)….(76쪽, 한국어판 60쪽)

그렇다고 하더라도 그곳에 이런 식의 사랑과 평화가 가능했던 것은 사실이고, 그것은 조선인 위안부와 일본군의 관계가 기본적으로는 동지적인 관계였기 때문이었다. 그러한 외견을 배반하는 차별을 내포하면서도.(83쪽, 한국어판 67쪽)

'조선인 위안부'란 조선인 일본군과 마찬가지로 저항했으나 굴복하고 협력했던 식민지의 슬픔과 굴욕을 한 몸에 경험한 존재다.(156쪽, 한국어판 207쪽)

'위안부'와 군인은 그렇게 함께 국가에 의해 동원된 존재이면서 그 안에서 가해자와 피해자가 되어야 했다.(295쪽, 한국어판 288쪽)

집요하리만큼 되풀이 기술되는 이 메시지는 잘못 읽으려야 잘못 읽을 수가 없는 것들이다.

일본식 이름으로, 일본식 복장을 하고, 애국부인회의 띠를 두르고, 때로는 간호사의 역할도 담당했던 '위안부'들은 박유하가 말하는 대로 명백히 '일본군'의 일부였고, 나아가 '일본 여성'의 이류 대체물로서 행동하도록 요구받고 있었다.

'피해자이면서 협력자라는 이중구조'(156쪽, 한국어판 208쪽)는 타국(타이완을 제외한)의 성폭력 피해자들에게는 없다. 이류 '대체일본인'으로서 '협력을 강제'당한 사람들. 지금까지의 '위안부' 연구서들과는 달리 이 책이 일본의 독자에게 '엄숙'(다카하시 겐이치로高橋源一郎)

한 감명을 주었다면, 그것은 '제국의 원죄'라고도 할 수 있는 이 구조를 바로 눈앞에 들이밀었기 때문이다. 그리고 '자발성'과 '협력'까지도 동원해버리는 식민지지배의 죄의 무게를 뼈에 사무칠 만큼 깊이 느끼도록 해주었기 때문이다. 그리고 그것이야말로 저자의 의도였을 것이다. '굴욕과 저항'의 기억만을 전후의 '공적 기억'으로 삼으면서 이 강제된 '협력과 자발성'의 기억은 말소되었다. 저자가 '위안부'의 '제3의 목소리'를 담으려 했던 것도 소거된 기억을 복권시키기 위해서였으리라. 말하자면 "그녀들에게 덮쳐온 '강제성'의 복잡성"(57쪽)을 논하기 위한 것이었다.

에이전시의 회복

포스트콜로니얼리즘과 페미니즘을 탄생시킨 전 세기의 사조인 포스트구조주의는 '구조와 주체'의 이율배반 사이에서 '에이전시'라는 좁은 길을 발견해냈다. 그리고 그 발견은 근대의 주체-객체 이원론을 뛰어넘는 사고틀을 제시하여 결정론적인 역사관을 정해진 결론이 없는 비결정론으로 바꾸었다. 그것은 조금도 상대주의나 허무주의를 의미하지 않는다. 역사는 언제나 아직 말하지 않은 자에 의해 다시 쓰여지고 다시 이야기되며, 따라서 결정판 역사라는 것은 없다, 고 희망을 미래로 이어주는 것이다.

포스트구조주의의 영향을 가장 강하게 받은 것이 문학 연구이다. 그러므로 『제국의 위안부』가 문학 연구자에 의해 쓰여졌다는 것은 결코 이상한 일이 아니다. 반대로 그 영향에 가장 완강하게 저항한 것이 역사학이었을지도 모른다. 역사는 이야기가 아니다, 라며.

'서사적 전회'는 '말하는 자기(화자)narrative self'를 조정한다. 라캉이라면 '말하는 주체sujet parlant'라 부를지도 모른다. 그러나 '구조주의의 한계로서의'(아사다 아키라浅田彰) 라캉을 넘어선 지점에서 미래를 결정되지 않은 채로 열어준 것이 포스트구조주의라면, '말하는 주체'가 언어에 완전히 종속된다고는 할 수 없다. '말하는 주체'는 언어의 오용, 유용, 남용을 통해 구조에 교란과 변혁을 가져오는 주체이기도 하다. 아무리 강한 구조의 제약하에 있더라도, 아무리 조그마한 기회집합 속에 있더라도, 그래도 역시 그것을 바탕으로 행사되는 '행위주체성', 그것이 에이전시이다. 에이전시는 100퍼센트 자유로운 주체를 의미하지도, 반대로 구조에 대한 100퍼센트 종속을 의미하지도 않는다.

포스트콜로니얼리즘의 가장 중요한 이론가 중 한 사람이자 포스트콜로니얼리즘에 젠더적 개입을 이뤄낸 가야트리 스피박이『서발턴은 말할 수 있는가Can the Subaltern Speak?』(1988)에서 논한 것도 말을 하지 않는 서발턴의 에이전시였다. 1926년 인도의 독립투쟁 과정에서 10대 나이로 자살한 부바네스와리 바두리가 월경이 시작되는 날에 목매달아 죽은 사건을 스피박은 메시지로 읽는다. 젊은 여성이 자살하는 원인으로 있을 법한 '불명예스러운 임신'이라는 가부장제적인 '동기 담론'으로 수렴되는 것을, 그녀는 죽음을 앞두고도 온몸으로 거부했던 것이다. 죽은자에게도 목소리는 있다, 만약 그것을 듣는 자가 있기만 하다면.

여성사에서 '역사에서 여성의 에이전시를 회복한다restore women's agency to history'는 명제는 필수적인 과제였다. 그리고 역사에 묻힌 여성의 에이전시를 발굴하는 작업에 여성사는 한 시기 열광적으로

몰두했다.

　그러나 에이전시라는 개념은 여성사에 아이러니를 가져왔다. 그때까지는 '구조'에 갇혀 있기만 했던 객체로서의 '희생자 사관'을 뒤엎는 것이 되었기 때문이다. 예를 들면 여성은 가부장제의 '식민지' 같은 존재였지만, 그 속에서 개개의 여성 에이전시는 저항에서 반역까지뿐만 아니라 협력부터 공범까지의 다양한 모습을 드러냈기 때문이다.

　그리고 스피박에 따르면, 포스트콜로니얼한 상황 속에서는 저항이 언제나 저항이 되고 복종이 언제나 복종이 된다고는 한정할 수 없다. '복종이 저항이 되고, 저항이 복종이 되는' 양의兩義적 실천이 되는 양의적 문맥 속에 개인이 놓이게 되는 것이 포스트콜로니얼한 상황이라는 것이다. 복종과 저항, 혹은 가해와 피해란 금을 그어 확연하게 나눌 수 있는 것이 아니다.

　아우슈비츠의 '진짜 희생자'는 죽은이밖에 없다. 죽은이들은 말을 할 수 없다. 살아남아 증언한 사람들은 '진짜 희생'의 주변부에 있었던 이들이다.

　마찬가지로 전 '위안부'들의 증언에서도, 저항하다가 갖은 고통을 겪은 끝에 죽임을 당하거나 가혹한 상황에서 죽어간 희생자들의 목소리를 우리는 더 이상 들을 수 없다. 우리가 듣고 있는 것은 그런 상상을 절하는 역경을 뚫고 살아남은 자들의 목소리이다. 일본에서 제기된 '위안부' 소송의 원고 중 한 명인 송신도 할머니의 '더러운 생명命きたない'이라는 멋진 말이 있다. 자신은 '더러운 생명'이라 살아남았다고. '더러운 생명'이란 살아남고자 하는 의사를 뜻한다. 생명에 대한 집착이나 가족을 향한 마음, 가혹한 생활 속에서의 작은 기쁨과 긍지, 그리고 일본 병사와의 사랑 등이 그 속에 있었다고 해서 대체 누가 비판할

수 있을까. 그리고 그러한 에이전시의 행사 속에야말로 희생자가 된 이들의 생존전략이 있었을 것이다. 그것을 알게 된 우리는 고난 속에서 '살아남은 자'로서의 희생자들에게 '서바이버(생환자)'의 이름을 부여해 다시금 가슴속 깊은 곳에서 우러나오는 경의를 표할 것이다.

　『제국의 위안부』가 길어올린 것은 '희생자화'의 중심적인 이야기가 들으려 하지 않았던 '제3의 목소리'이다. 그 증언들 대부분은 박유하 자신이 들은 것이 아니다. 이미 운동단체들이 듣고 펴낸 『증언집』에서 발췌한 것이다. '말했'으나 '듣는이가 없었'던 목소리들이다.

'자발성'과 에이전시

『제국의 위안부』를 둘러싼 소송에서, 일본군 병사와의 '자발적'인 '동지적 관계'가 '위안부' 피해자들이 가장 반발한 부분이라고 한다. 3·28집회에서도 '우에노는 피해자의 에이전시를 강조하려 한다'는 말을 들었다. 그 말이 맞지만, 이 지적을 나는 비판이라고 생각하지 않는다. 이미 논한 것처럼, 에이전시란 여성사·젠더사가 획득한, 결코 잃어버려서는 안 되는 개념이기 때문이다. 살아남기 위한 생존전략 속에도 '사랑'과 '연애'라고 당사자가 일컫는 '자발적인 관계'가 있다는 것을 누구도 부정할 수 없으며, 또 그 '자발성'을 인정했다고 해서 본인이 처했던 억압적 상황을 부정하는 것은 결코 아니다.

　그러나 주체에게 조금이라도 능동성이나 자발성을 인정하는 '에이전시' 개념을 가져오는 순간, 특히 성폭력 피해자는 미묘한 입장에 놓이게 된다. '희생자'의 정통성을 박탈당하는 탓에 '말하기'가 억압당하기 때문이다. 성추행 재판이나 강간 재판에서 피해자가 언제나 '무구'하다는 것, '저항'할 수 있는 가능성을 빼앗겼다는 것을 강조해야 하는 것은 2차가해에 가깝다고 할 수 있다. 오키나와에서 발생한 미군의 강간 사건에서도, 1995년의 '12세 소녀'의 피해는 오키나와 현민들의 격앙된 분노를 불러일으켰지만 그 전해에 발생한 '19세 여성'의 피해는 문제가 되지 않았다.

이 문제와 관련해서 늘 머리에 떠오르는 연상이 있다. 그것은 오키나와의 집단자결 문제이다. '집단자결'이라는 표현 자체가 '군에 의한 민간인의 강제 집단사'를 감추는 완곡어법이라는 비판이 있다. 전후 오키나와의 공식 전사戰史(official history)는 그렇게 오키나와 현민의 '희생자화'를 말해왔다(沖縄タイムス, 1950). 그 공식적 역사에 근거해 오에 겐자부로大江健三郎가 『오키나와 노트沖縄ノート』(1970)를 썼다. 그러나 2005년이 되어, 게라마慶良間섬의 옛 지휘관과 자마미座間味섬 옛 지휘관의 유족이 저자와 출판사 이와나미쇼텐岩波書店을 상대로 명예훼손 소송을 제기했다. 최고재판소까지 가서 다툰 결과 군의 명령이 없었다는 것이 사실로 인정되었지만, 저자가 알 수 있었던 사실은 아니었다고 해서 명예훼손 역시 기각되었다. 비슷한 시기에 '집단자결'을 둘러싼 새로운 증언이 등장했다(宮城, 2000). 자마미섬에서는, 실은 지휘관은 섬 주민의 집단자결에 반대했지만 마을의 부촌장助役이 나서서 호소했다는 것이 판명되었다. 그 '사실'을 알고 있던 증인은 오랫동안 침묵을 지키고 있었지만, 죽기 직전에 그 사실을 밝혔다. 그전에는 '군의 명령'에 의한 것이라고 허위증언을 했던 증인이 그 후 몹시 괴로워하다가 마침내 증언을 번복한 것이다.

이 '사실'을 두고 '강제는 없었다, 자발적이었다'고 말할 수 있을까?

'군관민 공생공사' 체제하에서 민간인은 일본군의 옥쇄와 운명을 함께할 것을 강제당하고 있었다.

　오키나와의 '집단자결'은 일단은 도민의 '충군애국' 행위로서 '자결'로 개념화되고, 다음에는 오키나와전쟁사의 기술 과정에서 '군의 명령'이라는 이유로 희생자화되었다. 그리고 그다음의 단계 중 사실관계를 다투는 가운데 희생자의 자발성(에이전시)이 '사실'로서 발견되어 군 지휘관의 '명예회복'이 이루어졌다. 그러나 피해자의 에이전시의 강조는 '구조적 강제'하에서의 군의 억압성을 조금도 면죄하지 않는다. 오히려 그러한 '자발성'까지도 동원하는 총력전체제의 끝모를 공포와 죄의 무거움을 우리에게 알려준다.

　오키나와의 전후보상으로 인해 오키나와 현민의 '자발성'은 더욱 왜곡되었다. 일본 국내에서 유일한 민간인 전사상자戰死傷者에 대해 군인연금 수준의 보상을 규정한 '전상병자전몰자유족 등 원호법'(1952년 제정)이 시행되면서, 일본군의 피해자였던 민간인들은 '전투협력자'로 재개념화되었다. 참호에서 강제로 내쫓겼던 민간인들은 군에게 참호를 '자발적으로 제공'한 것이 되었다. '군명軍命'이 있었는지 여부가 전후보상의 조건이었기 때문이다. '집단자결'이 군의 지휘명령으로 벌어진 것인지 여부가 쟁점이 된 것도 '원호법' 적용과 관련되어 있었다. 증인은 '군이 관여하지 않았다'고는 증언하지 못하고 오랫동안 '사실'을 봉인해왔던 것이다. 즉 오키나와의 민간인 사망자들은 일본에 의해 '세 번' 죽임을 당했다고도 할 수 있다. 첫 번째는 실제 죽음으로써, 두 번째는 '자발성'을 부정당함으로써, 그리고 세 번째는 '자발성'을 날조당함으로써. 그리고 잊어서는 안 되는 것은 그 어느 '자발성'도 압도적인 구조적 폭력하에서 강제되었다는 사실이다.

이것이 오키나와군 사령관이었던 오타 미노루太田實 중장의 유서에 있었던 "오키나와 현민은 이렇게 끝까지 싸웠다. 현민에 대해 후에 특별한 배려를 해주길 바란다"는 구절에 있는 '특별한 배려'의 결과였다. 오키나와 현민은 일본 본토의 공습 피해자에게는 결코 적용되지 않았던 민간인의 전쟁피해에 대한 보상을 예외적으로 정부로부터 받았지만, 그것은 내셔널리즘의 언어에 '자발적으로' 복종하는 일을 통해 이뤄진 것이었다. 그 '구조적 강제'의 폭력 앞에서 우리는 말을 잃는다.

희생자의 에이전시란 마이너리티의 역사 연구가 개척한, 무시해서는 안 될 중요한 개념이다. 에이전시를 말하는 것이 즉 가해의 면죄가 된다는 흑백의 논쟁은 지나치게 단락적일 것이다. 그것을 넘어 우리에게 주어진 과제는 희생자의 에이전시를 무시하지 않으면서도 가해자와 가해의 구조를 면죄하지 않는, 더욱 복합적이고 복잡한 접근일 것이다.

형사기소를 둘러싸고

이처럼, 이 책이 '위안부' 문제 연구에서 개척한 지평은 획기적인 것이다. 그럼에도 불구하고 이 책은 민사소송의 대상이 되고, 그다음에는 형사기소의 대상이 되었다.

내가 「박유하 교수의 기소에 대한 항의성명」에 참가한 것은 '학문 연구에 대한 국가권력의 개입을 거부한다'라는 입장에서였다. '성명'에 있는 "이 책에 의해 전 위안부 분들의 명예가 상처받았다고는 생각하지 않는다"는 문장을 들어, 당사자들이 '상처받았다'고 느끼는 것을 부정하는 것이냐는 반론이 나왔지만, 피해자가 '상처받았다'고 느꼈다 해서 '명예훼손'죄가 자동적으로 성립되는 건 아니다. 원래 이 '항의'는 전 위안부를 향한 것이 아니다. 한국의 명예훼손 형사재판은 먼저 피해자가 고소를 해야 성립된다고 하지만, 그러한 형사재판을 유지하기에 충분한 이유가 있는지를 판단하는 것은 검찰이다. 고소의 내용을 '명예훼손에 해당한다'고 판정하는 것은 어디까지나 검찰이기 때문에, 검찰이라는 국가권력이 출판물의 내용을 '명예훼손'이라고 판정하는 것을 자제하도록 촉구한 것이다.

'항의성명'은 찬동인인 우리가 이 책을 전 '위안부'에 대한 '명예훼손'이라고는 읽을 수 없다/읽지 않는다는 판단을 나타낸 것이다. 저자도 반복적으로, 반론도 비판도 좋지만 우선 고소를 취하하고 법정이 아닌 다른 곳에서 논쟁하자고 호소해왔다. 때문에 더더욱 나는, 3·28집회에서는 적어도 형사기소에 대한 항의만이라도 합의할 수 없을까 하고 제안했던 것인데, 그 제안은 비판파의 야유 속에서 지워지고 말았다. 형사기소는 출판물을 읽는 방식에 대한 국가권력의 개입을 허용하는 행위이다.

더불어 기소 그 자체가 사회적 제재의 기능을 한다는 것은 피고인이 되어보면 알게 될 것이다. 때문에 3·28집회 후의 자료집에 쓴 글에서 나는 "어떤 문제가 있건, 출판물의 저자를 형사 피고인으로 법정에 세움으로써 당사자가 받게 될 사회적·심리적인 타격의 크기에는 생각이 미치지 않거나 혹은 그런 응보를 받아 마땅하다는 듯한 비판자들의 징벌적인 태도"에 큰 위화감을 표했던 것이다. 박유하의 형사기소를 '묵인'하는 사람들은 그런 행동을 통해 그녀에 대한 제재에 가담하는 셈이 된다.

박유하는 형사재판 최후진술의 마지막에, '다른' 목소리에 대한 폭력적인 억압과 그것이 야기한 '말로 표현할 수 없는 고통의 경험'을 바탕으로, '재판장님!'이라고 부른 후 이렇게 진술했다.

이들의 공격과 고발로 인해 저의 학자생활 25년의 명예가 한순간에 깨졌고 이 2년 반 동안 고통받아왔습니다.… 아주 극소수만이 저의 책을 올바로 받아들여주었고, 끔찍한 고통 속에서 많은 이들의 도움으로 그럭저럭 견뎌왔습니다. 고발사태로 입은 명예훼손과 상처는 설사 이 재판에서 제가 승소한다고 해도 완전히 사라지는 일은 없을 것입니다.

검찰은 징역 3년을 구형했다. 그녀가 한 일은 그 정도로 형사처벌에 처해질 만한 일이었을까? 1심 판결은 다행히도 '무죄'를 선고했지만, 검찰은 즉시 항소했고, 향후 어떻게 될지는 예단할 수가 없다.

2년 반, 이토록 극심한 스트레스 속에서 그녀가 심신이 병드는 일 없이(여러 번 몸상태가 안 좋았다고 들었다) 실직하지도 사직하지도 국외로 피난하지도 않고, 또 스스로 목숨을 끊는 일 없이 홀로 끝까지 싸워낸 것은 정말이지 놀랍다. 비판자들은 그녀의 지적·정신적인 강인함에 의존하고 있는 것은 아닐까. 혹여 그녀가 정신이 병들거나 스스로 목숨을 끊었다면(그런 일은 상상하고 싶지도 않지만, 그랬다 하더라도 이상하지 않을 만큼의 궁지에 그녀는 내몰려 있었을 것이다), 비판자들은 한 지식인의 사회적 생명뿐 아니라 생존까지도 빼앗은 것이고, 그랬다면 그 사실은 긴 세월 동안 운동의 오점으로 남았을 것이다. 그조차도 '승리'라 '오인'할 만큼 비판자들의 감각은 마비되어 있는 것일까. 만약 내가 같은 입장에 있었다면, 하는 상상을 해보는 게 좋겠다. '위안부' 피해자에게 섬세한 공감을 표하는 이들이 저자가 서게 된 입장에는 공감도 하지 않고 상상력도 미치지 않는다면, 그 '공감'이란 대체 무엇이란 말인가.

한 권의 논쟁적인 책이 불러일으킨 '사태'는 그 누구도 방관자의 위치에 놔두지 않는다. 그 이전에 '위안부' 문제 자체가 일본인이든 한국인이든 누구든 '제3자'의 입장에 서는 것을 허락하지 않는다. 사태의 경직에도, 사태의 타파에도, 우리 한 사람 한 사람에게 각각 책임이 있다. 그 책임을 어느 누구보다도 성실하게 수행하려 한 한 권의 책과 그 저자가 서게 된 입장 그 자체가 '탈식민지화' 과제의 어려움을 너무나도 여실히 말해주고 있다.

(번역: 박소미)

〈참고문헌〉

保苅実, 2004, 『ラディカル・オーラル・ヒストリー―オーストラリア先住民アボリジニの歴史実践』, 御茶の水書房.

宮城晴美, 2000, 『母の遺したもの―沖縄座間味島の新しい証言』, 高文研.

大江健三郎, 1970, 『沖縄ノート』, 岩波書店.

沖縄タイムス編, 1950, 『鉄の暴風』, 沖縄タイムス社.

朴裕河, 2014, 『帝国の慰安婦―植民地支配と記憶の闘い』, 朝日新聞出版.

Spivak, Gayatri, Chakravorty, 1988, Can the Subartan Speak? In *Marxism and the Interpretation of Culture*, edited by C. Nelson and L. Grossberg. Urbana and Chicago: University of Illinois Press.(한국어로는, 모리스, 스피박 외 지음, 태혜숙 옮김, 『서발턴은 말할 수 있는가?―서발턴 개념의 역사에 대한 성찰들』, 그린비, 2013 등에 실려 있다-옮긴이)

제4부

동아시아의
미래를 생각한다

타산지석
─타이완에서
『제국의 위안부』 문제를 생각한다

아마에 요시히사天江喜久

박유하의『제국의 위안부』는 태평양전쟁 중의 조선인 위안부를 테마로 하면서도, 특정한 시대와 민족의 틀을 넘어 근대 이후 일본제국주의하의 '가라유키상'에서부터 '대일본제국' 붕괴 후 냉전구조하의 미군 기지 성노동자 등 현대에 이르기까지의 '위안부'의 계보를 밝히는 역작이다. 저자 박유하는 선행 연구를 꼼꼼히 읽고 나서 1990년 이래 한국에서 반쯤 신성화되어온 '일본군에게 강제연행된 20만 명의 소녀들'이라는 이미지에 과감히 맞선다. 그것은 한국에서 '상식'으로 여겨지고 있는 일반화된 담론에 이의를 제기하는 위험하면서도 고독한 작업이라고 할 수 있다. 그 과정에서, 위안부가 일본군에게 강제연행된 것이 아니라 그 대부분이 일본인 또는 조선인 업자에게 속아서 전쟁터로 끌려갔고, '소녀'가 아니라 평균연령 20세의 여성이며, 20만이 아니라 아마 5, 6만 명이었을 것이라는 관점을 소개하고는 있지만, 이 책이 연구의 중점을 위안부의 총수나 '강제연행'인가 '자발'인가

하는 역사 문제에 두고 있는 것은 아니다. 저자가 문제시하고 있는 것은 첫째로 그러한 정부나 일부의 좌파 지식인들이 쌓아올린 담론의 폭력성이다. 위안부 중에는 애국심에 이끌려 자발적으로 '몸도 마음도 나라에 바친' 사람이 있는가 하면, 전쟁의 가혹한 환경 속에서 일본인 병사와 사랑에 빠지는 사람도 있었다. 또, 일괄적으로 위안소라 해도 최전선과 후방은 그 일상생활이 크게 달랐고, 후자에서는 부대 장교들에게 귀염을 받거나 소중히 다뤄진 사람도 있었다. 전 위안부 중에는 일본 정부에 사죄·배상을 청구하는 것이 아니라 반대로 용서하고 싶어하는 사람도 있다고 한다. 그러나 '강제연행된 무구한 소녀'의 이미지는 한국에서는 과거 식민지로서 일본제국에 유린되었다고 하는 국민의식과 겹쳐지기 때문에 자연스레 비대해졌고, 다른 목소리는 절대화된 담론 앞에서 필연적으로 배제되어 언급하는 것조차 불가능하게 되어버렸다. 이것은 다른 경험을 가진 전 위안부들에게 위안을 주고 정의를 찾기는커녕 또다시 '나라를 위하여' 이용당하게 만드는 아이러니를 낳고 말았다. 그와 동시에 한국의 운동가들의 강경한 자세는 일본의 우파 세력을 자극하여 위안부가 '높은 보수를 받은 매춘부'라는 정반대의 담론을 증폭시키는 꼴이 되었고, 저자가 지적하고 있듯이 본래 대단히 복잡한 문제가 극단적인 이분법으로 수렴되어 문제는 교착상태에 빠졌으며 양국의 관계는 크게 악화되었다. 저자가 두 번째로 문제시하고 있는 것은 위안부 문제가 '피해자 한국'과 '가해자 일본'이라고 하는 민족대립의 구도를 취하고 있다는 점이다. 저자는 이러한 구도가 문제의 본질을 정확히 짚어내지 못하고 있을 뿐만 아니라, 반대로 문제를 단순화해서 국민감정의 악화를 초래하고 한일의 화해를 저해하고 있다고 생각한다. 저자는 자신의 뛰어난 글쓰기 방식을 통해 위안부 문제를 일본 고유의 역사 문제로서가 아니라 근대 이후의 국가주의, 자본주의, 그리고 가부장주의에 기인하는 보편적인 문제로서 새롭게 파악한다. 그리고 문제의 책임이 일본에만 있는 것이 아니라 근대국가의 발흥, 그리고 제국으로서의 영토 확장 과정에서 여성을 상품화하고, 국가가 주도하는 전쟁에서는 여성에게 신체를 공출하도록 요구하는 패러다임에 있다고 논한다. 그것은 앞서 말한 바와 같이 '위안부'가 태평양전쟁 이전에도, 그리고 그 이후에도 존재하고 있었다는 것을 봐도 명확하다. 따라서 이 책은 위안부 책이면서 동시에 위안부 책이 아니다. 위안부 문제를 통해 그 배후에 숨어있는 '제국'을 가시화해서 독자들에게 근대 아시아를 재고하도록 호소하고 있는 역작이라고 할 수 있을 것이다.

'민족의 예언자'로서의 박유하

본래 학문에 있어서 저자의 태생을 가지고 저작의 내용을 판단하는 것은 공평하다고 할 수 없다. 그러나 현실에서 저자는 독자들의 그러한 시선gaze으로부터 도망칠 수 없다. 더구나 위안부와 같이 정치화된 테마일수록 독자들은 저자의 배경에 천착하는 법이다. 『제국의 위안부』의 반향 또한 저자의 국적이나 젠더와 크게 관련되어 있는데, 저자 또한 그것을 충분히 인식하고, 아니 오히려 그것을 역으로 이용해서 독자에게 호소하고 있는 느낌이 든다. 즉 '한국인'/'여성'인 박유하가 발언한다는 것에는 좋든 나쁘든 의미가 있다고 할 수 있다. 예를 들어, 일본인이 박유하처럼 '제국'이라는 틀을 제시하고 그 문맥 위에서 위안부 문제를 재고할 수는 있어도, 한국인 동포를 향해 일본을 용서해야 한다고는 결코 말할 수 없다. 또한 저자가 한국, 아시아에 만연하는 가부장주의를 신랄하게 공격하는 자세는 자신이 그 혜택을 받아온 남성에 속하는 것이 아니라, 오히려 그 체제 아래에서 고통받아온 여성이기 때문에 더욱 설득력을 가진다. 게다가 저서 안에서 위안부의 여러 다양한 이야기를 제공하고, 널리 일반화된 위안부상을 과감하게 '모독'하는 저자가 '피해자 측'인 한국인이라는 사실에 감명을 받은 일본인은 적지 않을 것이다. 물론 그 반대도 적지 않다. 이 책이 출판된 뒤에 한국에서 벌어진 일련의 소동은 저서의 내용도 관계가 있겠지만 저자의 민족적 배경이나 젠더와 결코 관련이 없지 않다. 그리고 이러한 반향을 저자도, 출판사의 담당자도 어느 정도 예상은 하고 있었을 것이다. 그렇게 생각하면, 이 책의 출판은 용기 있는 행동이라기보다는 오히려 수난을 각오한 행동이라고 말할 수 있을 것이다. 나는 지일파인 저자의 화해를 향한 강한 신념이 그녀를 예언자로서 움직이게 했다고 생각한다. 그 용기와 사명감에 경의를 표하고 싶다.

타산지석―타이완에서 바라보기

어떠한 역사에서든 대상을 하나의 시야perspective에 담아, 다양한 시점에서 다각도로 바라보는 자세의 중요성을 나는 타이완에서 배웠다. 타이완에서는 전후, 국민당의 일당 독재정권하에서 민중은 중화사상사관을 철저히 주입당했다. 즉 타이완은 새로이 중국의 일부로 여겨졌기 때문에, 청천백일기가 나부끼는 가운데 학교에서는 '중국 5000년의 역사'나 '삼민주의'를 가르쳤고, 도로명이나 공적 공간의 기념건조물 등은 대부분 중국식으로 바뀌었다. 그것은 과거 50년간 일본의 식민지 통치를 받은 '타이완인'을 다시 '중국인'으로 만드는 탈식민지화 정책의 일환이었음과 동시에 내전으로 중국 대륙을 잃은 국민당 정권이 정통성을 유지하기 위한 정치적 메커니즘이기도 했다. 그러나 이 '만들어진 전통'은 1990년대 타이완의 민주화와 함께 재검토가 요구되었고, 리덩후이李登輝가 총통으로 취임한 1996년을 전후로 '국사'를 타이완 주민을 주체로 해서 재검토하는 작업이 진행되었다. 그 과정에서 그때까지 무시되어왔던 원주민 피억압자들의 시점에 입각한 내러티브가 출현했을 뿐만 아니라, 과거 일본 통치하에서 황민화교육을 받고 태평양전쟁에 출정한 타이완 국적의 옛 일본군 군인/군속들이 봇물 터지듯이 전쟁 체험담을 말하기 시작했다. 덧붙이자면, 타이완 국적의 옛 일본 병사들은 입을 모아 일본 교육을 받은 자신들은 애국심에 이끌려 '지원'했다며 자랑스럽게 말했는데, 그 이야기 속에서 '강제'라는 두 글자는 찾아볼 수가 없다. 2000년에 정권 교체가 이루어져 야당인 민진당의 천수이벤陳水扁이 총통으로 취임하자 본토화/타이완화의 움직임이 가속화되었고, 최근에는 '당시 일본의 영토였던 타이완은 제2차 세계대전에서 승리하지 않았다', '타이완은 일본을 상대로 항전하지 않았으며, 반대로 타이완은 미국/중화민국 연합군의 폭격을 받아 다수의 사상자를 냈다'는 타이완의 당시 위상에 입각한 역사가 공적으로 이야기되기 시작해, 전후 국민당 정권하에서 쌓아올려진 국가 신화는 소리를 내며 무너지기 시작했다. 2008년에 국민당이 8년 만에 정권을 다시 쥐어 보수세력이 '탈중국화'에 제동을 걸려고 시도했지만, 타이완 민중은 마치 긴 꿈에서 깨어난 듯, 때는 이미 늦은 감이 있었다. 2016년, 2·28사건과 전후戰後 백색테러의 원흉으로 여겨지는 장제스蔣介石의 동상이 타이완 각지의 학교 등 공적인 공간에서 철거되기 시작했다. 게다가 쑨원孫文을 중화민국의 '국부'라고 했던 역사적 평가에 이의를 제기하는 움직임도 나오고 있다. 국민당의 오랜 통치에 의해 숭배하게 된 '민족의 영웅'을 향한 우상 타파는 멈출 줄을 모른다. 가장 최근에는 타이완에서 네덜란드인을 몰아내고 타이완을 중국의 영토로 되찾은 명나라의 유신 정성공鄭成功에 대해서조차 타이난臺南 일대에 거주한 시라야족을 학살했다고 해서 그 역사적 평가의 재검토를 요구하고 있다. 또한 역사의 재검토/다시 쓰기rewriting라는 탈식민주의적인 시도는 앞서 말한 전쟁 경험자의 이야기에 한정되지 않고, 과거에는 그다지 이야기된 적이 없었던 일본 통치기에 대한 기억의 재생산에까지 이르고 있다. 그 내러티브는 '경제 착취', '일본화의 강제'라는 식으로 식민지 권력의 폭력성을 강조하는 것이 아니라, 교육/위생/교통 등의 발달에 의한 사회의 근대화/문명화, 그리고 그 환경의 변화에 따른 일상생활의 변화를 국가의 틀이나 이데올로기를 넘어서 '대중의 역사'로서 묘사하고 있다. 그 내러티브 안에서 타이완이 일본의 일부였던 과거는 잠깐씩 향수를 불러일으킴과 동시에 낭만적으로 이야기되는 경향이 있는데, 그것이 일본의 보수주의자로 하여금 일본의 과거 식민지 통치를 긍정적으로 이해하게 만들어 타이완을 '세계 제일의 친일국가', 중국의 패권을 저지하는 타이완은 '일본의 생명선'이라는 인식을 만들어내는 결과를 불러오는 측면이 있는 것 또한 사실이다. 그러나 여기에서 내가 강조하고 싶은 것은 이들 '밑으로부터의' 대중의 역사를 통해 내셔널 히스토리의 주체가 '국가'로부터 '국민'으로 전환되고, 상대화되었다는 사실이다. 국가 신화의 타파는 민중의 힘을 키워주었고, 2015년 3월의 '해바라기 학생운동'이나 최근에 있었던 대규모 반핵 운동 등 시민사회의 활성화로 이어졌다.

타이완의 위안부

위안부 문제에 한정하면, 타이완에서는 그 수가 일본이나 한국에 비해 훨씬 적기 때문에 민중의 관심은 그다지 높지 않고, 일본과 타이완의 관계를 뒤흔들 만한 힘을 가지고 있지 않다. 그러나 그 담론 및 이야기 전개 과정과 등장인물의 형태는, 특정 정당이나 지원단체가 만들어낸 '위안부는 일본군에 강제연행되었다'라는 담론이 미디어를 통해서 '신성화'되어 그 '모독'이 허용되지 않는다는 점에서 한국과 매우 흡사하다. 2001년에 고바야시 요시노리小林よしのり의 『신고마니즘 선언 스페셜 · 타이완론新ゴーマニズム宣言SPECIAL 臺灣論』(小學館, 2000)의 중국어판이 타이완에서 발매됨과 동시에, 책에서 타이완 실업가 쉬원룽許文龍이 "위안부의 강제연행 따위는 거짓말", "위안부는 모두 군위안소에서 좋은 대우를 받았다"라고 말하는 부분이 문제가 되어 일부 시민/정치단체가 항의시위를 펼치고 그 책을 불태우는 소동으로 발전했다. 그 결과, 고바야시의 타이완 입국이 일시적으로 금지되었고, 발언자인 쉬원룽도 사죄를 강요받았다. 또한 최근에는 2016년 6월에 국회에서 있었던 질의응답에서 야당 측 의원에게 위안부 문제에 대해 질의를 받은 행정원장 린추안林全이 "위안부는 수가 많아서, 강제연행된 사람이 있는가 하면 자진해서 위안부가 된 사람

도 있다"고 발언했다가 야당 의원과 일부 미디어의 비난을 받게 되었고, 그날 저녁 즉각적으로 "문제에 대한 내 인식이 얄팍했다", "대부분의 사람들이 강제되었다고 믿고 있다"는 말로 자신의 '실언'을 사죄했다. 식민지 시기나 태평양전쟁의 기억이 긍정적으로 이야기되는 것은 허용되는 데에 반해, 위안부 문제가 되면 손바닥 뒤집듯이 자유로운 토론이 허용되지 않는 것은 위안부=강제연행=성노예라고 하는 일반 인식이 강해서 그것을 부정하는 사람은 싸잡아 '반자유주의자'의 오명을 뒤집어쓰게 되기 때문일 것이다. 타이완의 페미니즘 운동은 민주화와 함께 걸어왔기 때문에, 위안부 문제는 온도차야 있겠지만 타이완섬 안에서 정당이나 정치 이데올로기를 초월한 얼마 안 되는 공통 이슈라고 할 수 있다.

타이완 위안부의 연구에 관해서 말하자면, 주더란朱德蘭의 일련의 조사와 위안부 지원단체인 부녀구원기금회가 출판한 책, 다큐멘터리 등이 있다. 주더란은 역사학적 접근을 통해 타이완군, 총독부 등의 문헌을 조사한 데에 입각해서 생존해 있는 전 위안부들을 청취·조사했지만, 그 연구는 '가해자 일본'과 '피해자 타이완'이라는 종래의 틀을 넘어서는 것은 아니었다. 따라서, 위안부를 '적국민'과 '제국 신민'으로 분별하고, 전자가 침략의 결과로서 얻은 '전리품'이었던 것과는 달리 후자가 병사의 사기 고양을 위해서 필요로 했던 '군수품'이었다고 하는『제국의 위안부』의 시점을 공유하는 것은 아니다.

다른 목소리를 경청하다

그러나 다른 목소리는 타이완에도 분명히 존재한다. 말할 필요도 없지만 그 목소리가 위안부의 비참했던 상황을 부정하는 게 되는 것은 아니다. 예를 들면, 다큐멘터리영화 〈할머니의 비밀阿媽的秘密〉(1998)에서 전 위안부인 아타오阿桃가 위안소 생활을 회고할 때, 북받치는 감정을 참지 못하고 통곡하는 장면이 있다. 오열하면서 "빌어먹을 할망구"라고 말하는 것을 아마 대부분의 타이완 시청자들은 눈치채지 못했을 것이 틀림없다. 그녀가 "빌어먹을 할망구"라고 욕을 퍼부은 사람은 누구인가? 아마 박유하가 자신의 책에서 지적하고 있는 위안소의 관리인, 혹은 중개업자일 것이다. 군에 협력해서 그녀들을 착취한자들이 그녀들에게는 위안을 요구해온 병사들보다도 미운 존재였다고 해도 이상할 것이 없다. 덧붙이자면, 1992년에 발굴되어 당시 위안부 조달에 군이 관여한 귀중한 증거로서 떠들썩했던 타이완군의 비밀문서에는 3명의 현지 중개업자 이름이 적혀 있다. 그중의 한 사람은 핑둥屏東에 살았던 일본인 여성이다. 그리고 다른 한 사람은 조선인이다. '도요카와 아키요시豊川晃吉'라는 제주도 출신의 이 남자는 한국이름으로 임두욱任斗旭이라고 하는데, 주더란의 『타이완 위안부』(五南, 2009)에 따르면, 임두욱의 호적에는 고용/거주를 포함하여 43명의 남녀가 등록되어 있다. 그중 38명이 여성이고, 또 그 반이 넘는 21명의 여성이 21세 미만이다. 여성들 중 조선 출신자가 21명, 오키나와 출신자가 13명, 일본 본토 출신자가 4명이다. 이들 전원이 위안부였다는 증거는 없지만, 본직을 '발동기선 선원장'이라고 쓴 임두욱의 호적 구성은 이상하다고 할 수 있을 것이다. 임두욱은 또한 전시중에 지룽基隆에 있었던 조선인조합의 회장을 맡았고, 조선인 지원병을 데리고 가 신사 참배를 하는 등 적극적으로 황민화운동에 참가했다는 사실을 『타이완일일신보臺灣日日新報』 기사로부터 알 수 있다. 임두욱은 전후에도 타이완에 남아 계속해서 지룽의 한국인협회 회장을 맡았고, 재타이완 한국인(타이완에서는 '한교韓僑'라고 부른다)의 거주허가신청 수속이나 직업 알선에 힘썼다. 당시 약 300명 정도 있었던 한교 중에는 20대 여성이 다수 포함되어 있었고, 그 대다수가 본국으로의 강제 송환을 피하기 위해 중화민국 국적의 남성과 결혼했다. 이 여성들이 모두 위안부 혹은 성노동자였다는 증거는 없지만, 많은 여성들이 전시에 홀몸으로 타이완에 도항했던 점이나 전쟁 이전에 타이완 각 도시의 유곽에서 다수의 조선인이 일하고 있었던 사실을 고려하면, 위안부였던 여성도 포함되어 있었다고 생각하는 쪽이 자연스러울 것이다. 조국은 해방되었지만 '더럽혀진 몸'이 되어 고향으로 돌아가고 싶어도 돌아가지 못하고 타이완에 남은 여성들을 생각하면 실로 딱하고 가엾다. 그리고 그 여성들도 전후에 임두욱 회장에게 신세를 져야만 했을지도 모른다. 1953년 이승만 대통령이 타이완을 방문했을 때 임두욱 회장이 멀쩡하게 기념사진 속에 들어가 있는 것을 보면, 알다가도 모를 역사의 아이러니를 느낀다. 전후의 동란 속에서 타이완에 남은 한국인 동포들(그 대부분이 선원과 그 가족이었다)은 어쩌면 임두욱의 경력을 알면서도 그의 지도력에 기대를 했을 것이다. 생활의 최소한의 보장조차 없는 사람에게 사상보다 생존이 중요하다는 것은 당연한 일이다.

『제국의 위안부』가 지적하듯이, 조선이나 타이완 출신의 위안부는 일본인의 '대체'였으며, '일본인'으로서 위안을 제공할 것을 요구당했다. 그리고 그러한 '동지 관계'는 때로는 전장의 젊은 남녀를 연애관계로 발전시키기도 했다. 타이완에서도, 20년이 넘게 지난 이야기이지만, 신주新竹 항공대의 위안소에서 일했던 한국인 전 위안부의 이야기가 신문에 실렸다. 기사에 따르면, 그 한국인 여성은 일본인 항공대원과 사랑에 빠졌고, 결혼까지 약속했다. 그러나 그 남성은 종전 직전에 특공대로 출격하여 돌아올 수 없는 사람이 되었다. 전쟁이 끝나고 추억의 땅으로 되돌아온 여성은 이전에 위안소가 있었던 곳에서 죽은 사람과 부부의 연을 맺는 의식을 치르고 한국으로 돌아갔다고 한다. 아마도 한국에서는 보도될 일이 없는 뉴스일 것이다. 타이페이臺北에 있는 부녀구원기금회에서 자금을 대어 2015년에 상영된 다큐멘터리 〈갈대의 노래蘆葦之歌〉에도 전 위안부 여성이 자신은 한 일본 병사와 결혼을 약속했다고 말하는 장면이 있다. 그러나 이러한 증언의 의미를 생각해보는 시도는 이루어지지 않았고, 그러한 목소리를 이해할 수 없다고 느끼는 일은 있을지라도 진지하게 들어주는 일은 없다. 이러한 일화가 위안부의 가혹했던 생활을 부정하는 게 아니라는 것은 말할 필요도 없다. 적어도 그것은 만 단위로 존재했던 위안부 모두가 같은 전쟁 경험을 한 것이 아니라 다양한 사례들이 존재했다는 사실을 말해주고 있다. 그러한 다양한 경험을 무시하고 획일화된 이야기를 강요하는 것은 전 위안부들에게 '이중의 지배'를 강요하는 것이나 다름없다.

연쇄하는 제국주의

『제국의 위안부』는 '한국·피해자' 대 '일본·가해자'라는 종래의 구도를 넘어서서 문제의 배후에 숨어 있는 근대국가의 가부장제적 구조의 정체를 폭로하고 있다. 그것은 문제의 본질을 날카롭게 지적함과 동시에 국가주의의 틀 속에서 끝없이 대립하는 일의 불모성을 호소하고 있다. 저자는 책에서 문제의식을 조선인 위안부라는 한정된 시공과 민족으로부터, 여성이라는 보편적인 약자와 그녀들을 그러한 처지로 떨어뜨린 구조, 즉 '제국주의'로 옮겨간다. 그 관점과 수법은 실로 놀랍다. 그리고 그러한 제국주의적 구조는 지금도 가시화되지 못한 채 존속되고 있다. 성폭력과 인신매매는 빈곤국에 그치지 않고 우리 눈앞에서도 빈번하게 벌어지고 있다. 2016년 중반, 감언이설에 넘어가 5년 동안 100편 이상의 성인비디오에 출연을 강요당한 여성/소녀의 충격적인 뉴스가 있었다. 그라비아 모델 촬영 등이라는 말에 속아 수상한 계약서에 사인을 하게 된 뒤, 성적 교섭을 거부하면 위약금을 내야 한다는 협박을 당해 본인의 의사에 반하는 성적 착취가 반복되었다. 피해자는 한두 명이 아닐 것이다. 수십, 수백 명에 이를 가능성이 있다. 많은 사람들(주로 남성)은 그러한 배후의 범죄를 알 길도 없고 (그리고 그러한 상상력을 발휘하지도 않고) 오로지 성욕이 향하는 대로 여성들을 소비하고 쾌락에 빠져드는 것이다. 소비자는 출연자가 상품에 걸맞은 보수를 받고 있다고 굳게 믿으며 아무런 죄악감도 느끼지 않을 것이다. 이러한 '위안'은 국가의 이름으로 동원되는 것도 아니고 또 식민지 구조나 민족적 요소가 개재되어 있는 것도 아니므로 결코 '제국의'라고는 말할 수 없겠지만, 그것을 제공하는 에이전트(업자)의 존재와 속이는 수법, 그리고 오늘도 일본사회에 뿌리 깊게 남아 있는 가부장주의적 요소를 고려하면, 위안부와 공통되는 부분이 있지 않을까 생각하게 된다.

'원한의 위안부'에서 '용서의 위안부'로

나는 『제국의 위안부』가 '진리'를 담고 있는 연구·저작이라고 생각한다. 진리는 국적, 민족과 성별 같은 사회적 틀을 넘어서는 지점에 있으며, 말할 필요도 없이 정부, 정당 등의 이익과 입장에 좌우되는 것이 아니다. 박유하의 연구는 국적, 성별을 막론하고 모든 사람의 양식에 호소하여 죄의식마저 환기시킨다. 일본인, 한국인, 남성 또는 남성주의자, 그리고 '근대'라는 패러다임을 아시아에 가져온 서구의 제국주의자와 그 후예들, 그 어느 누구도 그 심판을 피할 수 없는 게 아닐까? 이 책을 읽어나감에 따라 민족이나 젠더가 불러오는 '원죄'가 서서히 명확해진다. 그리고 자신의 원죄를 바라보려 하지 않고 특정 집단의 과오를 비난하는 불성실하고 오만한 태도를 심판한다. 『제국의 위안부』는 마치 일본이 과거에 범한 과오에 대해 '너희 가운데 죄 없는 자가 먼저 돌로 치라'고 호소하고 있는 듯하다.

이 책은 또한 뛰어난 문학서의 측면도 겸비하고 있다.

전 위안부들에게 지금 필요한 것은 '당신이 잘못한 것이 아니다'라고 하는 말이다. 그러한 '위안'의 말을, '위안'해줄 것을 계속해서 강요당해온 그녀들에게 지금, 전해주고 싶다. (『제국의 위안부』 일본어판 314쪽)

나도 용서하고, 용서받는 일을 통하지 않고서는 진정한 화해는 찾아올 수 없다고 생각한다. 그러나 진정한 용서는 강요할 수도 돈으로 살 수도 없다. 과거에 잘못을 저질러 그 '민족적 원죄'를 짊어진 일본인은 오로지 기도하고, 용서를 얻을 수 있을 때까지 끈기 있게 기다리는 수밖에 없는 것이다. 한 시대의 정신이었다고는 해도 법을 방패삼아 힘으로 타민족을 지배한 제국주의·식민지주의는 죄이다. 저자가 지적하듯이, 식민지지배는 조선 내부에 '항일' 대 '친일'의 분열을 낳았고 그 대립 구조는 전후 70년이 지난 지금에도 이어지고 있다. 그리고 전후의 한반도 남북 분단은, 각각의 정권이 그 정통성을 대일 항전에 의거하고 있다는 점을 봐도 '한일 병합'과 무관하지 않다는 것을 우리는 결코 잊어서는 안 된다.

　앞에서 언급한 〈갈대의 노래〉는 부녀구원기금회의 지원자들이 워크숍을 통해 어떻게 전 위안부 여성들의 마음을 치유해왔는지를 기록하고 있다. 몸에 난 상처는 나이가 들어도 여전히 사라지지 않지만, 지원자들의 노력과 협력을 바탕으로 마음의 상처는 서서히 나아간다. 전 위안부 중 한 사람은 자신을 속인 사람도 용서하고 속은 자신도 용서한다는 말을 남기고 2012년에 이 세상을 떠났다. 피해를 입은 사람의 '용서한다'는 한마디로 가해자와 그 민족적 죄를 공유하는 사람들의 죄는 사해지고, 화해의 길이 열리는 것이다. 박유하 또한 용서하는 일을 통하지 않고서는 화해는 없다고 주장한다.

십자가로서의『제국의 위안부』

『제국의 위안부』를 낸 뒤로 저자가 겪은 일련의 소동은 예수의 수난을 방불케 한다. 유대인 랍비들이 민중을 선동하고 로마제국의 권력을 이용해서 예수를 정치사상범으로 처벌한 것처럼, 박유하에게 반대하는 지식인들은 공공의 장에서의 논의를 피하고 사법, 검찰과 같은 국가권력에 호소하여 '이단자'를 '반란죄'로 심판하려 하고 있다. 그리하여 박유하의 논점과 시도에 찬동하는 사람의 대다수도 성난 파도와 같은 비난의 목소리 앞에서 침묵을 강요당했다. '용서'와 '화해'를 호소한『제국의 위안부』에 대해 한국에서는 '판매 금지 등 가처분신청'이 제기되어, 사법부가 34곳을 '삭제하지 아니하고는 출판…해서는 아니된다'는 '일부 인용' 결정을 내렸고(이 결정에 대해 이의신청을 한 저자와 출판사는 34곳을 삭제한 '제2판, 34곳 삭제판'을 냈다), 지금도 형사소송(1심 무죄, 현재 항소 중)이 계속되고 있는데, 마치 '예언자'가 십자가를 짊어지고 골고다 언덕을 올라가는 것처럼 보인다. 아아, 학문의 자유의 대가는 이다지도 무거운 것인가! 그러나 십자가의 앞에 있는 것은 부활의 희망이다.『제국의 위안부』는 우리들이 모두 가부장제를 기초로 한 근대국가주의의 피지배자라는 것을 알게 해줌으로써 그 속박으로부터 해방되자고 호소하고 있다고 생각한다. 그것은 근대국가의 틀을 넘은 새로운 한일관계 만들기로의 초대이기도 한다. 박유하가 과감하게 붓을 든 것은 화해의 미래를 믿었기 때문이라고 나는 생각한다. 그리고 또한 많은 사람들이 그녀의 저작을 통해 같은 빛을 보았을 것이다. 이 빛을 꺼뜨려서는 안 된다.

(번역: 윤경일)

위안부 문제에서
인간과 역사

오구라 기조小倉紀藏

'새로움'을 둘러싸고

박유하의 저작『제국의 위안부』는, 완전히 새로운 이야기일까?

이 물음에는 두 가지 대답이 있을 수 있다.

그 하나는 '그렇다, 새롭다'라는 것이다. 박유하를 옹호하는 사람들 중 다수는 당연히 이런 인식을 가지고 있다. '여기에 제시된 것은 완전히 새로운 인식이다. 한국사회에서 이런 이야기를 공공연하게 발표할 수 있었던 용기는, 최대의 찬사를 받을 만하다'고 생각한다. 그러나 이와는 반대로 박유하의 저작을 강하게 비판하는 사람들 다수도 사실은 '극히 새롭다'는 인식을 가지고 있다. '이 정도로 심한 이야기는 지금 껏 아무도 꺼낸 적이 없었다. 괘씸하다'고 하는 것이다. '새롭다'는 어휘를 쓰지는 않지만, 그 내용은 '새롭다'는 것이다. 혹은 그 변형으로 서, '이런 심한 이야기는 일본 우익이나 보수가 해왔는데, 한국인이 이렇게까지 말한 것은 처음이다. 괘씸하다'고 하는 인식이 있다. 인식 내용과 국적 내지 민족명을 일체화시켜 민족지상주의적으로 비판하는 패턴이다.

한편, 이런 물음에 '아니, 새롭지 않다'고 대답하는 사람들도 있다. 내가 알고 있는 한, 박유하를 옹호하는 사람들의 일정수가 이런 인식을 가지고 있다. '이 책에 쓰인 것은 결코 새롭지 않다. 아니, 이 정도 얘기를 했다고 해서 이렇게까지 규탄받는 거야?' 하고 생각하는 사람도 있는 것이다. 예를 들면, 내 연구실에 소속되어 있는 한국인 유학생은, "훨씬 더 엄청난 이야기가 담겨 있나 싶어 읽었는데 그렇지 않아서 의외였습니다. 이 정도의 내용을 얘기했다고 규탄을 받는 한국사회를 도대체 어떻게 봐야 하는 것입니까?"라고 말했다. 이 학생은 일본의 넷우익 사상을 연구하고 있기 때문에, 그가 알고 있는 일본 우익·보수파의 위안부 인식과 비교하면, 『제국의 위안부』 정도는 '아무것도 아니'라는 의미였던 것일까? 하지만 한편으로, 반反박유하파 중에도 '새롭지 않다'는 견해를 가진 사람이 있다. 새롭지 않은 것을 왜 규탄하는가(논리적으로 말하자면 규탄할 수 없다). 그 내용은 '박유하는 일본 우익이나 보수의 인식을 모방했'기 때문(그러므로 새롭지 않다)이다. 하지만 반박유하파의 인식은, 사실 이보다는 '박유하는 부도덕하게도 일본의 우익이나 보수가 마음에 들어할 만한 인식을 부끄러움도 없이 피력했다. 그러므로 새롭다. 그래서 괘씸하다'는 패턴이 많다. 그리고 사실 그 밖에 '판도라의 상자'라고도 부를 수 있는, 은폐된 또 하나의 인식이 있다. '박유하가 말하는 것은 새롭지 않다. 하지만 한국인이 결코 해서는 안 되는 말이다. 그 말을 해버린 박유하는 한국사회에서 절대로 용서받아서는 안 된다'는 것이다. 지금까지 『제국의 위안부』를 둘러싼 논쟁이 극히 감정적으로 흘러가고 있는 진짜 이유라고 생각한다. '너의 인식은 사실은 새롭지 않다, 임금님이 벌거숭이라는 것은, 알고 싶지 않지만 누구나가 어렴풋이 느끼고 있다, 그러나 그 말을 해버리면 왕국은 무너지고 만다'는 암묵적인 공포가 소용돌이치고 있다. 이것은 박유하를 비판하는 사람들이 『제국의 위안부』보다 더 나간 '역사수정주의'적 입장을 취하는 일본 보수의 인식이 아니라 좀 더 중도적 입장인 박유하에게 비판을 집중시키는 것을 보더라도 이해할 수 있다(한국 비판이라는 의미에서 중도적인 부분은 있지만, 식민지지배 비판의 논점에서는 박유하는 오히려 한국과 일본의 좌파보다 더 근본적이다. 이 이야기는 이 글의 말미에서 논하겠다). 인식의 옳고 그름을 문제삼는 게 아니라 행위의 선악을 문제삼는 것이다.

이상을 근거로, 최소한 다음과 같은 이야기를 할 수 있지 않을까?

우선, 박유하를 옹호하는 쪽의 인식은, 다음 두 가지 틀로 수렴된다. ① 『제국의 위안부』의 내용은 새롭다. 따라서 박유하는 훌륭하다. ② 내용이 완전히 새롭지는 않을지도 모르지만, 저술 내용에 의해 공권력에 의해 소추되거나 사회적으로 규탄당하는 것은 이상하다. 박유하는 옹호받아야 한다.

한편, 박유하를 비판하는 쪽은 다음 두 가지 틀로 수렴된다. ③ 『제국의 위안부』는 새롭고 부도덕하다. 따라서 용서할 수 없다. ④ 새롭지는 않지만, 일본의 부도덕한 세력의 인식과 같거나 거기에 아첨하는 것이다. 따라서 용서할 수 없다.

또, 이와 별개로 비판하는 측의 중요한 논점에는, ⑤ 이 책의 서술에는 논증방법에 중대한 결함이 있다. 자료의 인용 등에 근본적인 자의성이 있다. 그러므로 학문적 인식이라고는 할 수 없다, 라는 의견이 있다.

그러면 ①부터 ⑤까지의 논점에 관해 간단히 검토해보자.

인식의 유형

우선 가장 명쾌한 논점으로서 ⑤를 들 수 있는데, 이 비판에 응답할 수 있는 것은 박유하 본인뿐일 것이다. 2016년 3월 28일에 도쿄대학(고마바캠퍼스)에서 열린 토론회(3·28집회)에서, 박유하를 비판하는 측은 이 논점을 중심으로 하여 옹호하는 측을 추궁하고 '상대는 결국 우리의 비판에 대답하지 못했다'고 소리 높여 말했다. 그러나 그것은 착각이라고 할 수 있을 것이다. 서술 방법론이나 기술적 문제는 저자 본인밖에 대답할 수 없다. 박유하를 옹호한다고 하더라도 박유하와 인식이 똑같을 수는 없다. 이 비판의 배경에는 '같은 진영에 속해 있는 사람은, 세부까지 인식을 함께해야 한다'는 운동론적 심정이 작동하는 것처럼 보인다. 비학문적인 태도라고 해도 좋을 것이다. 그러나 그와는 별개로 박유하는 이 ⑤의 논점에 관하여 진지하게 응답해야 할 것이다. 비판 내용 자체는 형식적으로나마 학문적 입장을 취하고 있기 때문이다.

이 ⑤의 비판은 사실 ①의 논점으로 이어진다. 비판 측은 옹호 측에 대해 이렇게 말한다. "이 책의 내용이 새롭고 훌륭한 것이라고 한다면, 그 의견은 그렇게 주장하는 근거에 대해 객관적으로 학문적인 검증을 거친 인식인가? 아니면 그저 이 책을 씹지도 않고 삼키듯이 대충 읽은 것인가. 만약 후자라면 학문적으로 실격이다. 그렇게 씹지도 않고 삼키는 이유는, 이 책이 제시한 인식이 처음부터 일본 리버럴(책의 앞부분에서도 언급했지만, 일본에서 '리버럴'은 '자유주의자'보다는 '보수에 대비되는 혁신' 또는 '진보/좌파'에 가까운 어감을 갖는다-편집자)의 취향에 맞기 때문일 것이다." 이것은 날카로운 지적이다. 옹호하는 측이 『제국의 위안부』의 내용이 새롭고 뜻깊다고 높이 평가할 때, 그 평가를 내리기 위한 근거는 충분히 학문적이라고 할 수 있는가, 라는 질문이다. 내 생각으로는, 아마도 옹호 측은 이 물음에 답할 수 없을 것이다. 그 이유는 다음과 같다. 우선 가장 큰 측면은 옹호 측의 다수(나를 포함하여)는 역사학을 전문으로 하는 사람들이 아니고 위안부 문제 전문가도 아니기 때문이다. 식민지 시대의 조선에서 일어났던 일을 학문적으로 높은 수준에서, 그것도 거시/미시 양 측면에서 이해할 수 있는 사람이 아마도 일본 리버럴에는 거의 없을 것이다(그러나 후술하듯, 원래 그런 인간은 이 지구상에 존재하지 않는다). 두 번째 이유는 그야말로 반박유하파가 지적하듯이 이 책의 서술 내용 일부가 일본 리버럴이 추구했던 바와 합치된다, 혹은 적어도 일본 리버럴에게 신선하고 긍정적인 인상을 주었다는 것이리라. 하지만 이것이 비판받을 이유는 없다. 일본 리버럴 중에는 위안부 문제의 오랜 교착상태를 고뇌하고, '이 문제에 새로운 시각에서 접근하는 방법이 없을까'를 고민해온 사람들이 많다. 그 사고의 방향성이 반박유하파와 다르다는 이유로 비판당해야 할 까닭은 없는 것이다(반박유하파와 함께 운동하고 있는 것이 아니므로). 다만 앞서 말한 것을 포함하여, 일본 리버럴의 인식수준에 문제가 없는 건 아니고, 오히려 많은 문제들이 있다. 그러나 그것이 이 책에 대한 전면적 부정을 정당화할 수 있다는 논리는 어떤 식으로 보더라도 성립할 수 없는 것이다.

②의 논점에 관해서는 어떤가? 이 책의 내용이 '새롭지 않다'고 하

는 사람들의 논거는 여러 가지이지만, 그 이유는 이 책의 서술 내용 하나하나를 보면 언젠가 어디에선가 이미 주장되고 지적된 것이 실은 많다는 인식에 의한다. 그러므로 이에 대해 옹호파 및 '새롭다' 쪽에서는 "이 책의 가장 참신한 점은, 식민지지배의 복잡한 양상을 '구조'라는 개념으로 이해하려고 했다는 것"이라고 한다. 하나하나의 사례는 지금까지도 지적된 바 있었을지 모르지만, 식민지지배를 이해하기 위한 커다란, 그리고 중요한 개념을 이 책은 새롭게 제시했다, 바로 그 점에 의미가 있다, 라는 생각이다. 따라서 옹호파가 해야 할 일은 이 '구조'란 대체 무엇인가를 검토하는 데에 있을 것이다. 이 논문의 말미에서 이를 검토하고자 한다. 그리고 덧붙인다면, 저작의 내용에 의해 공권력의 소추를 받는다거나 사회적으로 규탄을 받는 것이 부당하다는 것은 말할 나위도 없다.

③의 논점은 논리적으로는 정합성을 가지고 있다. '이 책은 완전히 새롭게, 게다가 용인될 수 없을 만큼 부도덕한 이야기를 담고 있다, 그러므로 배제해야 한다'는 이야기이다. 논리적으로는 딱 맞아 떨어지지만, 자유로운 민주주의 사회에서 절대로 받아들여져서는 안 되는 주장이다. 자유로운 민주주의 사회의 이성적인 구성원은, 결코 ③과 같은 이야기를 할 수가 없다. 그렇기 때문에 전 위안부 할머니의 명예가 훼손당했다는 이유로 제소하는 것이 이 책에 대한 사회적인 제재 혹은 말살의 수단으로 선택된 건 아닐까? 만약 그렇다면, 그것은 근본적으로는, 자유로운 민주주의 사회에서 그 사회의 이성적인 구성원의 범주로부터 할머니들을 제외(시키고, 또 주체화)시킴으로써만 성립되는 차별적 행위가 아닐까? 하지만, 이 책의 서술에 의해 할머니들 개개인의 명예가 훼손되었는지 아닌지에 관해서는, 누가 무엇을 대표하고

있는 것인가 하는 논의가 치밀하고 냉철하게 이루어져야 한다. 이것은 '일본인은 거짓말쟁이이다'라는 내용의 책에 대해 일본인인 내가 명예훼손으로 제소할 수 있는가 하는 일반론적인 문제가 아니다. 내 삶 그 자체가 이 책의 서술에 의해 어떻게 손해를 입었는가 하는 객관적인 문제이다.

④에 대해서는 논평할 필요가 없다. 어떤 사고가 다른 어떤 생각에 가까운 것인가, 그 생각에 아첨하고 추종하는 것인가 여부의 판단은 필요하고 또 중요하다. 만약 그 사고가 특정한 정치적 세력(때로는 외국 세력)과 특별히 친밀한 관계에 있다고 판단될 때, 그 사고를 멸시하는 것도 물론 논리적으로는 가능하다(『제국의 위안부』가 일본 보수를 추종하고 있다는 의미가 아니다). 그러나 그것이 사회적 배제의 대상이 된다는 것은, 그저 그 사회의 민도가 낮다는 것일 뿐이고, 그 민도의 낮음을 한탄할 수밖에 없는 것이다. 이 경우 '민도의 낮음'이라는 것은 '내셔널리즘의 전횡'과 같은 말이다. 박유하 옹호파인 한국인에게서 "박유하 교수는 할 것 같은데, 할 것 같아, 틀림없이 할 걸, 하고 생각했는데, 진짜로 해버리더군"이라는 말을 들은 적이 있다. 비슷한 발언을 여러 차례 들었다. 이것은 민도가 낮은(내셔널리즘의 전횡이 끊이지 않는) 자국사회에 대한 체념의 말인 것이다.

폭력적인 운동

이렇게 정리하고 보니, 『제국의 위안부』를 둘러싼 인식은 여러 갈래로 나뉘지만, 다 어떤 설득력과 문제점을 동시에 지니고 있음을 알 수 있다. 즉, 이 책을 둘러싼 모든 평가가 '누구나가 무조건적으로 안이하게 긍정할 수 있는 것'이 아닌 것이다. 『제국의 위안부』는 그만큼 단순한 책이 아니다. 어려운 책인 것이다. 이 책의 내용을 둘러싸고, 우리는 긴 시간을 들여 꼼꼼히 논의하지 않으면 안 된다.

그럼에도 불구하고 특히 반박유하파 사람들은 마치 이 책과 저자가 절대악이라도 되는 것처럼 성급하고 드높은 목소리로(위협적일 만큼 큰 목소리로!) 규탄한다. 두드러지게 냉철함과 공정함이 결여된 사고정지적 태도라고 말하지 않을 수 없다.

내 연구실의 대학원생은, 다른 연구과 소속 대학원생으로부터 "이런 책 읽지 마라"라는 말을 들었다. 그래서 "읽었어요? 어땠어요?" 하고 묻자, "안 읽었어. 이런 책은 읽을 가치도 없어"라고 대답했다고 한다. 그런 카프카적인 광경은 사실은 도처에서 볼 수가 있다. 도대체 이 말이 적어도 학문의 길을 간다는 이가 할 수 있는 언동일까? 이 문제를 둘러싸고 어떤 진영에 속한 사람들의 학문적 활동은 이미 붕괴하고 있다고 말하는 편이 옳을지도 모른다. 아니, 위안부 문제나 『제국의 위안부』 문제를 매개로 해서 일본의 인문사회계 학문의 일부가 붕괴해 가는 건 아닌가 강한 위구심을 품지 않을 수가 없다. "이 책은 읽지 마라. 나는 안 읽었다. 읽을 가치가 없으니까"라는 의미를 알 수 없는 말이 대학이라는 곳에서 당당히 이야기되고 다른 학생을 위협하는 사태 앞에서는, "여기가 도대체 현대 일본이 맞나?" 하는 물음을 던질 수밖에 없다. 일본인데 말이다. 교토대학 문학연구과 대학원생이 그렇게 말했다니. 암울한 심경이었다.

2015년 11월에 교토대학에서 내 연구실 주최로 박유하 교수의 강연회를 열었다. 그 질의응답 시간에 이 책과 저자를 철저히, 그리고 반

지성적으로 우롱하고 매도한 복수의 질문자(라기보다는 규탄자)는 누구도 이 책을 읽지 않았다. 이날은 유학동(재일본조선유학생동맹: 유학생단체가 아니라 조총련계의 자이니치在日 학생단체)의 재일조선인 학생들이 '강연회 개최 반대' 플래카드를 들고 시위를 했는데, 그들은 강연이 끝난 뒤 박 교수를 엘리베이터 앞까지 압박하며 쫓아가서 박유하 교수에게 신체적인 위협을 가했다. 박 교수는 그토록 떠들썩하게 비판당하고 있는 한국에서도 그런 식의 직접적인 신체적 압박을 받은 적은 그때까지 없었다고 말했다. 그런 심각한 상황은, 대학이 이미 학문을 하는 곳이 아니게 되었음을 보여주었다고 할 수 있을 것이다.

또 내 지인 한 사람은 교토의 어느 대학 교원으로부터 "이 책은 읽을 가치가 없는 책이다. 오구라는 왜 그런 사람(박유하 교수)을 부르는 것인가? 조총련 사람들이 (강연회에) 더 많이 나가서 (비판을) 퍼부어주어야 한다"는 말을 직접 들었다. 조총련이라는 운동단체를 동원해서 특정한 학문적 행위를 파괴하려는 발언이라고밖에 판단할 수가 없다. 도대체 이것이 대학 교원이 할 말인가?

교토 지역에서는 젊은 연구자들이 '이 책을 '후미에'로 삼는 건 그만두었으면 좋겠다'는 목소리를 냈다(2016년 3월 28일에 열린 도쿄대학 토론회의 자료집에 그 목소리가 수록되어 있다). '후미에'라고 쓴 걸 보면, 당연히 젊은 연구자들에게 교원이나 동료들이 '이 책을 높이 평가하는가, 평가하지 않는가? 평가한다면 불이익을 당할 수도 있어' 하는 식의 말을 음으로 양으로 했을지도 모른다. 이 또한 분명한, 부끄러운 줄 모르는 반학문적 사태이다.

또 나는 한국에 갔을 때, 박유하 교수가 없는 자리에서 그녀에 대한 최대의 모욕적 표현을 한국말로 들은 적이 있다. 영화 속이 아니고는 실제로는 좀처럼 들을 수 없는 말이다. 식당 전체에 울려퍼지는 호통이라고 해도 좋을 만큼 큰 목소리로, 그는 그 자리에 없는 박 교수에게 계속해서 욕을 퍼부었다.

이 모든 상황은 『제국의 위안부』를 둘러싸고 객관적인 평가를 기피하고 이를 배제하려고 하는 마녀사냥식의 운동이 전개되고 있다는 사실을 말해준다. '이 책은 읽을 가치가 없다. 그러므로 안 읽었다'고 모두가 입을 모아(부자연스러울 만큼 당당하게 가슴을 펴고!) 말하는 것은, 어째서일까? 무엇이 그토록 두려운 것일까? 단지 한 권의 책이 파괴적인 괴수처럼 취급되는 데에서 드러나는 것은 박유하 비판파의 이 책에 대한 상상을 초월한 증오와 공포심이다.

사실을 객관적으로 냉정하게 볼 필요가 있다. 앞서 말한 것처럼, 이 책은 간단히 평가할 수 있는 책이 아니다. 단지 하나 이야기할 수 있는 것은, 『제국의 위안부』는 인간과 사회에 대한 깊이 있는 통찰로 가득한 책이라는 점이다. 물론 그 통찰이 모두 옳은지 혹은 그른지는 알 수 없다. 모두 옳다고 생각하는 편이 비상식적이며 이상한 일일 것이다. 모든 서술이 옳은 책 같은 건 이 세상에 존재하지 않는다. 당연히 모든 통찰이 새로울 리도 없다. 그러나 『제국의 위안부』가 지금까지 (정치적인 것도 포함해서) 여러 가지 이유에서 제기되지 않았던 많은 문제를 드러내보이고, 냉철하게 그것들을 검토한 것은 틀림없는 사실이고, 이 책의 가장 큰 의의는 바로 거기에 있는 것이다.

그러므로 이 책이 제시하는 통찰의 내용이 특정한 사람들이 주장하는 '정의'나 '올바른 역사인식'에 합치되지 않는다고 해서 이 책을 이 세상에서 매장해버린다는 것은 너무나 반학문적인 폭력이다. 기존의 프레임에 맞지 않는 통찰을 '부도덕'하다고 전면부정하려는 수구주의자들은 5년 후, 10년 후에는 반드시 한일 지성사가 부끄러워하는 암담한 오점으로 기록될 것임에 틀림없다. 만약 그렇게 되지 않는다면, 어떤 형태의 정치적 이유에 의해 (나는 그 이유를 분명하게 전조적으로 직감할 수 있다) 한국과 일본의 자유는 사멸해버린 상태가 되었다고 판단해야만 한다. 그때 한국과 일본 사회는 진정한 의미에서 '1984년'적 절망으로 뒤덮여 있는 것이리라. 그렇게 될까봐 정말 걱정하는 사람은 한국과 일본에 많지 않은 것일까?

'통찰이 기존 프레임에 합치되는가, 아닌가?', '통찰이 한 점의 잘못도 없이 옳은가, 아닌가?'가 문제인 것은 아니다. 이 책이 '과감하게 통찰했다'는 그 한 가지가 정말 중요한 것이다. 위안부 문제 담론을 동어반복의 회로에서 탈출시키기 위해 도전했다는 점 하나만으로도『제국의 위안부』가 지닌 빛은 바래지 않을 것이다.

영웅화의 미래

나는 2015년 여름에 한국의 어느 신문기자에게 "『제국의 위안부』 사태를 어떻게 생각하지?"라고 물었다. "영웅을 만들고 있는 거지." 맥없는 대답이었다. 박유하를 규탄하는 바로 그 신문의 중추에 있는 사람이, 이미 그런 생각이라는 데에, 솔직히 말해 놀라지 않을 수 없었다. 좀 더 격한 규탄의 말이 쏟아져나올 거라고 생각했기 때문이다. "영웅을 만들고 있는 거지"라는 그의 말을 내 나름으로 해석한다면, 다음과 같다(어디까지나 내 해석이지, 그의 생각이 아니다). '한국사회에서 박유하 책 같은 이야기가 나오면, 우리는 규탄할 수밖에 없다. 그 이외에 선택의 여지는 없지 않은가(알잖아)? 이미 틀이 짜여 있으니 우리가 어떻게 해볼 수 있는 여지는 없다. 규탄하면 신문 지면에 박유하가 나온다. 나오면 어떤 형태로든 박유하는 이 사회의 이슈가 된다. 일본에서도 박유하를 응원하는 사람이 나오고, 한국을 잘 알지 못하는 리버럴인지 뭔지 하는 작자들이 '한국은 자유가 없는 나라'라고 비판할 것이다. 박유하는 영웅이 된다. 그것은 안다. 알지만, 어쩔 수가 없는 것이다.' 덧붙여두자면, 나는 이 언론인을 존경한다. 대단히 식견 높은 지성인이라고 생각한다. 그러나 그런 그조차 한국의 강력한 '사물을 보는 틀'에 맥없이 맞출 수밖에 없다고 생각하고 있다. 그러고는 '어쩔 수 없이 박유하를 영웅으로 만들고 있다'고 체념하는 경지에 이르고 있는 것이다. 이는 한국사회를 생각할 때 극히 위험한 상태이다.

실은 나는 지금 그보다 더 큰 걱정이 있다. 그가 말하는 '영웅'이란 "박유하가 위안부 문제에 관해 기존의 틀과 다른 이야기를 과감히 떠들고 있고, 그래서 사회적인 이슈가 되고 있다. 바다 건너에서는 한국 사정을 모르는 일본인들이 그를 상찬하고 있다"는 것이다. 이 구도 자체는 '김대중'이나 'T·K生'(1973년 5월호부터 88년 3월호까지 15년 동안 이와나미쇼텐의『세카이世界』에 연재된 「한국으로부터의 통신」 필자에게 야스에 료스케安江良介 편집장이 붙인 필명으로, 야스에 편집장 사후인 2000년대에 들어서 필자가 도쿄여자대학 교수로 재직 중이던 지명관 전『사상계』편집장이었다는 사실이 밝혀졌다-옮긴이) 등의 계보에 의해 줄곧 반복되어 온 것이다. 한국사회의 본질적인 암부를 외부에 까발리고 일본인이 거기에 호응하여 한국을 비판하는 구도이다. 자기 사회의 암부를 이미 숙지하고 있는 한국인이 그것을 일본에 알리기를 극도로 혐오하는, 그런 구도인 것이다. 사실 이 구도에서는, (내가 좋아하는 말은 아니지만, 굳이 말하자면) 정의는 존재하지 않는다는 점에 유의해야 한다. 이 구도에서 지켜야 할 것은 정의가 아니라, 민족 내지 국가의 긍지와 자존심뿐인 것이다. 물론 그것도 중요할 것이다. 나는 한국 내셔널리즘을 전면적으로 부정하는 사람이 아니다. 한국에는 한국의 논리와 생리가 있는 것이다. 그것은 어느 정도 지켜져야 한다. 한국의 역사적 문맥도 모르는 외국인이 벌집이라도 쑤신 것처럼 떠들썩하게 떠들어대는 것은 자제해야 할 일이다. 하지만 『제국의 위안부』 문제에서 한국사회가 보여주고 있는 폭력 그 자체라고 해야 할 과민반응은 이미, 한국의 미래에 중대한 화근을 남기는 수위에 도달했다는 사실을, 한국인들은 좀 더 정확히 자각해야 할 것이다.

사태가 이대로 진전된다면, 어떻게 될까. 내 예감으로는, 박유하의 '영웅성'은 5년 후, 10년 후에는 지금과는 비교할 수 없을 만큼 확고한 것이 되어 있을 것이다. 지금 시점에서 '영웅성'은 '아무도 말하지 않았던, 혹은 말할 수 없었던 것을 말했다'는 한 가지 사실로 수렴되고 있다. 하지만 5년 후, 10년 후에는 '한국사회의 폭력성에 전면적으로 도전하고, 그로 인해 저작이 완전 부정당한, 현대 민주주의 국가에서 절대로 있어서는 안 되는 폭력을 사회 전체로부터 행사당한 투사' 타이틀이 그녀에게 부여될 것이 뻔히 보인다. 이 일을 한국사회는 어떻게 수습할 수 있다고 생각하고 있을까. 수습할 수 있는 길은 유감스럽지만 두 가지밖에 없다고, 나는 생각한다. 하나는 물론 『제국의 위안부』에 대한 부당한 폭력적 규탄을 즉시 멈추는 것이며, 또 하나는 한국사회가 정의를 내팽개치고 완전한 '1984년'적 사회로 돌진하는 것, 그리고 그에 따라 표현의 자유에 대한 권력과 사회의 폭력을 전면적으로 긍정하는 것이다. 이 두 가지 외에, 박유하의 '영웅화'를 막을 길은 없다.

『제국의 위안부』가 주는 몇 가지 힌트

그러면, 이 책이 주는 통찰의 내용으로 들어가보자.

지면관계상, 여기에서는 많은 통찰(정말로 많다!) 가운데 중요하다고 생각되는 몇 가지만 들어보기로 하겠다.

나 개인에게 이 저작은 철학적인 관점에서 중요하다. 나는 역사학자는 아니기 때문에 식민지 시대의 역사적 사실에 관해서는 논평할 입장이 아니다. 하지만, 『제국의 위안부』의 서술로부터 식민지 시대를 살아간 사람을 이해하기 위한 주옥같은 힌트를 많이 얻을 수 있었다(정답이 아니라 어디까지나 힌트이다).

이 글에서는 그것을 중심으로 이야기하려고 한다. 물론 나는 『제국의 위안부』를 완벽한 저술이라고 생각하는 사람이 아니기에(완벽한 책 따위는 세상 어디에도 존재하지 않는다. 만약 존재한다면, 나는 그 자리에서 그 책을 태우고 무덤으로 들어가겠다), 이 책이 담고 있는 인식에 대한 찬사만을 늘어놓을 생각은 없다.

누가 역사를 앞으로 나아가게 하는가

『제국의 위안부』에서 우리가 배울 수 있는 것은, 인간이 역사를 산다는 것의 철학적인 의미이다.

나는 인간이 '다중주체성'을 산다고 생각한다(졸저 『創造する東アジア―文明・文化・ニヒリズム』, 春秋社, 2011). 또 사회에서 각 개인은 '주체성의 그러데이션gradation'으로 위치지어진다고 생각한다(졸저 『朱子学化

する近代日本』, 藤原書店, 2012).

　이 생각에 따르면, 위안부 문제에서 예를 들어 조선인 업자의 역할을 무시하거나 과소평가 하는 것은 중국이나 북한의 이른바 '이분론二分論'과 같은 유형의 정치적 인식이라고 여겨진다. 식민지 조선에서, 모든 인간은 다중적인 주체성(의 그러데이션)으로서 존재했던 것이다. 그것을 인식하는 일은 조선인의 피해성을 소거하는 것과는 다른 것이다. 법적 투쟁이나 정치적 목적이나 내셔널리즘을 위해 다중적 주체성의 그러데이션을 소거해서 주체와 객체로 깔끔하게 이분하는 것은, 역사와 인간에 대한 모독이 되는 것이다.

　잠시 조선인 업자에 대해 생각해보자.

　'전전(해방 전)의 조선인이 모두, 전후(해방 후)의 국민국가의 틀을 기준으로 한 내셔널리즘의 문법대로 행동했을 것'이라고 생각하는 것 자체가 우스꽝스러운 허구에 지나지 않는다. 오히려 식민지 시대의 조선인 업자는 전후(해방 후) 주권국가에 의해 규정된 틀로 세상을 보는 역사가 같은 이들보다 훨씬 강한 '개인'으로서 행동했을 것이다. 주권국가 혹은 민족에 근원적 도덕성이 본질적으로 내재되어 있고 그 구성원은 근원적 도덕성을 나누어가지고 있어 마땅하다는 도덕적 내셔널리즘의 세계관(주자학적 본질주의와 내셔널리즘의 합체)에서는, 조선인 업자는 조선인이라는 사실 그 하나만으로 조선인 '소녀' 쪽에 서서 행동해야 하는 사람이지만, 사실 그런 일은 전혀 없었다. 조선인 업자는 자신의 개인적인 이익을 위해 행동할 수 있었던, **강한 개인**이었던 것이다. 그 **강한 개인**이 조선인 여성을 농락하고 상행위의 도구로 삼는 민족반역자적 행동을 취한 것은 전후(해방 후)의 내셔널리스트에게는 절대로 용서할 수 없는 일일지도 모른다. 나도 개인적으로는 침을 뻗어 마땅한 존재라고 생각한다.

하지만, 이 **강한 개인**을 이해하는 방식이 하나뿐이어서는 안 된다. 조선인 업자는 확실히 용서하기 힘든 부도덕한 행위자이지만, 다른 시각을 취해 본다면, 일본의 식민지 통치라는 시스템의 사상에 대해 개인적 욕망이라는 무기로 맞선 인물이라는 성격도 혼입되어 있었을 것이다. 물론 그 '맞섬'은 표면적으로는 '일본제국 권력에 대한 부도덕한 협력'이었다. 즉, 일본제국의 구조 내부에서 생긴 일이었다. 그러나 일본이 만들어낸 시스템에 대항하는 자세는, 그 정면에서 이의를 제기함으로써만 발현되는 것이 아니다. 일본의 경찰서를 습격하는 것만이 저항은 아닌 것이다. 일본의 '전체주의적 시스템'에 대해 '개個의 욕망'이나 '개個의 이익' 따위를 가지고 응답하는 자세는, 그 행위의 성격이 아무리 나쁘더라도 사회 전체에 **의미가 있는** 행위인 것이다. 물론 이러한 인식은, 뱀이나 전갈과도 같은 업자의 먹이가 된 조선인 여성들의 절망과 절대로 분리해서는 안 된다. 하지만 만약 일본의 통치자들이, 자신들의 통치를 위해 업자들의 악행(불법행위나 형법상의 범죄를 포함하여)을 묵인하거나 장려했다고 한다면, 일본제국은 그로써, 즉 업자들의 얼핏 보기에는 순종이지만 사실은 발칙한 '개個'에 의해 안으로부터 붕괴되기 위한 준비를 하고 있었다고 말할 수 있을 것이다.

역사를 변화시켜나가는 사람은 다양하다. 앙시앵 레짐에 대한 '직접적인 타도'를 실천하는 자만이 역사를 바꾸어간다고 하는 것은 마르크스주의 사관에 의한 유치한 환상에 지나지 않는다. 역사학의 일부가 아직까지도 이 희화적인 환상에 사로잡혀 있는 것은 학문적 나태의 극치라고 할 수 있을 것이다.

역사의 실태는, 다양한 욕망을 가진 다중적인 주체가 '오시쿠라만주'(여럿이 모여 서로 몸으로 밀어내는 놀이-옮긴이)를 하고 있는 것이라 해야 한다. 사람은, 미리부터 질서가 잘 잡힌 삶을 순순히 따르며 살아가는 것이 아니다. 하물며 자신이 죽은 뒤에 만들어질 이데올로기적 구조에 의해 지금을 살아가는 것은 더더욱 아니다.

우리가 식민지 시대를 다루는 좌익적인, 혹은 민족주의적인, 혹은 우익적인 역사 기술에 대해 항상 강렬한 위화감을 가지는 것은 그 때문이다. 극단적으로 말하면, 그 이데올로기적인 서술들이 역사를 이야기하고 있다는 생각은 들지 않는 것이다.

『제국의 위안부』는 물론 역사서가 아니다. 그리고 위안부의 삶을 정합적으로 정돈해 정리하려는 욕망이 이 책의 서술에는 없다. 하지만, 그런 점 때문에 오히려 역사의 '오시쿠라만주'가 비교적 생생하게 부각되는 것이 아닐까.

역사학의 인간 문제

『제국의 위안부』는 역사학의 방법론 자체에 대해 다양한 물음을 던지고 있다.

하나를 꼽자면, '역사적인 기술과 인간 개념의 관계성'이라고 할 수 있다.

역사학에서, 예를 들면 1750년대 오사카의 상업적 관행에 관한 기술을 한다고 치자. 이때, 여러 사료를 섭렵해서 상관행의 실태를 객관적으로 해명하려고 할 것이다. 그것은 언뜻 아무런 문제도 없어 보인다. 하지만 역사학의 기술에서는, 1750년대 오사카의 인간이 그 역사 기술이 이루어진 시점의 특정한 인간 개념에 의해 미리 설정되어버리는 경우가 대부분이다. 1750년대 오사카 상인의 세계관은 2010년대 일본인의 그것과는 다를 터이고, 과장해서 말하자면 전자는 후자의 이해를 뛰어넘는 것일 터이다.

역사학은 사료의 정밀한 조사에 의해 과거 인간의 행위를 해명함과 동시에, 그 인간의 행위로부터 연구 대상이 되는 시대·지역·계층·성별 등의 특징에 의해 규정된 인간 개념·세계관을 복원하고, 그 인간 개념·세계관을 다시 피드백시켜서 역사적 행위의 기술에 반영시켜야만 하는 것이다. 그러나 그러한 재귀적 역사 기술을 접하는 일은 드물다. 그래서 마치 1750년대 오사카에 2010년대의 일반적인 일본인이 살고 있었던 양 기술되어버린다. 민중사나 아날학파의 역사 기술에서조차도 '인간'을 충분히 감지할 수가 없다. 혹시라도 '감지할 수 있다'는 사람이 있다면, 그 사람은 인간이라는 존재에 대한 통찰이 아직 얕은 것이다.

조선의 식민지지배에 관한 역사 기술로서는, 예를 들어 다음과 같은 문제가 있다. 한편으로, 한국에서는 일반적으로, 식민지 시대의 조선에는 자유나 민주주의나 개인과 같은 서양 근대의 관념은 도입되지 않았고 조선 왕조의 유교적인 관념이 잔존해 있었으며, 또 그곳에 일본의 봉건적·군국주의적·전체주의적인 관념이 강제적·전면적으로 침투했다고 생각되고 있다. 그렇다면, 식민지 시대의 조선에는 현대의 우리가 일단 상정하는 바와 같은 근대적 인간은 존재하지 않았던 게 된다. 양반과 서민의 세계관의 괴리는 심각한 것이었음에 틀림없고, 1894년에 신분이 철폐되고 얼마 지나지 않아 여전히 노비나 천민의 세계관을 가지고 있는 사람도 많았을 것이다. 조선 시대에는 노비 인구가 많았다는 사실을 감안해주기 바란다. 노비가 양반, 사대부와 같은 세계관을 가지고 있었다, 즉 위로부터의 국민윤리적인 교육이 이미 충분히 넓고 깊게 퍼져 있었다고 생각한다면 모를까, 그런 역사적 사실은 없었을 터이고, 한국인들 자신이 그 사실을 부정하고 있다. 또 식민지 시대의 서민이 현대 민주주의 사회의 세계관을 가지고 있었을 리 만무하다. 그런데도 역사학에서는 마치 20세기, 21세기의 인간이 식민지 조선의 시공간에서 살고 있기라도 했던 것처럼 기술되는 것은 어째서일까?

그와 같은 기술방법론이 허용되는 것은 단 한 가지 경우뿐일 것이라고 생각한다. 그것은, 뭔가의 '운동'을 하는 경우, 즉 뭔가의 '운동'에 역사학이 복종하고 있는 경우이다. 결국 식민지 시대를 다루는 역사학이라는 학문 자체가, 어떤 의미에서 '운동'이라는 행위에 종속되어 있는 지적 행위가 아닐까 하는 의문이 솟는다.

물론, 그러한 운동적 성격이 전혀 없는 지적 행위가 있을 수 있는가 하는 물음이 제기될 것이며, 또 그러한 성격이 도대체 왜 문제가 되는가 하는 물음도 제기될 수 있을 것이다.

그러나, 지금, 역사학이라는 학문이 그야말로 양국 간의 대립과 반감 같은 '전체성'에 깊이 관여되어 있고, 양국 간의 다양한 주장이 모두 역사학이라는 객관성을 표방하는 학지學知에 크게 의존하고 있는 사태를 생각할 때, 역사학의 성격을 둘러싼 문제는 심각하게 토의되어야 할 단계에 와 있다. 역사학이라는 방법론에 관한 철저한 재검토가 필요한 것이다.

『제국의 위안부』는 문학작품의 표현이나 혹은 한국의 '공적인 기억'으로부터 배제되어버린 기억을 근거로 전전의 한 시기를 살았고 가혹한 경험을 했던 조선인 여성들의 세계관을 복원하려고 했다. 물론 누구도 그 시도가 충분히 이루어졌다고는 생각하지 않는다. 그러나 지금까지의 역사 기술과는 다른 인간상을 소묘하는 데에는 성공한 것이다.

체계적 인식의 필요성

앞서 나는 '『제국의 위안부』는 정합적으로 정돈된 역사상을 제공하지 않는다'고 말했다. 이 사실이 갖는 중요성은 지극히 크다고 생각한다. 그것은, 위안부 문제나 식민지지배에 대한 이데올로기적인 학문은 실로 강력하게 '체계적인 인식의 틀'을 설정하고 모든 사람에게 그 틀에 입각한 인식활동을 요구하고 있기 때문이다.

이것을 좀 더 생각해보자.

위안부 문제의 해결을 위해서는 뭔가의 객관적 인식의 체계가 필요한 것일까 하는 물음이다.

우선 이 문제 자체를 철저히 논의하지 않으면 안 되겠지만,

① 만약 '필요하다'고 생각한다면, 위안부 문제 해결을 위해 스스로의 인식체계를 고수한다는 것은 각각의 진영에 커다란 의미가 있을 것이다. 그러나 이 경우, 그 체계는 열려 있는 것이어야 한다. 즉, 다양한 인식군을 가능한 한 포섭할 수 있는 체계의 구축이 필요할 것이다. 실례되는 말이지만, 박유하의 저작에 반대하는 진영의 담론에 그런 성격을 인정하기는 곤란하지 않을까. 내 눈에는, 이질적인 인식을 배

제하는 방향성에 초점을 맞추고 있는 것처럼 보인다. 그래서 위안부 문제는 해결되지 않고 있을 것이다. 왜냐하면 지금은 1990년대에 비해 이 문제에 관한 인식군의 다양성과 양이 현격하게 늘어났으며, 그것들을 모두 배제한다는 전략은 이미 현실적으로도(즉, 정치적으로도) 유효하지 않기 때문이다.

② 뭔가의 객관적 체계가 필요하지 않다면, 모든 인식을 가능한 한 포섭할 수 있는 장을 구축해야 할 것이다. 난잡하고 방향성 없이 난립하는 무수한 인식군을, 특정한 편향에 따라 방향지어서는 안 된다. 그 이유 중 하나는, 위안부 문제에 관한 인식군의 전체 양이 지금 시점에서 확정될 수 없기 때문이다. 장래에 새로운 인식이 태어났을 때, 그 인식도 포섭할 수 있는 장이 준비되어 있어야 한다. 이것은 1965년의 한일조약·협정의 결함으로부터 우리가 진지하게 배워두어야 할 부분일 것이다.

역사학만이 유효한 것인가

또 하나의 물음은, '위안부 문제의 해결을 위한 인식 구축에는, 역사학이라는 방법론만이 유효한 것일까' 하는 것이다.

다양하고 무수한 인식군이라고 해도, 그것이 허위일 경우에는 배제되어 마땅할 것이다. 그러나 그 진위의 판정 방법이 지금, 역사학이라는 방법론에 지나치게 의존하고 있다고 생각한다. 『제국의 위안부』가 제시한 것은, 인간의 경험이나 의식의 다양성과, 그 탈경계성이다. 탈경계적이어서 순순히 포섭되지 않는 의식이나 인식을 '허위'나 '날조'라고 배제하는 행위는 그 누구에게도 허락되지 않는다. 예를 들면 일본의 보수 측도 전 위안부의 증언이 시간과 장소에 따라 달라지는 것을 가지고 그 전체를 허위라고 단정해버린다. 그러나 역사를 서술할 때, 이와 같은 탈경계성과 불안정성을 배제하는 것은 불가능하다. 허위란 무엇인가 하는 물음에 답하려면, 역사학이라는 방법론에만 의존하는 게 아니라 이를테면 포스트콜로니얼리즘이나 문화연구에서 축적되어온 지식과 견해도 활용해야 하는 것이다.

박유하 비판이 역사학의 방법론의 절대성으로부터 이루어지는 경우, 그것은 사고에 대한 억압이 된다.

물론, 예를 들면 문학연구적 인식은 일본의 책임을 추궁하는 법적 투쟁에서는 직접적인 힘을 발휘하지 못할 것이다. 그러나 일반 시민의 마음에 호소하는 힘은 크다고 생각한다. 견고하고 곧바로 판단을 내리는 전투적 인식만이 아니라, 사람들의 마음속 감성으로 파고드는 인식의 역할도 있다. 그 역할을 부정하면 할수록, 사람들의 마음은 위안부로부터 멀어질 것이다.

역사학적 인식이 현실의 법적 투쟁에 지나치게 봉사하고 있다는 문제도 포함해서, 이 문제를 둘러싼 '인간관'을 우리는 물을 필요가 있지 않을까?

망각의 운동

위안부 문제에 관한 운동의 특징은, 이 운동을 통해 뭔가의 이상적인 상태를 자기 진영에 구축하려고 하는 강렬한 의지가 내포되어 있다는 데에 있다.

그 일례를 우리는 다음 사건에서 단적으로 볼 수가 있다.

『제국의 위안부』에 반대하는 뉴욕 한국인학부형협회 최윤희 공동 회장이, 2015년 12월 21일에 '친일 표현의 극치'인 이 책을 출판해서 '생존 위안부 피해자들에게 잔혹한 정신적 고통을 준' 박유하 교수를 대학에서 해임하라는 성명서를 뉴욕에서 발표했는데, 그때, '어느 부모가 빚 때문에 자기 딸을 매음굴에 팔아넘긴다는 말이냐'고 소리 높여 박유하를 비난했다(뉴욕=뉴시스, 2015년 12월 22일). 역사와 사회를 생각할 때, 대단히 흥미로운 발언이다.

재미 한국인의 주장은 조선의 전통적인 가부장제의 문제를 은폐하고 마치 식민지 시대의 조선인이 현대의 미국인처럼 일부일처제의 핵가족으로 살기라도 했다는 듯한 환상을 구축하고 있다. 현대 선진국의 인권 개념은 서양 근대의 일부일처제 핵가족이라는 틀을 전제로 하는 부분이 크기 때문에, 재미 한국인의 주장은 인권을 외치는 동시에 미국에서 자신들이 미국식 가족윤리관을 획득하고 정착시켜가는 과정의 의식도 포섭하고 있다.

그때 배제되는 것이 『제국의 위안부』인 것이다. 자신들 코리안은 원래부터(예로부터라고 해도 좋다) 인권 개념이 뛰어난 서양 근대형의 인간 관념을 가진 정치적으로 올바른 시민이며, 따라서 미국사회에서도 충분히 존중받아야 하는데, 이 세상에는 이와는 근원적으로 배치되는 인간관을 가진 사람들이 있다. 그 사람들이 바로, 코리안의 순결한 소녀 20만 명을 강간센터로 강제연행하고 심지어 자기 딸을 팔아넘기는 짓마저 주저하지 않는 부도덕하고 악랄한 일본인이고, 그 일본인의 시커멓고 불결한 인간관에 아부하고 추종하는 『제국의 위안부』의 저자이다. 이상이 재미 한국인이 주장하고 싶어하는 내용이다.

어떤 에스닉 마이너리티가 주류host사회에서 존엄을 유지하며 살아남아 신분상승을 이루어내기 위해서 주류사회의 중핵을 점하는 가치를 스스로의 본질로서 규정하는 것은 중요한 전략이다. 이에 대해 서술한 훌륭한 박사논문(교토대학 대학원 인간·환경학연구과)이 러시아인 올레그 파호모프에 의해 발표되었다. 그는 니클라스 루만의 이론을 원용하여 이렇게 말한다. 코리안 디아스포라가 고향을 떠나 이국에서 살게 되었을 때, 그들/그녀들은 '재편입'이라는 전략을 취했다. 이것은 단순히 주류사회에 편입된다는 뜻이 아니다. 편입될 때 주류사회의 중핵을 이루는 가치를 자기의 본질로서 규정하는 것이다. 이것을 소련, 미국, 일본으로 이주한 코리안 디아스포라의 비교를 통해 검토해보자. 소련으로 이주한 코리안은 스스로를 정치적 인간으로 규정했다. 그것은 소련 국가의 본질이 이데올로기적 정치성에 있었기 때문이다. 정치적 인간으로서의 코리안은 스탈린 시대의 소련사회에 그 나름의 자리를 확보했고, 우수한 정치적 국민으로서 사회적으로 살아남았다. 미국으로 이주한 코리안은 스스로를 금전능력을 갖춘 유능한 인간으로 규정했다. 미국사회가 금전능력적 가치를 중심으로 움직이기 때문이다. 코리안은 금전적 가치관에 따라 유능하게 활약할 수 있는 시민으로서 미국에서 그에 합당한 지위를 확보했다. 이에 비해 자이니치 코리안은 스스로를 도덕적 인간으로 규정했다. 일본사회의 중심적 가치관이 도덕성이었기 때문이다(일본사회가 도덕적이었다는 의미는 아니다). 코리안은 자신들의 도덕성을 호소하기 위해 일본사회의 부도덕성을 비판했다. 이 비판이야말로 일본사회에서 가장 유효한(즉 일본인에게 가장 강력하게 호소하는) 재편입의 통로였다. 자이니치 코리안은 일본사회에서 도덕적 존재로서 승인받는 것을 최대의 생존 전략으로 삼았다.

올레그 파호모프의 이 훌륭한 분석에도 물론 몇 가지 의문점은 있다. 자이니치 코리안이 모두 도덕적 자기본질화 전략을 세웠을 리도 없고, 금전능력적 자기본질화 전략을 취한 사람들도 많았을 것이다. 또 미국에서 금전능력적 가치로 자기본질화에 성공한 뒤의 코리안은 인권적 가치관의 자기본질화 전략을 취하고 있다. 여기에서 알 수 있는 것처럼 시대에 따라 혹은 스스로의 상승욕구에 따라 채택된 전략은 다양할 것이다. 또 설령 자이니치 코리안이 자기도덕화 전략을 취한 것이 사실이라 할지라도, 그것은 주류(일본)사회 측의 문제뿐 아니라 본래의 자이니치 코리안이 지닌 유교적인 도덕지향성의 역할이 컸던 게 아닐까 하는 의문도 생긴다. 하지만 그럼에도 불구하고 올레그 파호모프의 분석은 지금까지의 어떤 자이니치 코리안론보다도 설득력을 갖는다. 주류사회와 디아스포라 간의 상호 협동의 동태를 설명할 수 있기 때문이다. 기존의 설명으로는 '자이니치 코리안은 도덕적이고, 그것을 배제하려고 하는 일본사회가 부도덕하다'는 일방적이고 강렬하게 본질주의적인 이해밖에 얻을 수 없었다.

올레그 파호모프의 이 '재편입' 이론을 채용한다면, 현재의 재미 코리안은 위안부 문제, 나아가 『제국의 위안부』를 계기로 해서 미국적 인권의식을 자기본질화해가는 운동을 통해 미국사회에서 존엄 있는 시민으로서 승인받고 상승해가려 하는 것이다. 그때 잊혀서 사라지지 않으면 안 되는 기억과 기록이 있다. 그것들을 과감히 망각하는 운동을 지금 전개하고 있는 것이다.

실은 여기에는 미국이 내걸고 있는 다문화주의에 대한 중대한 도

전이라는 문제도 포함되어 있다. 즉 재미 한국인은 미국 주류파의 가치와는 다르지만 진정한authentic 가치를 체현하는 시민으로서 사회로부터 승인받는(이것이 다문화주의의 근본이다) 것을 추구했던 게 아니라, 거꾸로 미국 주류파의 가치의 중핵과 자기를 동일시하는 형태로 승인받기를 원했다. 이러한 반-다문화주의적인 행위가 미국사회에서 환영받는다면, 그것은 1990년대에 활발해진 다문화주의의 실험과 논의에 미국사회가 이미 지쳐 있다는 상황을 반영하는 것이기도 할 것이다. 그러나 그 이전에 코리안 디아스포라의 생존전략 자체가 본래 '주류사회의 우등생이 된다' 혹은 일본의 운동처럼 '주류사회보다도 (도덕적으로) 우위에 선다'는 자기본질화 운동이라는 점이 중요한 포인트일 것이다. 물론 그것 자체를 비판할 수는 없다. 어느 쪽이건, 자신의 더 나은 생존을 위해 선택하는 길인 것이다. 하지만, 여기에는 진정한 의미의 자문화에 대한 경의는 존재하지 않는다는 점을 확인해두는 것도 중요할 것이다. 이를 두고 역사적 용어인 '사대事大'라는 개념을 떠올린다 해도 문제는 없을 것이다. 항상 '지금, 주류가 갖고 있는' 가치에 어떻게 헌신commit하는가 하는 데에 대한 관심이 삶의 첫 번째 목적이 되어버리는 것이다. 그러기 위해서 '일찍이 자신이 가지고 있었던' 가치는 억지로 망각되고 만다.

학문이란 그 망각의 욕망을 해부하고, 운동이 역사를 날조·개찬하는 것을 비판하는 측의 행위일 것이다. 만약 그와 반대되는 행위를 학문의 이름으로 말한다면, 그것은 학문의 종언을 의미하는 것이다.

역사와 인간의 전체성에 대하여

『제국의 위안부』가 제기하는 역사학과 인간 개념의 관계성 문제는 다양하다.

우리는 역사와 인간의 전체성에 대해 좀 더 깊이 사색해야 하지 않을까. 궁극적으로 말하자면, 그 사색의 과정에서 전 위안부들의 명예와 존엄의 회복이 진정한 의미에서 모습을 나타낼 것이라고 생각하여 마땅할 것이다.

전체성을 배타적으로 설정해서는 안 될 것이다. 위안부라는 존재에 대해 이질적인 상像이 혼입되는 것을 각 진영(좌와 우)은 왜 그렇게 혐오하는 것일까? 자신들이 주장하는 위안부상의 전체성이 훼손되기 때문일까? 그 전체란 무엇일까? 다양성과 월경성越境性을 포섭할 수 없는 전체란 무엇일까? 그리고 그 인식의 전체성을 담보한다는 객관적 실증성과 당사자로부터의 무거리성은 도대체 무엇인 걸까?

위안부 문제는 비참한 경험을 하고 그것을 육성으로 이야기할 수 있는(있었던) 사람들만을 피해자로 설정할 것인가, 그렇지 않은 다양한 다수의 사람들을 피해자로 생각할 것인가에 따라 보편화의 힘이 극적으로 달라질 것임에 틀림없다. 안타깝게도, '비참한 경험'에만 초점을 맞추는 논의 방식으로는 이 문제의 전체상을 정확하게 구축할 수 없다. 육체적으로 유린당한 사람들만이 유린당한 것은 아니다. 일본제국의 폭력장치에 의해 자신의 심정·의식까지 변형되어버린 사람들도 충분히 유린당한 것이다. 그 부분을 배제해버리는 것은 일본제국을 왜소화하고 부분적으로 면책하는 것이나 마찬가지가 아닐까? 왜 그렇게 일본제국을 왜소화하고 싶은 것일까? 심정·의식 부분은 법적인 쟁점으로 삼기 어렵거나 법적 투쟁에서 유리하지 않기 때문에 배제하는 것일까? 만약 그렇다면, 이것은 어떤 의미에서 인문학의 패배가 아닐까? 법적인 싸움에서 유효한 부분에만 초점을 맞춘다는 목적에, 인문학은 결코 봉사해선 안 된다는 것이 내 근본적인 입장이다. 법적 투쟁에 관심의 중점을 두는 일조차도, 어떤 의미에서는 인문학의 패배일 것이다.

우리는 이 문제를 한일관계로부터 출발해서 인류 전체의 인권유린 문제로서 보편화하고 싶은 것이다. 그때, 내가 상상하는 것은 아우슈비츠에 전시된 수많은 유태인의 신발이다(나치의 행위와 일본제국의 행위를 동일시한다는 의미는 아니다). 유린당한 사람들이 했던 경험을 가능한 한 다양하게 알고 그에 대한 깊은 생각에 다다를 때 '피해자'는 우리 앞에 나타나는 것이다. 특정한 이념을 가진 세력이 피해자와 그렇지 않은 사람의 경계를 일의적一義的으로 설정하는 것은 또 하나의 폭력행위에 다름 아니다.

'구조'란 무엇인가

마지막으로 '구조'의 문제이다.

나를 포함해서 박유하 옹호파는 『제국의 위안부』의 가장 훌륭한 논점으로서 이 '구조적' 지배의 문제를 든다. 이것은 지배와 피지배의 복잡한 관계성을 분석할 때 극히 중요한 시점이라고 생각하기 때문이다.

나는 일본의 조선 지배는 식민지지배였다기보다는 '병합식민지지배'였다고 생각하고 있다. 병합이라는 측면과 식민지라는 측면을 겸한 특이한 지배형태였다고 생각하는 것이다. 식민지하의 조선은 일본이자 조선이었다. 조선인은 일본인이자 조선인이었다. 전후(해방 후)의 식민지기에 대한 인식이 한국, 북한, 일본에서 각각 지극히 복잡하고 어려운 가장 큰 이유는 이 '병합식민지'라는 특이한 형태를 어떻게 이해할 것인가 하는 문제에 연원을 두고 있다.

'병합식민지주의'에서 통치의 방법은 현저히 복잡하고 교묘하다. 동화와 이화의 모순관계로서 동일화를 도모하지 않으면 안 되기 때문이다. 그리고 지배당하는 측의 심리도 극도로 복잡해진다. 자기의 심정이 자기의, 혹은 타자의 어느 부분에서 출발한 것인지가 불분명해지고 애매해진다. 무리하게 그것을 민족적 본질이라는 것(허구이다)에 자기동일화하려 해도, 좀처럼 잘 안 된다. 애당초 무엇이 자기이고 무엇이 타자인지 알 수가 없다.

이러한 애매성은 문학적으로 말하면 매우 매력적인 것이지만(이 애매성 자체가 사실 삶의 본질이기 때문이다), 정치적으로 말하면 낮게 평가될 수밖에 없다. 특히 전후(해방 후)의 국민국가적 이데올로기에서는 철저하게 폐기해야 할 성질이었다. 그러므로 이상이나 윤동주 같은 매력적인 문학자들도 한국에서는 그 애매함의 가치를 평가받지 못하고, 식민지적 객체성(이상)이나 민족적 주체성(윤동주)이라는, 그들 개인의 다중성과는 전혀 다른 정치적 인식의 틀에서밖에 평가되지 않는다. 여기서는 문학적 포스트콜로니얼리즘도 완전히 이항대립적인 정치적 인식으로서밖에 기능하지 못한다, 라기보다 포스트콜로니얼리즘이 진묘하게도 이항대립의 강화에 이바지하고 만다.

이것을 극복하려는 것이 '구조'라는 개념이라고 생각한다. 예를 들면, 다음과 같은 서술을 조용히 음미해봄으로써 우리는 역사를 되돌아보는 복수의 다중적 시선을 획득할 수 있지 않을까.

그녀들은 몸을 피할 구덩이를 파고, 도주 중에 폭탄을 나르고, 붕대를 빨기도 했다. 그리고 그러는 사이사이에 폭탄이 터지는 최전방에서도 폭력에 시달리며 병사들의 욕구를 받아주어야 했다. 고통스러운 나머지 때로는 거부했지만, 최선을 다해 일본군의 전쟁을 지탱했던 것이다. 그러한 그녀들의 일은 보이지 않는 억압구조가 강제한 것이었다.(『제국의 위안부』 일본어판 231쪽, 한국어판 159쪽, 이하 인용문은 일본어판과 한국어판에 소소한 차이가 있다-편집자)

그리고 그렇게 조선인 위안부들이 더 많이 가혹한 환경으로 가게 된 이유는, 그들이 식민지의 여성이라는 계급적이고 민족적인 이중차별의 결과였다. 설령 자발적인 선택이었다 하더라도, 그 '자발'성과 '적극'성은 그러한 구조적인 강제성 안에서의 일인 것이다.(232쪽, 한국어판 161쪽)

'조선인 위안부'라는 존재를 만든 것은,… 가부장제와 국가주의와 식민지주의이다. 그런 의미에서는 위안부가 되는 민간인 모집을 발상한 국가나 제국으로서의 일본에 그 '죄'가 있더라도, 법률을 범한 그 '범죄성'은 그러한 구조를 견고히 하고, 그 유지에 가담하고 협력했던 민간인들에게도 물어야 할 것이다. 이 문제는 '국가에 의한 법적 배상'이 추궁되는 문제이기도 하므로, 법적 책임의 주체가 누구인가를 명확히 아는 것은 중요하다. 당시에는 '죄'라고 의식되지 않던 행위와 이미 법적으로 규제되고 있어서 죄로서 의식되었던 행위는, 구별해서 생각해야 한다. 그것은 구조적인 강제성과 물리적인 강제성의 주체를 나누어 생각하는 일로

도 이어진다.(34쪽, 한국어판 26-27쪽, 33쪽)

　다음 기술에는 ‘구조’라는 말이 나오지 않지만, 박유하는 바로 이런 상황, 즉 조선인 위안부가 일본군 병사에게 ‘동지의식’을 갖게 되어버리는 가혹한 상황을 설명하기 위해 ‘구조’라는 개념을 가져온 것이다.

　　그녀는 일본군을 원망하지 않고, 그녀 앞에는 민족의 차이는 의식되지 않는 한 사람의 군인이 있을 뿐이다. 눈앞에 있는 남성은 어디까지나 ‘동족으로서의 군인’이지 ‘미워해야 할 일본군’이 아니다. 그녀가 군인을 자신과 똑같이 불행한 ‘운’을 가진 ‘피해자’로 보면서 공감과 연민을 표할 수 있는 것도 그녀에게 그런 동지의식이 있었기 때문일 것이다. 그녀 역시, 자신도 군인도 일본 국가에 의해 머나먼 곳까지 실려온 ‘개미’에 지나지 않는다는 것을 이해하고 있다.(92쪽, 한국어판 75쪽)

　『제국의 위안부』라는 책의 가장 큰 특징, 그리고 한국인이 이 책을 결코 용서할 수 없는 이유는, 이와 같은 조선인 위안부와 일본군 병사의 ‘감정의 연대’(88쪽)가 다수의 사례를 통해 분석되고 있다는 점에 있다. 박유하는 물론 이것을 바람직하다고 생각하지 않으며, 전쟁과 식민지지배가 초래한 구조적인 궁극의 폭력성이라고 생각하고 있다. 그러나 여성들이 그러한 감정을 가지게 된 것을 규탄하거나 비판하지는 않는다. 인간이 살아가는 데에 있어서 어떤 감정을 가지는가에 관해서는 분명히 타자나 시스템의 강한 억압이 있을 것이다. 그것은 어느 시점(예를 들면 민족지상주의)에서 보면 바람직하지 않고, 배제하여 마땅할, 망각하여 마땅할 감정일지도 모른다. 그러나 인생의 어느 시점에서 그런 감정을 가지게 되고 나이들 때까지 그 감정을 잊지 않고 살아온 한 사람의 인간에 대해 취해야 할, 최대한의 경의를 담은 태도는 어떤 것일지, 우리는 진지하게 생각하지 않으면 안 된다. 박유하는 독자에게 그렇게 말하고 있다. 하지만 '한 많은 위안부'상(88쪽, 한국어판 76쪽)이라는 '순수한 피해기억'(161쪽, 한국어판 134쪽)만 기록하고 싶은 '민족담론'(같은 쪽)적 욕망은, 박유하의 말을 절대로 허용하지 않는 것이다.

물론 『제국의 위안부』에 때때로 등장하는 '구조'라는 말이, 언제나 앞에서 말한 것과 같은 '지배의 복수성複數性'을 의미하는 것은 아니다. 오히려 다음 예처럼 '지배의 단순성'을 나타내는 경우가 더 많다.

조선인 위안부들은 그저, 약간의 긍지와 돈을 받고 자신의 신체를 국가와 업자와 군인에 의해 다중적으로 착취당하는 존재이기도 했다. 물론 금전적인 착취의 주체는 업자이고 과잉착취가 없도록 군은 '관리'도 했지만, 동시에 그러한 착취구조를 묵인하고, 이용하고, 권장하기까지 했다.(224쪽)

일상과 여성으로부터 격리되어 남성들끼리 생활하게 되는 군대 시스템이나 전쟁 자체가 이미 '위안소'를 필요로 하게 된다. '위안부'란 아이러니컬하게도 그러한 구조적 문제를 드러내주는 명칭이기도 했다.(224쪽, 한국어판 151쪽)

조선인 '위안부' 문제가 식민지배 구조에서 발생한 문제인 이상, '일본의' 공창시스템—일본 남성을 위한 법에 식민지 여성들을 편입시킨 것

자체가 문제였다.(228쪽, 한국어판 155쪽)

하지만 설사 '자발적'으로 '희망'했다 하더라도 그녀들로 하여금 '추업
醜業'이라고 불리던 일을 선택하도록 만든 것은, 그녀들의 의지와는 상관
없는 사회적 구조였다.(229-230쪽, 한국어판 158쪽)

위안소의 다수는 멀리 이동당해, 생명의 위협을 받고, 폭력이 일상화되
어 있었던 곳이었다. 그리고 조선인 위안부는, 명령에 대한 절대복종에
익숙해져 있었던 군인들이 자신들의 권력을 행사할 수 있는 유일한 대상
이기도 했다. 조선인 위안부 문제에서 일본의 책임은, 그러한 구조에 여
성들이 놓이는 것을 묵인하고, 때로 적극적으로 그 구조를 만들었던 데
에 있다.(234쪽)

이처럼, '구조'라는 말은 이 책에서 '단순하고 직선적인 지배'와 '복
잡한 고도의 지배' 양쪽에 사용되고 있다. 전자는 예를 들면 단순한 지
배-피지배, 착취-피착취, 명령-복종의 이항대립적인 도식적 관계이
며, 후자는 예를 들면 지배자와 피지배자, 착취자와 피착취자, 명령자
와 복종자가 동일한 **듯한** 감정을 갖게 되어버린다는 부조리극과도 같
은 실존적 관계이다.

이중 '전자에만 주목하라'고 민족지상주의 담론은 폭력적으로 요
구한다. 그러나 그래서는 병합식민지주의의 전모를 도저히 이해할 수
없는 것이다. 결국 민족지상주의 담론은 자신들이 지배당한 사실의
전모를 이해한다는 곤란한 행위로부터 도피하는 것이 된다. 아마도
용기가 없는 것이리라. 마음속 깊이 두려운 것이리라. 직시할 수 없는

것이리라. 자신들의 근원이 뒤엎어져버린다는 생각에 견딜 수 없는 것이리라. 그곳을 박유하는 과감히 찔러 들어갔던 것이다. 승부는 이미 나버렸다고 말할 수밖에 없다. 미리 승부가 나 있는 이 싸움은, 그러나 진정한 결착을 보려면 실로 긴 시간(어쩌면 100년 단위의 시간)이 걸릴 싸움이기도 하다. 하지만 우리는 이 싸움을 도중에 그만두어서는 안 될 터이다.

'구조'와 역사 기술

식민지 시대를 살았던 A라는 조선인이 설령 한국 내셔널리즘의 관점에서 바람직하지 않은 심정을 가졌다고 하더라도, 그것은 일본의 지배가 단순하지 않고 교묘했기 때문이다. 즉 일본의 지배란 그렇게 전면적이고 폭력적인 것이었다, 라는 인식을 제공하는 것이 '구조'이다. 단지 물리적인 피해를 입은 사람만을 피해자로 파악하기보다, 도저히 어쩔 도리가 없이 자신의 것이 아닐지도 모르는 심정을 갖도록 되어버리고 만 것(예를 들면 '동지적'인 감정)이더라도 엄연한 피해 혹은 피지배인 것이다, 라고 말하는 것이 이 '구조'라는 개념인 것이다. 박유하 옹호파는 아마도 모두, 이 개념을 이런 식으로 받아들이고 있으리라고 생각한다.

그렇다면, 이 개념은 지금까지의 '이항대립형의 단순 지배 규탄'의 틀보다 훨씬 넓은 사정권에서 일본제국을 비판할 수 있을 터이다. 박유하 옹호파는 이 점에서도 거의 같은 인식을 가지고 있다고 생각한다.

나는 '이항대립형의 단순 지배 규탄' 틀의 문제점은 일본제국의 지배를 왜소화해버린다는 데에 있다고 생각한다. 기본적으로는 중국의 '이분론'과 마찬가지로, 명확한 가해자와 명확한 피해자를 한정해서 특정해버리고 그에 따라 역사의 악을 심판하려는 정치운동적인 인식이다. 하지만 물론, 병합식민지지배란 그렇게 단순하고 부분적인 것이 아니었다. 정말로 지배는 구조적이고 전면적이었던 것이다. 일본의 지배를 왜소화해서 이해해서는 안 된다.

그렇다면 왜, 박유하 비판파 사람들은 이 '구조'라는 개념을 평가하지 않는 것일까? 이유는 여러 가지가 있을 것이다.

우선 앞서 말했듯이, 단순한 공포심일 것이다. 명확한 가해자, 명확한 피해자, 명확한 협력자, 명확한 저항자를 도식적·정치적으로 구분함으로써 무엇인가를 책망하고 무엇인가를 지키고 싶다는 욕망이 공포심과 함께 강렬히 움직이고 있다.

또 하나는 법정투쟁 및 운동에 유용하지 않기 때문이다. 일본의 식민지지배 책임을 묻는 투쟁에서는 명확한 가해자와 피해자를 특정하지 않으면 안 된다. 만약 '구조'라는 개념 아래 '일본의 권력을 추종해서 조선인을 가혹하게 지배하거나 학대했던 친일파 조선인도 사실은 구조적인 피해자였다'는 담론이 성립해버려서는, 운동은 불가능한 것이다. '식민지지배의 책임을 애매하게 하고, 구조라는 실체도 없는 것에 초점을 맞춤으로써 결국은 책임 회피를 꾀하는 논법은 틀렸다'는 것이다. 니힐리즘(민족허무주의)은 배제되지 않으면 안 된다는 생각이다.

하지만 이 밖에도 '구조라는 개념하에서는 피해자의 사정권이 넓어질지는 모르지만, 동시에 저항자의 사정권은 줄어들고 만다'는 이유가 있는 건 아닐까? 달리 말하자면, 구조라는 개념하에서는 저항자의 주체성이 명확히 서지 않을 가능성이 있다는 것이다.

어디로 보나 저항자다운 저항자가 있었다고 하자. 그 사람은 식민지지배의 폭력에 맞서 영웅적인 주체성을 발휘해서 지배자를 물리적인 힘으로 타도했다고 하자. 그러나 구조라는 개념하에서는 그 저항자는 주체성에 의해서가 아니라 구조에 의해 행동한 것이라고 해석되어버리는 것이다. '제국의 지배는 저항자의 저항도 역시 지배의 내부로 편입함으로써 복잡하고 교묘한 통치를 했던 것이다'라고 결론지어질 가능성이 여기에는 있다. 저항자의 주체성조차 괄호가 붙은 것이 되고, 구조라는 전체성의 세계로 환원되어버린다.

구조라는 개념은 지배 측의 통합에 우발성·자의성은 없다는 것을 명시하고 있지는 않지만, 극히 전체성에 가깝다는 것을 함의한다. 전체적이고 그 외부가 없는 지배에 대해서는 저항사관과 같은 이항대립적 서술은 처음부터 성립되지 않을 것이다. 구조를 만든 인간이 적이라면 선善은 그 구조를 파괴하려고 하는 사람, 그 구조에 의해 억압당한 사람, 그 구조로부터 일탈하려고 한 사람들 쪽에 있을 터이다. 그러나 이 구조는 그 선 쪽의 사람까지 구조화해버린다. 이러한 전체성의 세계가 만약 존재한다면, 거기에는 저항의 주체가 존립할 수 없게 되어버린다.

이것은 무엇을 의미하는 것인가?

필연성과 필연성의 투쟁을 의미하는 것이라고, 나는 생각한다.

즉, 저항사관에서 본다면, 지배자의 지배라는 것은 자의적이지 않으면 안 된다. 그 자의성이야말로 폭력인 것이다. 그리고 그 사악한 자의성을 타도하기 위해 떨치고 일어난 저항자의 주체성이야말로 역사의 필연인 것이다. 이렇게 해석하지 않으면 저항사관은 성립하지 않는다. 예를 들어 테러를 행한 사람을 영웅이라고 규정하기 위해서는 그 인간의 행위가 자의적이어서는 안 된다. 바로 자의적이고 불합리한 억압에 대한 역사의 필연이었기 때문에 그 행위에 도덕적 정당성이 부여되는 것이다.

저항사관에서는, 지배가 자의적이고 저항이 필연적이라고 한다면, 여기서 진정한 인간이 태어나는 것은 실은 지배 측인 것이다. 왜냐하면 인간의 삶은 자의성 그 자체이기 때문이다. 필연적인 행위를 하는 인간에게는, 완전무결한 도덕적인 인간성은 존재할지도 모르지만, 그 필연적인 인간성은 영웅사관의 역사 속에서밖에 살아갈 수 없는 게 아닐까?

이때, 저항사관은 난관에 부딪힐 것이다. 초월론적인 도덕적 주체를 민족정신의 권화權化로 설정한다면, 그 주체는 역사를 살아간다기보다는 '역사 없는 역사'를 살아간다고 하는 쪽이 옳을 것이다. 자의성·우발성이 악이 되고 필연성이라는 선만의 시점으로 이야기되는 '역사'. 그것을 역사라 부른다면, 그것은 '역사2', 즉 '역사 없는 역사'라고 해야 할 것이다. 이 '역사2'는, 고대로부터 중국에서 '춘추필법' 등으로 불린 것이다. 그리고 이런 식의 역사 서술은 고대 중국의 거대국가 출현과 깊이 관련되어 있다. 전국시대부터 전한前漢에 걸친 제국 출현기에 이 '역사 없는 역사'가 헤게모니를 장악하게 된다. 역성혁명(放伐)이라는 동력을 내포한 전제군주체제에서의 역사 기술이란 대략이 '역사2'인 것이다. 결국 초월론적 도덕주체가 우연성의 시간을 종결시키며 승리하는 '이야기物語'이다. 현대에도 국민국가 단위로 내셔널리즘이나 혁명적 운동의식에 따라 역사를 기술할 때는 자의성·우발성은 악으로 규정되고, 역사학이라는 이름 아래 '역사 없는 역사'가 난폭하게 기술된다.

이 '역사2'에서, 필연성은 저항 주체 쪽에 있다. 저항 주체야말로 이성적인 도덕성의 체현자이다. 그리고 그를 위해서는 지배와 억압은 비이성적이고 자의적이지 않으면 안 된다(대중영화 등의 미디어에서 지배자의 묘사를 참조하라).

그런데 국가범죄를 법적으로 추궁하기 위해서는, 예를 들면 위안부 문제에서 일본군이 조직적·계획적으로 범죄행위를 저질렀다는 것을 폭로하지 않으면 안 된다. 일본군이나 일본 정부가 자의적인 행동을 했다고 하게 되면 상황이 고약해지는 것이다. 그렇게 보면 이 법적 투쟁에서는 필연성이 악의 진영에 부여되어버린다. 지배와 저항의 관계는 필연과 필연의 관계가 되어버린다. 일본제국의 필연적=조직적 지배에 대해 위안부는 영웅적=필연적 저항자로서 자리매김된다. 여기서는 일본제국도 위안부도 우발성과 자의성으로부터 분리되어 역사 없는 역사를 살아가게 된다. 이 시공간에는 인간다운 삶을 영위하는 자는 아무도 없게 된다. 그것은 인간이 있을 필요가 없는 세계인 것이다.

이에 대하여, 『제국의 위안부』가 그려낸 세계에서는 일본제국의 구조적=전체적 지배에 대해 위안부들은 때로 그 지배자와 감정을 일치시키기도 하고 동지적 관계가 되기도 하는 우발적·자의적 존재로서 부각된다. 여기에서 위안부라는 사람들은 역사를 살아가고, 삶을 살아가게 되는 것이다. 물론 그 역사와 삶이란 지배자의 구조 속에서의 몸부림과 고통으로부터 분출된 **불순한** 자의성일지도 모른다. 지배자의 구조나 영향으로부터 완전히 분리된 **순수한** 저항자로서의 주체는 아니다. 하지만 구조가 전체적일 때, 그것에 대항하는 수단이 하나일 수는 없다. 조선인 업자와 같이 일본군에게 협력해서 동포 여성을 이용한 사람들이 살아간 역사와 삶도 있었을 것이고, 더 교활하고 타기하여 마땅한 사람들의 병합식민지라는 시공간도 있었을 것이다.

그들/그녀들은 모두, 지배자의 주체성과 저항자의 주체성을 모두 포섭하면서 동시대를 살아가는 모든 존재자의 삶을 스스로가 지각하는 상 안에 받아들여 병합식민지라는 가혹한 시간 속을 살아가는 다중주체성이었다.

이 다중주체성이 그 다중성 탓에 불순하다든가 부도덕하다고 이야기될 때, 그들의 불순성이나 부도덕성과는 완전히 분리된 초월론적인 주체는, 도대체 어떠한 역사를 살아갔던 것일까? 순수한 주체가 역사를 살아간다는 것이 가능한 것일까? 역사를 살아갈 수 없는 주체들을 주인공으로 한 이야기를 위해 정말로 갈기갈기 찢겨 상처 입은 것은 누구였던가, 숙고할 일이다.

(번역: 김석희)

저항과 절망
─주체 없는 주체를 향하여

김철

1.

오래전에 썼던 한 글에서, 저는 다케우치 요시미竹內好가 루쉰에 관해 말하는 가운데 "구원하지 않는 것이 노예에게는 구원"이라고 말한 대목에 기대어, 우리 시대의 '절망'과 '저항'에 대해 생각해본 적이 있습니다.[1] 노예가 노예임을 자각하지 못하고 계속해서 해방의 꿈을 꾸도록 하는 것이야말로 노예를 '구원하는 것이면서 동시에 구원하지 않는 것'이라는 다케우치의 통찰은, 물샐 틈 없이 강화된 탈식민지 국민

---

*　이 글은 2015년 10월 10일 일본 리쓰메이칸立命館 대학에서 열린 〈공개워크숍 한일의 경계를 넘어서─제국일본을 대하는 방법〉 제4회 자리에서 발표한 것이다.

1　졸고「저항과 절망」, 한일연대21 엮음,『한일 역사인식 논쟁의 메타히스토리』, 뿌리와 이파리, 2008. 이 글의 일본어 번역은 小森陽一, 崔元植, 朴格河, 金哲(編),『東アジア歴史認識論争のメタヒストリー』, 青弓社, 2008. 또는 졸저『抵抗と絶望─植民地朝鮮の記憶を問う』, 大月書店, 2015.

국가의 나날을 영위하고 있는 우리에게도 여전히 무겁게 다가옵니다. 노예가 해방에의 환상을 버리고 자신이 노예임을 자각하는 것, 구원의 길은 어디에도 없다는 '절망'과 마주서는 것만이 구원의 길이다. 그러므로 저항이란, 찬란한 해방의 꿈에서 깨어나 깜깜한 암흑의 절망속으로 한 발 나아가는 것, 즉 절망을 행동화하는 것이다. 이것이 다케우치 요시미의 루쉰 독해입니다.

여기서 절망의 반대어는 '희망'이 아닙니다. 절망의 반대어는 '환상'입니다. 모두 아시다시피, 라캉 역시 그렇게 말합니다. 우리가 살아가고 있는 이 현실은 라캉식으로 말하면, 상징계, 즉 욕망이 펼쳐지는 환상의 스크린입니다. 이 환상의 스크린을 찢고 그 틈새를 드러내는 것 혹은 횡단하는 것이 이른바 실재the Real와 만나는 것입니다. 요컨대, 다케우치의 '절망'은 라캉의 '실재'입니다. 라캉에 따르면 실재는 우리가 만질 수도 볼 수도 없는 공포와 고통 그 자체입니다. 해방의 꿈에서 깨어난 노예 역시 "인생에서 가장 고통스러운" 순간을 맞습니다. 이 공포와 만나는 것이야말로 절망, 즉 실재와 마주서는 것입니다. 이 공포를 견뎌내지 않으면 노예는 영원히 노예입니다. 그러나 현실의 우리는 언제나 실재와의 대면을 회피하고 환상을 유지하기 위해 모든 노력을 다하고 있습니다. 우리가 노예가 아니라고 말할 수 있을까요? 그렇다면 "절망의 행동화가 저항"이라는 다케우치의 명제는 어떻게 이해할 수 있을까요? 피식민자의 저항은 이 명제에 비추면 어떤 것이 될까요?

2.

식민지의 삶을 오로지 '저항'과 '투쟁'의 관점으로만 기억하는 것은 오늘날 모든 한국인에게 보편화된 이해방식입니다. 40년에 가까운 식민지의 시간을 살았던 수많은 조선인들의 삶은 오직 일본 제국주의와의 '투쟁'의 정도에 따라 그 의미를 부여받습니다. 독립된 국민국가의 건설이라는 최종 목표를 향한 민족적 수난과 저항의 역사만이 유일하게 기억되어야 할 과거이며, 식민 지배자와 협력한 굴종과 배신의 삶은 영원히 제거되고 청산되어야 한다는 인식은, 정치적 이념의 좌우, 전문적 학자나 보통 시민의 경우를 불문하고, 오늘의 한국인들에게는 엄격한 사회적 율법으로 공유되고 있습니다.

그런 의미에서 일제시대[2]는 탈식민지 한국을 일종의 종교사회로 구성하는 기원이면서 모든 한국인을 하나의 종교적 신념으로 동질화하는 가장 큰 동력이기도 합니다. 항일무장투쟁의 신화로 감싸인 북한, 침략자를 응징하는 독립투사나 민족영웅의 무용담을 그린 영화가 1000만 명의 관객을 동원하는 남한 사회에서 저항하지 않고 살아갔던 '비겁자들'의 삶과 죽음은 발화될 수 없습니다. 그런데, 제가 좋아하고 존경하는 도미야마 이치로富山一朗 씨는 그의 저서 『폭력의 예감』 서문에서 〈적기가〉의 한 구절에 나오는 '비겁자들', 즉 '겁쟁이'에

---

2 지금 '일제시대'라고 자판을 치는 순간, 한글프로그램의 자동교정기가 이 단어를 '일제강점기'로 바꾸는 것을 보고 깜짝 놀랐습니다. '일제강점기'라는 용어의 부당함에 대해서는 다른 글에서 여러 번 지적했기 때문에 여기서는 생략하고자 합니다. '일제시대'라는 용어를 '일제강점기'로 자동으로 바꾸는 이 시스템의 등장은 식민지 기억에 관한 한국사회의 사회적 율법이 어느 정도로 고착·강화되고 있는가를 보여주는 또 하나의 사례일 것입니다.

주목합니다. "겁쟁이의 신체에는 상처, 혹은 상처와 관련된 상상력이 흘러넘친다. 이 상상력을 확장시키는 것이 바로 역사나 사상을 생각하는 작업"이라고 그는 말합니다. 제가 오늘 말씀드리고자 하는 것도 바로 이 '겁쟁이들', 그리고 그들의 신체 속에 새겨진 어떤 상상력, 혹은 주체성에 관한 것입니다.

  방금 말씀드린 바와 같이, 내셔널리즘을 원리로 하는 신정神政국가로 화한 한국에서의 삶은, 민족-국민 주체로 회수되지 않는 한, 어떤 주체성, 어떤 역사성, 어떤 사회성도 갖지 못합니다. 저의 머릿속에 금방 떠오르는 한두 가지 사례를 우선 말씀드리겠습니다. 2002년 서울 월드컵에 열광하는 젊은이들을 보고 한국의 한 대표적인 진보인사는 역시 한 대표적인 진보신문에 다음과 같이 썼습니다. "오늘의 젊은이들은 개인주의자들이어서 건강하고 성실한 공동체 의식을 발견하기 어렵고, 전쟁이라도 나면 전쟁터로 뛰어갈 젊은이가 몇이나 될까 걱정하는 이도 있다. 그러나 '붉은 악마'는 그들의 핏속에 여전히 민족과 국가라는 유전적 인자가 자리잡고 있음을 보여주었다." 그런가 하면, 2005년에 '독도' 문제로 사회 전체가 또다시 엄청난 흥분상태에 빠졌을 때, 한국에서 가장 많은 독자를 확보하고 있는 대표적인 두 소설가는 그들의 상이한 정치적 입장(아마도 그중 한명은 우파를 대표하고 다른 한 명은 좌파를 대표한다고 말해지겠지요)과는 달리, "독도에 미사일을 설치하자", "일본과의 전쟁을 불사하자"라는 무시무시한 주장을 한국 최대의 언론매체들을 통해 펼치기도 했습니다. 이 발언에 대해 항의한 사람은 물론 아무도 없습니다. 항의는커녕 아마도 대중의 갈채를 온몸에 받았을 것입니다. 한국에는 이런 지식인들, '민족의 제단 앞에 선 제사장祭司長', '민족 무당shaman'이라고 부를 만한 예술가, 학자들이 흘러넘칩니다. 이런 사회에서 식민지에 대해 사유한다는 것, 식민주의에 대한 저항을 모색한다는 것, 역사와 사상에 대해 말한다는 것은 그 자체로 절망을 안고 시작할 수밖에 없는 것이기도 합니다.

3.

조선에 대한 일본제국주의의 식민지지배를 생각할 때, 우리는 지배자/가해자로서의 일본 및 일본인, 그리고 피지배자/피해자로서의 조선 및 조선인을 자연스럽게 설정합니다. 현대의 한국인이나 일본인은 거의 모두 이런 전제, 즉 자신을 어느 한쪽의 '국민'으로 주체화한 지점에서 과거의 역사를 대면합니다. 그런데 저에게는 이것은 뭔가 대단히 이상한 사고방식, 뭔가 심하게 뒤틀린 관점으로 보입니다. 지배자/가해자로서의 일본(인) 및 피지배자/피해자로서의 조선(인)이라는 구도는 사실이 아니라고 말하는 것이 아닙니다. 그 지배/피지배, 가해/피해의 경험을 '국민적 주체'의 이름으로 말하는 행위, 그리고 그 행위가 연속시키는 식민주의, 혹은 또다른 폭력의 가능성에 대해 생각하고 싶은 것입니다.

그런 점에서 "일본의 식민지지배에 대해 일본 국민을 대신하여 한국 국민들에게 사죄한다"라고 말하는 일본의 유명한 정치인, 학자, 작가, 예술가 등의 한국 방문 인터뷰 기사를 접할 때마다 저는 심한 위화감을 느끼곤 합니다. 이 사과를 통해서 그 일본인과 저는 각각의 '국민'으로서 사과를 주고받는 행위 속에 참여하게 됩니다. 이것이 저의 위화감의 근본입니다. 동시에 이런 발언을 하는 '양심적 일본인'의 존재를 통해서 그렇지 않은 일본인, 즉 '나쁜 일본인'의 존재가 표상됩니다. 당연히 이 과정은 하나의 거울이 되어 '좋은 한국인'과 그렇지 못한 한국인, 즉 '친일파'를 만들어냅니다. 짐작하셨겠지만, 저는 지금 '사과'에 대해 말하는 것이 아닙니다. 사과를 주고받는 행위, 또는 증오를 주고받는 행위를 통해 더욱더 공고해지는 국민적 정체성, 그리고 그것을 통해서 완전히 닫혀버리는 어떤 상상력에 관해 말하고자 하는 것입니다.

얼마 전에 어떤 자리에서 위와 같은 말을 했다가 한 청중으로부터 분노에 찬 항의를 받은 적이 있습니다. 그 요지는 "국가 대 국가의 문제를 '개인'의 관점으로 이해해서는 안 된다. 이것은 '사적私的'으로 접근할 문제가 아니다. 개인주의로는 국가나 민족 문제를 해결할 수 없다"라는 것이었습니다. 시간이 없어서 그 자리에서는 답변하지 못했지만, 이런 항의는 실제로 많은 한국인들(그리고 아마도 일본인들)의 인식(혹은 오해)을 대변하고 있다고 저는 생각합니다. 우선 저는 국가 혹은 국가를 대표하는 정부 차원의 '공식적' 사과나 책임이 불필요하다고 말하는 것이 아닙니다. 다만 그것이 전부가 아니라는 것, 더구나 국가나 정부의 사과에 '진정성'을 요구하는 것은 불가능한 것이며 그런 요구 자체가 '진정성'을 결여한 것이라는 것, 따라서 그런 불가능한 일에 힘을 쏟을 필요는 없다는 것만은 말하고 싶습니다.[3] 한편, 저

---

3 오해를 피하기 위해 다시 한번 덧붙이자면, 저는 국가나 정부에 책임을 묻는 일의 의미나 중요성을 폄하하는 것이 아닙니다. 그것이 중요한 만큼 동시에 '사과'나 '용서', '화해' 등과 관련된 더욱 깊이 있는 성찰도 중요하다는 것입니다. 피해자가 가해자에게 '사과'를 요구한다는 것은 무슨 의미일까요? 피해자가 '사과'나 '용서'를 입에 올릴 때, 거기에는 증오심이나 복수심만으로 뭉친 상태로부터의 탈피, 깊은 트라우마로부터 벗어나고 싶은 피해자 자신의 간절한 마음이 투영되어 있는 것입니다. 이러한 마음의 상태, 혹은 마음의 변화에 이르지 않고는 '사과'나 '용서'라는 단어조차 발설될 수 없습니

의 주장을 '개인주의적'이라고 비판하는 것도 매우 큰 오해입니다. 근대 민족-국가의 탄생에 관한 약간의 지식만 있어도 이렇게 말할 수는 없겠지요. 봉건적 속박으로부터 풀려난 자유인으로서의 '개인', 자본주의 행위주체로서의 '사인私人'의 출현 없이 민족-국가의 성립은 불가능하다는 사실에 비추어 보면, 민족-국가는 개인 및 사적인 것과 동일체입니다. 그것들은 서로를 구성하는 필수적인 요소입니다. 요컨대, '개인'이나 '사적인 것'은 민족이나 국가와 대립하는 것이 아닙니다. 그것과 대립하는 것은 오히려 '공적인 것', 즉 '공공성'의 영역입니다. 따라서, 민족-국가의 시스템에 저항하는 것은 '공적인 것'의 추구이며 '공공성'을 실현하는 것입니다.

4.

일제 식민지 시대와 관련한 여러 문제들, 예컨대 '친일파' 청산 문제,

다. 따라서 '사과', '용서', '화해' 등을 피해자가 말할 때, 그것은 어떤 점에서는 가해자를 향한 것이라기보다는 피해자 자신이 절대적 주체로서 스스로 자기회복의 길을 향해 나아가기 시작했다는 신호이기도 합니다. 요컨대 '사과'나 '용서'는 상대방을 향한 것이라기보다는 자기 자신에게 내미는 손길인 것입니다. 당연한 말이지만, 가해자의 입장에서도 '사과'를 하기 위해서는 우선 자신이 타자에게 심대한 고통을 주었다는 자각, 그리고 그 자각에 따른 양심의 가책 같은 것이 일어나야 하고, 이것은 계기가 어떤 것이든 간에, 전적으로 자발적인 것이어야 합니다. 따라서 '사과'는 피해자를 위무한다는 차원을 넘어 가해자 자신의 주체적 변화를 초래하는 것이며, 또 그래야 하는 것입니다. 이처럼 사과나 용서란 피해자와 가해자 쌍방의 주체성의 변화, 혹은 고양이라는 새로운 국면을 전개시키는 것이어야 한다고 생각합니다. 그리고 당연히 이것은 국가나 정부, 혹은 그 누군가가 대신해줄 수 있는 것이 아닙니다. 법적·정치적·국가적 차원에서 식민지배의 책임을 묻고 해결하려는 노력들에 이러한 사과와 용서의 근본적인 인간적 성찰이 수반되지 않음으로써 오히려 더욱더 깊은 혐오와 증오를 반복적으로 재생산하는 현실은 오늘의 한일관계에서 자주 목격할 수 있는 것입니다.

일본군 '위안부' 문제, 독도 문제 등을 둘러싼 한국사회에서의 숱한 소모적 논쟁들이 수십 년 동안 똑같은 회로를 맴돌면서 언제나 강고한 국민 주체의 재확인으로 귀결되고 마는 것은, 가해/피해의 문제를 발화하는 장소, 그리고 그것을 발화하는 주체가 오로지 '민족' '국가'만으로 고정되는 한 필연적인 일입니다. 하나만 예를 들어볼까요? 1992년 한국 정대협의 발족선언문은 일본군 '위안부'를 "민족의 딸"로 호명하고 있습니다. 그리고 이 호명과 이 호명을 기반으로 하는 위안부 문제에 대한 인식구조 및 운동의 방식은 지금까지 전혀 변하지 않았습니다. 아니, 오히려 더욱 강화되었습니다. 한 국민국가의 폭력의 피해자를 또다른 국민국가의 주체로 소환함으로써 피해자의 삶과 명예를 회복한다는 동어반복적 회귀가 지니는 모순, 그리고 그 모순이 초래할 수도 있는 피해자에 대한 또다른 억압은, 가해/피해의 문제를 오로지 민족-국가의 층위로만 고정시키는 내셔널리즘의 사고 속에서는 결코 자각될 수 없습니다.

더욱 문제적인 것은, 이 민족 주체가 다른 주체 형성의 가능성, 다른 발화의 지점들을 끊임없이 억압하고 제거한다는 점입니다. 2000년대 이후 한국사회에서 더욱 고조된 친일파 청산 운동은 이단자를 숙청하고자 하는 사회적 위생 관념을 국가권력의 힘으로 실행하고자 한다는 점에서, 그 이전의 친일청산론과는 질적으로 구별되는 퇴행적 모습을 드러내고 있다고 저는 생각합니다. 과거의 이단자뿐 아니라 현재의 이단자들, 즉 과거와 다른 방식으로 만나고자 하는 현재의 이단자들을 국가권력의 힘을 통해 응징하고 제거하려 하는 내셔널리스트들의 폭력에 대해, 이른바 자유주의적 학자나 페미니스트 지식인들마저 방관하거나 심지어는 조장하기까지 하는 현실—박유하 교수 사건은 그 전형적인 예입니다만—은, 어떻게 국민적 주체로의 길을 거부하면서 국가와 민족의 폭력에 저항할 수 있는가 하는 근본적인 질문을 우리에게 제기합니다.

5.

두 말할 것 없이, 주체니 국민이니 하는 것은 환상이며 허구에 지나지 않습니다. 그렇다고 해서, 그저 부질없는 환상이니까 정신만 차리면 아무 문제 없다는 식의 이야기는 더욱 아닙니다. '나'라고 하는 것은 '국민'이니 '주체'니 하는 환상 속에 살아가는 꿈꾸는 '노예'입니다. '주체'는 환상이지만, 그러나 '나'는 또한 어떤 식으로든 '주체'가 아니면 안 됩니다. 요컨대 '주체'의 환상에서 깨어나는 순간 '나'는 다시 '나'를 '주체'로 세우지 않으면 안 됩니다. 이것은 절망의 반복이며, 이 절망을 끊임없이 반복하는 것 외에 인생에서 다른 길은 없습니다.

노예의 주인이라고 해서 사정이 다른 것은 아닙니다. 널리 알려진 테제에 따르면, 노예가 없으면 주인도 없습니다. 주인은 노예에 의지한다고 하는데, 그 말은 제가 보기에는 주인은 노예의 환상에 의지한다는 뜻입니다. 즉, 주인의 환상은 노예의 환상에 의지한다는 말입니다. 다시 말해, 피식민자의 해방에의 꿈이 없으면 식민자의 주인 노릇도 없습니다. 역사적 사실들을 살펴보면, 식민자가 주인 노릇을 하기 위해 가장 필요로 하는 존재는 '저항하는 노예'임을 알 수 있습니다. 그것도 아주 거세게 조직적·집단적으로 저항하는 노예들, 즉 능동적·주체적 저항자들입니다. 이들이야말로 주인을 주인이게 하는, 주인과 노예의 경계를 분명하게 해주는 존재들입니다. 피비린내 나는 진압, 그에 맞서는 처절한 투쟁과 희생의 역사는 주인과 노예의 주체성을 확립하는 절대적 근거입니다.

반면에 주인이 가장 불안해하고 두려워하는 존재는 저항하지 않는 자들, 환상을 버린 자들, 주체이기를 포기한 자들, 즉 '겁쟁이', '변절자', '배신자', '정체불명자' 같은 존재들입니다. 그들이 어떤 힘을 지녔기 때문이 아니라 아무 힘도 없기 때문에, 그들이 고귀하고 용감해서가 아니라 약하고 비열하고 더럽기 때문에 두려운 것입니다. 그들에게서 깊이 억압해온 자기 자신의 모습이 문득 보이기 때문에 불안한 것입니다. 그리고 그 순간, 주인과 노예의 경계가 흐릿해집니다. 요컨대, 그 더러운 존재들로 인해 환상의 스크린이 날카롭게 찢기면서 공포스럽기 이를 데 없는 실재가 눈앞에 드러나는 순간 주인은 두렵고 불안한 것입니다.

주체가 되지도 못한 이 겁쟁이들은 "경계를 모호하게 하는 자들", 크리스테바의 용어를 따르면 앱젝트abject입니다. 민족-국가의 총체화, 동질화의 압력에도 불구하고 수습되지 않는 존재들, 말끔하게 마름질된 체제의 벽에 묻어난 희미한 얼룩들, 보일 듯 말 듯한 구멍 같은 것들, 있는 것도 아니고 없는 것도 아닌 이 존재들의 웃는 듯 우는 듯한 알 수 없는 표정들, 말이 되지 못한 말들, 웅얼거림, 투덜거림, 빙글거림, 짧은 욕설들, 뒤에서 침뱉기…. 식민지의 역사와 사상을 말하기 위해서 우리는 이 존재들에 주목해야 하며, 그들의 희미한 움직임, 무심한 몸짓들, 사소한 소리들에 집중해야 합니다.

6.

도리이 류조鳥居龍藏가 만주에서 촬영한 위의 사진에서, 중앙의 노인
은 합장하는 듯한 자세로 자신의 얼굴을 가리고 있습니다. 이 사진을
소장하고 있는 도쿄대학 총합연구박물관의 사진 설명에 따르면, "당
시 인류학 조사에서 어려운 일은 사람들이 사진 촬영을 무서워해서
도망가버리는 것이었다. 이 노인도 촬영이 두려워 엉겁결에 손을 들
어올렸을 것"이라는 것입니다. 두려움에 찬 이 노인의 몸짓이 보여주
는 것은 무엇일까요? 저에게는, 카메라 렌즈 앞에 세워진 앱젝트의 무
의식적 반응이 렌즈 너머의 존재를 드러내면서 보는 자와 보이는 자
의 경계를 순간적으로 흔드는 것처럼 보입니다. 피사체로서의 앱젝트
는 전혀 예상하지 않은 방식으로, 이 인종 전시의 프레임을 만들고 있
는 보이지 않는 시선의 존재를 드러냅니다. 그는 '보이지 않는 철창'
의 존재 및 그 너머의 누군가를 순간적으로 환기시키는 것입니다. 앱
젝트를 향한 폭력의 시선이 미세하게나마 균열의 징후를 갖게 된다면
그것은 아마도 이 환기의 순간으로부터일지 모릅니다. 저는 바로 그
순간이 폭력이 시작되는 지점, 따라서 그 흔들림이 시작되는 원점이

라고 생각합니다. 이 사진은 저에게 그 지점의 상징처럼 보입니다. 우리는 그곳에 주의를 집중해야 합니다.

똥, 오줌, 고름, 피, 토사물처럼 역겹고 구역질나는 이 앱젝트는 실은 내가 밀어내고 내가 뱉어낸 것들이며, 나의 동일성을 구축하기 위해 나로부터 배제된 것들입니다. 그럼에도 불구하고, 아니 바로 그렇기 때문에, 그것은 언제나 경계에 서 있고 나는 오염의 위험성 앞에 놓여 있습니다. 낙인찍히고 분류됨으로써 앱젝트는 경계 밖으로 밀려나는 동시에 그 존재 자체를 통해서 경계를 표시하는 기능을 합니다. 이 기능은 체제에 없어서는 안 될 절대적인 것입니다. 그러나 동시에 그는 체제(의 자기동일성)에 구멍을 내는/낼 가능성을 지닌 보균자, 감염자로서 존재합니다. 요컨대, 그는 배제되면서 포섭되고 포섭되면서 배제됩니다. 배제됨으로써 체제를 지키고, 지키면서 체제를 위협하는 이 순간이야말로 배제=포섭이 진행되는 순간이며 앱젝트가 탄생하는 순간입니다. 그리고 체제와 앱젝트 양쪽 모두의 불안과 공포가 탄생하는 순간이기도 합니다. 결국 앱젝트는 경계선 위에서 경계를 표시하면서 늘 불안과 공포의 순간 속에 존재합니다. 그가 없으면 경계도 없습니다. 그의 존재 때문에 체제는 안정되는 동시에 또 늘 불안합니다.

앱젝트의 응수도 이 순간에 이루어집니다. 보일 듯 말 듯한 작은 몸짓, 은밀한 눈빛, 길들여지지 않은 거칢, 속을 알 수 없는 음흉함, 불안을 야기하는 침묵과 무표정, 항상적으로 떠도는 기묘한 불온의 징후들, 그 모호함과 불투명이 보는 자를 당혹케 하고 불안하게 합니다. 따라서, 노예의 저항에 대해 말하려면 우리는 동일화-총체화된 저항 주체와 그들에 의한 혁명적 전복 같은 의식적 행동에 주목하기보다는, 주체가 되지도 못한 수많은 앱젝트들, 그 신체 속에 억압과 굴종의 흔적을 새기고 있는 겁쟁이들의 사소한 '위반', 그 불온성, 그 정치적 의미에 주의를 기울여야 합니다. "국가의 독점체제에 구멍을 내는" "일종의 임계점"으로서의 사소한 '위반들', 그리고 그때 위반자가 느끼는 불안으로 인한 미열, 혹은 어떤 "서글픔"에 눈을 돌린다면, 우리는 이 폭력의 질서가 교란되는 어떤 지점을 찾아낼 수 있을지도 모릅니다. "희미하여 잘 파악되지 않는 이 임계점을 관찰하기 위해서는 산재하는 위반의 '뜨뜻미지근한' 온도 혹은 허술해 보이는 위반자의 신체에 퍼진 미열의 의미를 신중하게 되물어야 한다"[4]는 것입니다. 주체 없는 주체의 저항은 어쩌면 이 겁쟁이들의 미열과 서글픔으로부터 시작되는 것, 아니 시작되어야 하는 것일지 모릅니다.

7.

마지막으로, 민족 혹은 국민으로 회수되지 않으면서 어떻게 민족-국가의 과거에 대해 말하고 책임을 물을 것인가, 또는 책임을 질 것인가 하는 문제에 대해 간단히 저의 생각을 말씀드리겠습니다. 얼핏 보면 자신이 속한 민족-국가의 과거에 대해 그 구성원으로서, 즉 민족 혹은 국민으로서 말하는 것은 매우 당연한 일처럼 보입니다. 그러나 앞에서 말씀드렸듯이, 그것은 민족-국가가 저질렀던 폭력에 대한 본질적인 책임 추궁이라기보다 오히려 그 폭력의 주체를 다시 강화하고 거기에 의지하는 결과로 이어지기 마련입니다. 가해자든 피해자든 그러

4　김예림, 「국가와 시민의 밤―경찰국가의 야경, 시민의 야행」, 『현대문학의 연구』, 49호, 한국문학연구학회, 2013. 409쪽.

합니다. 그러니까 민족 혹은 국민 주체의 입장에서 과거와 대면하고 책임을 묻는 것은 그 강력하게 동질화된 집단주체의 환상을 통해 폭력의 실체를 가리는 것, 즉 일종의 책임 회피에 다름 아닌 것입니다.[5]

그렇다면 무엇을 어떻게 할 것인가? 다시 도미야마 씨를 인용해 말하면, 우리는 "죽은 자를 대신해서 말하는" 국민적 기억에 맞서서 "죽은 자가 스스로 말하는" 다른 기억의 양식을 만들어내야 합니다. 민족사나 국사를 비롯한 모든 공식적 역사 기록들, 기념물들, 기념 의례와 행사들, 요컨대 모든 국민적 기억의 서사들은 매끄럽게 연결되어 있고 수미일관하며 의미로 충만합니다. 주디스 허만의 용어에 따르면, 이런 기억은 '서사적 기억'입니다. 분명한 것은 '서사적 기억'으로는 죽음과 폭력의 상처는 치유될 수 없다는 사실입니다. 국민의, 국민에 의한, 국민을 위한 질서정연한 통사적統辭的–통사적通史的 서사는 기억을 박제화하고 망각을 유도합니다. '서사적 기억'의 질서정연한 언어들이 이 기억과 망각의 변주곡을 연주하는 한, 죽음의 기억들은 영

---

5 최근의 주요 담론 중의 하나는 이른바 '식민지배 불법론', 혹은 '한일합방 불법론' 같은 합법/불법 논쟁입니다. 저는 식민지배, 그리고 그 중요한 범죄행위의 하나인 위안부 동원을 "불법이 아니었다"라는 식으로 합리화하는 부정론자들의 논리에 맞서서 그것이 "불법"이었음을 입증하기 위해 노력하는 담론들은 때로 부정론자들의 프레임에 갇히는 결과를 가져오는 것이 아닌가 하는 의문을 갖고 있습니다. ('불법'임을 입증할 수 없다는 뜻이 아닙니다.) 그것은 "위안부는 매춘부였기 때문에 국가나 정부에 책임이 없다"라는 부정론자들의 주장에 맞서 "매춘부가 아니었다"라고 주장하는 것과 같은 구조입니다. 부정론자들의 주장은 "매춘부가 아니었다"라는 것으로 논박되는 것이 아니라, 우에노 지즈코 씨가 일찍이 간파했듯이, "매춘부였다면 그렇게 되어도 괜찮다는 말이냐"는 논리에 의해 해체되어야 합니다. 마찬가지로, 식민지배나 한일합방은 "불법이 아니었다"라는 주장에 "불법이었다"라는 증거나 주장을 들이미는 것은, 때때로 불법/합법의 프레임을 강화함으로써 부정론자들의 입지점을 더욱 공고히 해주는 결과를 낳는 것이 아닌가 하는 우려를 저는 갖고 있습니다. 따라서, "불법이 아니었다"라는 주장에 대해서는, "불법이 아니었다면/아니었기 때문에야말로 더 큰 범죄다"라고 말하는 것이 이 프레임에 갇히지 않으면서 이른바 합법론을 분쇄하는 유효한 논리가 아닐까 생각합니다만, 여러분의 의견은 어떤지 듣고 싶습니다.

원히 은폐되고 폭력은 종식되지 않습니다.

허만은 이러한 '서사적 기억'에 대응하는 '트라우마적 기억'에 대해 말합니다. '트라우마적 기억'에서 기억은 형식을 갖추지 못합니다. 그것들은 예기치 않은 순간에 터져나오고, 맥락과 상관없이 발화되고, 따라서 자주 끊깁니다. 말들은 더듬거리고, 중얼거리고, 흐느낌, 한숨, 비명, 절규, 욕설 등으로 뒤덮이고, 의미는 불확실하며 불투명합니다. 이 비통사적非統辭的−비통사적非通史的 발화 속에서 죽음과 학살의 고통은 비로소 얼굴을 내미는 것입니다. 이 기억, 이 고통과 마주서지 않는 한, 우리는 과거를 만날 수 없고 넘어설 수도 없습니다. 겁쟁이들, 배신자들, 변절자들, 정체불명자들, 이도 저도 아닌 자들, 어떤 주체도 되지 못하는 앱젝트들, 우리가 그들의 외마디 소리, 웅얼거림, 투덜거림, 한숨, 욕설, 횡설수설들에 주의 깊게 귀를 기울이고, 그들의 불투명하고 불온한 몸짓들에 주목해야 하는 이유는 거기에 있습니다.

기억이 그러하다면, 과거에 대한 책임 역시 국민의, 국민에 의한, 국민을 위한 책임이 아닙니다. 책임=responsibility이란, 아시다시피, 응답=response의 능력=ability입니다. 과거에 대한 책임은 그러므로 과거에 대해 응답하는 것입니다. 그런데 과거란 무엇입니까? 과거란 우리가 알 수도 없고 소유할 수도 없는 절대적 타자입니다. 레비나스식으로 말하면, 타자에 대한 책임이 곧 윤리이며 따라서 과거에 대한 책임은 윤리적 행위에 속하는 것입니다. 그리고 윤리적 행위인 한, 그 행위의 주체가 국민일 수는 없습니다. 인간은 과거, 즉 역사의 결과이며 흔적입니다. 나의 주체성은 이 흔적으로 구성된 것입니다. 타자로서의 과거, 즉 역사는 나의 주체성 및 육체성의 기반입니다. 물론 이때의 나는 개인으로서의 나, 혹은 국민으로서의 나가 아니라 절대적 타자인 과거를 자신의 흔적으로 새기고 있는 보편적 인간으로서의 나입니다. 결국 "과거의 목소리"에 귀를 기울이고 그에 응답하는 윤리적 행위를 통해 나는 비로소 나의 주체성을 완성해나가는 것입니다. 이것이 아마도 우리 모두가 지닌 "역사적 책임"일 것입니다.[6] 따라서 나의 주체성은 주어져 있는 어떤 것이 아니라 과거에 대한 응답을 통해 실현되는 어떤 것일 터입니다. 내가 이 과거와의 응답, 즉 "역사적 책임"을 게을리할 수 없는 것은 과거의 흔적으로서의 나는 미래의 어떤 나에게 또한 과거의 흔적으로서 새겨질 것이기 때문입니다. 그렇다면, "역사적 책임"을 수행하는 나야말로 "주체 없는 주체"의 한 모습이 아닐까요? 여러분의 생각을 듣고 싶습니다.

---

6 酒井直樹, 『過去の声』, 以文社, 2002. 참조.

옮기고 나서

『제국의 위안부―식민지지배와 기억의 투쟁』이 나눔의집 할머니들의 이름으로 고발당한 지 벌써 3년이 지났다. 2014년 6월 16일. 세월호가 침몰한 지 꼭 두 달째 되는 날이었다. 그리고 이 책은 박유하 교수가 한꺼번에 세 개의 소송을 당하게 된 3년 전의 그날을 앞두고 내게 된 책이다. 다행히도 박 교수는 가장 우려했던 형사재판 1심에서 무죄 판결을 받았지만, 우연히도 고발당한 바로 그날, 6월 16일에 형사재판 2심이 시작될 예정이다.

내가 『제국의 위안부』를 처음 읽어 본 것은 이 책이 나눔의집 할머니들의 '명예'를 훼손했다는 이유로 민사와 형사 고소를 당한 직후였다. 무엇보다도 학자의 연구물을 법으로 재단한다는 사실 자체에 강한 의구심이 들었고, 과연 이 책이 법에 의해 처분을 받아야 할 만한 내용을 담고 있는지 직접 확인해보고 싶었기 때문이다. 책을 다 읽고 난 후, 나는 이 책이 고발을 당한 이유를 짐작할 수 있었다. 아니, 그 누구라도 이 책을 처음부터 끝까지 고의로 오독하려 들지 않고 정독을 한다면 누가 무엇 때문에 이 책을 고발했는지를 바로 알 수 있을 것이다.

고발의 실질적 주체이기도 했던 나눔의집 관계자들이 잘못된 프레임을 씌워 고발한 탓에 박 교수는 국민적 비난을 받게 되었지만, 그 고발이 있기 열 달 전, 그러니까 『제국의 위안부』가 출간되었던 당시에는 저자의 주장에 동의하거나 이를 긍정적으로 평가하는 언론과 시민의 움직임이 적지 않았다.

실제로 박유하 교수는 지금까지 『반일민족주의를 넘어서』, 『화해를 위해서—교과서·위안부·야스쿠니·독도』로 대표되는 다양한 저작물과 활발한 학술/실천활동을 통해 우리가 지금까지 보고 들으려고 하지 않았던, 혹은 인정하고 싶지 않았던 한일 양국 사회에 존재하는 '불편한 진실'에 대해 학자적 양심을 갖고 이를 직시해왔다. 그 활동이 한일 양국의 오랜 앙금과 해묵은 갈등구조를 해소하고, 나아가서는 미래지향적 한일관계를 구축하기 위한 학자로서의 양심과 사회적 책임감에 기인하고 있음을 나는 의심하지 않는다. 『제국의 위안부』 또한 그 연장선상에 있는 책이었다. 지금껏 잘 알려지지 않고 있지만, 『제국의 위안부』의 골자는 정대협을 비롯한 지원단체들의 지난 20여 년간의 활동에도 불구하고 아직도 위안부 문제가 해결되지 못하고 있는 데에 대한 문제제기에 있고, 시간이 지날수록 오히려 한일 양국의 갈등과 불화가 심화된 이유를 생각해보고자 하는 데에 있다.

박 교수는 『제국의 위안부』를 통해 일본군 '위안부' 할머니들을 지원하고 있는 특정 단체에 의한 '정의의 독점'과 '기억의 편취'를 우려하며, 위안부 문제 해결을 위한 단초로서 우리가 보고 들으려 하지 않는, 혹은 감히 언급하지 못했던 일본군 '위안부'의 다양한 층위에 대해 이야기하고자 했다. 즉, 일본과 식민지 조선이라는 민족적 관점에 국한된 사고에서 벗어나 더욱 다양한 층위의 가해와 피해의 구조를 살피자는 것이다. 즉, 인신매매의 구조, 가부장적 사회의 책임, 위안부 동원 과정의 다양한 실상, 제국주의의 속성, 순결한 소녀의 이미지가 갖는 문제 등을 두루 살펴야 한다고 주장한다. 박 교수는 "위안부 문제는 근본적으로 성의 위계 차이에서 발생한 문제이며, 거기에 계급의 문제, 제국주의에서 발생한 국가 대 개인의 착취 문제"라고 지적했다. '일본 군인에 의한 조선인 여성의 피해'라는 구도에서 한걸음 더 나아가 계급의 문제, 젠더의 문제로 논의의 지평을 확대해야 한다는 주장이다.

한국 내 일본군 '위안부' 연구의 역사가 그리 길지 않고 그 깊이 또한 그리 깊다고 하기는 어려운 가운데 이러한 박 교수의 주장은, 종래의 제국주의라는 거대담론과 민족주의 사관과 선악의 이분법적 사유를 바탕으로 이루어져왔던 '제국 일본'에 대한 다소 획일화된 연구와 차별되는, 다층적 기억을 통해 '일본제국의 책임'을 묻기 위한 것이었다. 순결한 소녀의 이미지와 민족주의 감수성을 내세운 기존의 지원단체의 운동방식만으로는 위안부 문제의 해결은 요원하다는 것이다.

그러나 이러한 문제제기에 대한 지원단체의 반응은, "한양대 로스쿨 학생 7명이 분석"해서 "100여 곳을 추출"한 부분을 "할머니는 책을 직접 못 읽으시기 때문에" "우리가 여러 번 반복해서" 읽어드린 끝에, "나눔의집이 돕고" "한양대 로스쿨이 재판 비용을 대서"(나눔의집 안신권 소장, 2016년 1월 26일 일본 중의원 의원회관 발언) 일으킨 소송이었다.

2014년 6월 16일, 돌연 위안부 할머니들의 '명예'를 훼손했다는 이유로 위안부 할머니들에 대한 접근 금지와 책의 출판·판매 금지를 요구하는 가처분신청, '나눔의집'에 거주하는 위안부 할머니 아홉 분에게 총 2억7000만 원의 손해배상을 지급하라는 민사소송, 그리고 『제국의 위안부』의 표현 109곳이 명예훼손죄에 해당한다는 형사고소 등 3개의 소송이 제기됨으로써, 저자 박유하 교수는 법정에 서게 되었다. 이후 이 책을 둘러싼 연구자들의 갑론을박이 이어졌으며, 이와는 별도로 박 교수를 '친일', '반민족주의자'라는 프레임에 가두려 하는 폭력적 여론몰이와 차마 입에 담기조차 어려운 폭력적 언사가 저자에게 쏟아졌다. 이른바 '제국의 위안부 사태'가 벌어진 것이다. 그럼에도 불구하고 박 교수는 이에 굴하지 않고 다양한 채널을 통해 '민족주의적' 담론 형성 과정에서 파묻혀버린 할머니들의 또다른 목소리에 귀기울일 것을 주장하고, 자기 검증과 내적 성찰보다는 이를 전 국민적 저항운동으로 변질시키며 정치권력화되어가는 특정 단체의 '정의의 독점'을 우려한다. '정의의 독점'은 필시 폭력으로 이어지고, 폭력은 자유로운 사고를 질식시키며, 학자들의 다양한 관점과 해석의 가능성을 원천적으로 차단해버리기 때문이다.

요컨대 '제국의 위안부 사태'의 본질은 학자의 연구를 법으로 재단한다는 인식의 폭력성에 있다. 사태 이후 특히 페이스북에서는 박 교수와 일면식도 없는 이들까지 나서서 사태에 대한 비판적 시각을 드러냈는데, 예를 들면 아래의 글은 이 사태의 본질을 꿰뚫고 있다.

"아마도 이 책의 내용은 여러분을 꽤나 불편하게 할 것이다. 그리고 그게 바로 정확히 이 책의 저자와 출판사가 형사처벌되어서는 안 되는 이유다. 불편하지 않은 관점과 책에만 저술과 출판의 자유를 줄 것 같으면, 그런 자유가 헌법에 보장되지 않아도 된다. 그때그때 다수결로 혹은 다수의 위임받은 법관이건 누구건 판단해서 하면 된다. 표현의 자유, 사상의 자유, 출판의 자유가 필요한 '공익적 이유'는 그러한 자유가 우리를 끊임없이 불편하게 만드는 새로운 관점과 사상과 학술을 시도하게 하고, 그것이 곧 우리 사회가 시대와 세상의 변화에 적응하게 만들 다양성을 확보해주기 때문이다."(페이스북, 2015년 11월, 조석주)

그런 가운데 『제국의 위안부』 일본어판이 고소로부터 다섯 달이 지난 2014년 11월 아사히신문출판사에서 간행되었고, 『아사히 신문』, 『도쿄 신문』, 『마이니치 신문』 등 진보언론의 지면에 지식인들의 서평이 줄을 잇고 '올해의 책'으로 꼽는 움직임까지 나타났다.

단언컨대, 『제국의 위안부』가 일본에서 높이 평가받은 것은 일부 비판자들이 말하듯이 '일본의 주장에 동조하는' '일본이 듣기 좋은 소리'를 해서가 아니다. 오히려 그 반대로, 앞서 말한 것처럼 박 교수 나름의 방식으로 물은 '제국의 책임'에 대한 응답이었다고 해야 할 것이다. 이는 여러 서평들을 읽어보면 곧바로 알 수 있다. 박 교수의 홈페이지 parkyuha.org에서도 그 일단을 엿볼 수 있다.

그런데, 그런 움직임에 대한 반발도 없지 않았다. 주로 재일교포 연구자를 중심으로 한 기존 위안부 문제 연구자와 운동가들의 반발이었는데, 이들은 한국의 지원단체와도 오랫동안 교류하고 연대해온 사람들이다. 뿐만 아니라 이들이 한국 관련 정보를 재일교포 등 한국어를 아는 이들에게 의존할 수밖에 없다는 것도 오해와 반발을 증폭시킨 듯하다. 결국 이들은 아직 책이 소개되지 않은 영어권에까지 박 교수의 책이 마치 일본 우익을 편드는 책인 것처럼 소개하는 등 명예훼손 소송을 당연한 것처럼 생각하도록 만드는 담론을 유포했다.

이 책 『대화를 위해서』는 그러한 정황을 걱정해온 이들이 『제국의 위안부』에 대한 자신들의 생각, 그리고 작금의 사태에 대한 우려와 비판을 담아 낸 책이다. 그 배경에 대해서는 니시 마사히코 교수의 서문을 참조하기 바란다.

이 책의 가장 큰 장점은 여성학에서 역사학, 국제정치학까지, 위안부 문제를 고찰하는 데에 필요한 다양한 시각을 담고 있다는 점일 것이다. 일찍이 작가 장정일 씨도 『제국의 위안부』가 '학제적 연구'의 책이라고 말한 바 있지만, 박유하 교수 본인도 위안부 문제에 관한 '공동연구'가 필요하다면서 "여성학, 외교학, NGO학, 미디어학 등등의 연구가 언젠가 이루어져서 여기서 생각한 문제들이 더 소상히 밝혀지"(『제국의 위안부』 320쪽)기를 바란다고 쓰지 않았던가. 그런 의미에서는, 이 책은 『제국의 위안부』 출간 4년, 일본어판 발간 2년 반 만에 그런 저자의 문제제기에 대한 최초의 '공동연구'에 준하는, 공식적인 응답이라고 할 수도 있을 것이다. 참고로 『제국의 위안부』가 위안부 문제 역사상 어떤 의미를 갖는지에 관해서는 이미 2015년 여름에 이와사키 미노루岩崎稔, 오사 시즈에長志珠絵 두 교수가 '일본의 전후'라는 맥락 속에서 정리한 글(「'위안부' 문제가 조명한 일본의 전후」, 『말과 활』 2015년 겨울호)이 있으니 참조하기 바란다.

특히 일본을 대표하는 여성학자 우에노 지즈코 교수와 전후여성사 연구로 저명한 가노 미키요 교수가 이 책의 저자로 참여한 것은 뜻깊은 일이다. 『제국의 위안부』 스스로가 굳이 강조하지 않았어도, 그 책이 의심의 여지 없는 여성주의·탈식민지주의적인 책이라는 것을 이들의 글에서 확인할 수 있기 때문이다. 또한, 위안부 문제를 남성 문제로서 논한 니시 마사히코 교수의 글은 그동안 민족, 젠더 문제로만 논의되었던 위안부 문제 담론에 큰 자극을 줄 수 있으리라 믿는다. 타이완에서의 시각을 알려준 아마에 교수, 근현대 한국문학에 나타난 위안부 담론을 분석한 구마키 교수, 역사 연구의 자가당착을 지적한 도노무라 교수 등의 모든 글이 지적 자극으로 가득한 논고들이다. 특히 유일하게 한국인으로서 함께한 김철 교수의 글은 한 일본인 역사학자로 하여금 "나는 여기까지 할 수 있을까 하는 반성과 함께 진실로 고개가 숙여지는 기분"이었다는 감상을 이끌어내기도 했다.

유일하게 외교관 출신인 도고 가즈히코 교수의 글은 외교관 출신이기에 일본 정부의 시각으로 보일 수도 있으나, 어디까지나 민간인 학자로서 쓴 글이다. 게다가 그는 조선 도공의 후예이기도 하니, 그의 글에는 오히려 조선의 피가 흐르는 이의 마음도 담겨 있다고 해야 할 것이다.

영화, 역사, 국제정치, 문학 등 분야는 다르지만 각기 깊은 인문학적, 사회학적 통찰을 펼쳐 보이는 이 책에는 자신의 분야에서 첨단을 달리는 저명한 학자들뿐 아니라 아직 젊은 학자들도 함께하고 있다. 이는 이 글모음집이 단순히 기존 위안부 문제 연구자들에 대한 다른 학문분야의 시각에 그치지 않고, 박 교수가 열려고 한 대화의 문을 그대로 닫히도록 놔두지 않고 함께 활짝 열어젖히려는 지식인과 차세대의 시도라는 것을 보여준다고 하겠다.

박유하 교수가 『제국의 위안부』에 담았던 문제의식을 계승하면서 자신들의 문제로 발전시켜 논의를 전개하고 있는 이 책이, 한국에서도 더욱더 근본적이고 새로운 담론 생산으로 이어질 수 있기를 바라 마지 않는다(물론 모든 책은 오독의 가능성이 있으므로, 이들의 글이 박 교수의 생각을 정확히 대변하고 있는지는 별개의 문제이다). 그리고 무엇보다도, 정권이 바뀌어도 박유하 교수에게는 여전히 이어지고 있는 억압에 대한 자성과 문제의식을 불러일으켜 하루빨리 이 야만적인 정황을 종식시키는 데에도 일조할 수 있기를 바란다.

그런 마음을 함께 나누는 사람들이 이 책의 번역에 동참했다. 번역자 대부분이 박유하 교수에 대한 '나눔의집' 고소 사건이 계기가 되어 만들어진 '동아시아 화해와 평화의 목소리' 회원들이기도 한데, 번역료를 사양한 분들도 적지 않았다. 일일이 이름을 다 밝히지 못하지만, 이 모임 운영위원의 한 사람으로서, 그리고 '옮긴이를 대표하여' 감사의 마음을 전한다. 이런 분들의 노력 역시, 더 좋은 사회, 더 평화로운 동아시아를 만들어나가는 데에 크게 기여할 것이라고 믿는다.

박유하 교수는 지원단체와 관계자들이 굳이 강조하지 않았던, 묻혔던 할머니들의 다른 목소리를 전하려 했을 뿐이다. 그리고 일본제국의 책임을 기존의 관계자들과는 다른 방식으로 물었을 뿐이다. 우리는 '제국의 위안부 사태'가 언젠가는 부끄러운 역사의 한 장으로 남을 것이라 확신한다. 그날을 앞당기기 위해서도 이 책은 필수적인 참고도서가 될 것이다.

2017년 6월 1일
옮긴이를 대표하여
이권희

330

글쓴이와 옮긴이 소개

〈글쓴이〉

아사노 도요미淺野豊美

1964년생. 와세다대학 정치경제학부 교수. 저서로『전후 일본의 배상 문제와 동아시아 지역 재편—청구권과 역사인식 문제의 기원戦後日本の賠償問題と東アジア地域再編—請求権と歴史認識問題の起源』(편저),『제국 일본의 식민지 법제—법역 통치와 제국 질서帝国日本の植民地法制—法域統合と帝国秩序』등이 있다.

도고 가즈히코東郷和彦

1954년생. 교토산업대학 교수·세계문제연구소 소장. 2011년부터 시즈오카현 대외관계보좌관. 저서로『북방영토 교섭 비록—잃어버린 다섯 번의 기회北方領土交渉秘録—失われた五度の機会』,『위기의 외교—수상 담화, 역사인식, 영토 문제危機の外交—首相談話、歴史認識、領土問題』등이 있다.

도노무라 마사루外村大

1966년생. 도쿄대학 대학원 총합문화연구과 교수. 저서로『재일조선인 사회의 역사학적 연구在日朝鮮人社会の歴史学的研究』,『조선인 강제연행朝鮮人強制連行』등이 있다.

나카야마 다이쇼中山大將

1980년생. 교토대학 동남아시아지역연구소 조교. 논문으로「사할린 잔류 일본인—가라후토·사할린에서 보는 동아시아의 국민제국과 국민국가 그리고 가족サハリン残留日本人—樺太·サハリンからみる東アジアの国民帝国と国民国家そして家族」(蘭信三編著,『帝国以後の人の移動—ポストコロニアリズムとグローバリズムの交錯点』), "Japanese Society on Karafuto," (Svetlana Paichadze, Philip A. Seaton, eds, *Voices from the Shifting Russo-Japanese Border: Karafuto / Sakhalin*, Oxon: Routledge, 2015) 등이 있다.

요모타 이누히코四方田犬彦

1953년생. 메이지가쿠인明治学院 대학 교수로 오랫동안 영화학을 가르쳤고, 콜롬비아대학, 볼로냐대학, 중앙대학교(서울) 등에서 객원교수·연구원을 역임했다. 한국 관련 저서로『우리가 '타자'인 한국われらが「他者」なる韓国』, 『서울의 풍경 ─ 기억과 변모ソウルの風景─記憶と変貌』등이 있다.

구마키 쓰토무熊木勉

1964년생. 덴리天理대학 국제학부 교수. 조선(한국) 근현대문학 전공. 저서로 『조선어 한자어 사전朝鮮語漢字語辞典』(공저), 역서로 이태준의『사상의 월야 외 5편思想の月夜 ほか五篇』등이 있다.

나카가와 시게미中川成美

1951년생. 리쓰메이칸立命館 대학 특임교수. 전공은 일본 근현대문학·문화. 저서로『말을 거는 기억 ─ 문학과 젠더 연구語りかける記憶─文学とジェンダー·スタディーズ』,『모더니티의 상상력 ─ 문학과 시각성モダニティの想像力─文学と視覚性』등이 있다.

니시 마사히코西成彦

1955년생. 리쓰메이칸대학 대학원 선단先端총합학술연구과 교수. 저서로 『바이링구얼한 꿈과 우울バイリンガルな夢と憂鬱』, 역서로 숄렘 알레이헴의 『우유장수 테비에牛乳屋テヴィエ』등이 있다.

가노 미키요加納實紀代

1940년 경성(서울)에서 출생. 여성사 연구. 저서로『여자들의 '총후'女たちの 「銃後」』,『전후사와 젠더戦後史とジェンダー』,『히로시마와 후쿠시마 사이 ─ 젠더의 시점에서ヒロシマとフクシマのあいだ─ジェンダーの視点から』등이 있다.

후지이 사다카즈藤井貞和

1942년생. 시집으로『후지이 사다카즈 시집藤井貞和詩集』,『느릅나무春楡の 木』, 비평서로『인류의 시人類の詩』,『구조주의 저편에構造主義のかなたへ』등이 있다.

구마가이 나오코熊谷奈緒子

1971년생. 고쿠사이國際대학 준교수. 전공은 국제정치학, 국제기구론, 국제분쟁이론. 저서로『위안부 문제慰安婦問題』가 있다.

우에노 지즈코上野千鶴子

1948년생. 사회학자. 도쿄대학 명예교수. 저서로『내셔널리즘과 젠더ナショナリズムとジェンダー』,『누구나 혼자인 시대의 죽음おひとりさまの最期』등이 있다.

아마에 요시히사天江喜久

1972년생. 타이완 창룽長榮대학 타이완연구소 부교수. 전공은 타이완 연구, 동아시아 비교문화. 논문으로「박순종: 2·28사건 속의 조선인/한국인 수난자朴順宗：二二八事件中朝鮮人／韓僑的受難者」(『台灣風物』 六四卷 第三期, 2014), "Becoming Taiwanese: Cultural Appropriation of Japanese Colonial Sites and Structures in Cultural Heritage Making—A Case Study on the Wushantou Reservoir and Hatta Yoichi," in Michael Hisao, Hui Yew-Foong and Philippe Peycam eds., *Citizens, Civil Society and Heritage-Making*(ISEAS, 2017) 등이 있다.

김철金哲

1951년생. 연세대 국문과 명예교수. 저서로『'국민'이라는 노예—한국문학의 기억과 망각』,『복화술사들—소설로 읽는 식민지 조선』,『식민지를 안고서』,『저항과 절망—식민지 조선의 기억을 묻다抵抗と絶望－植民地朝鮮の記憶を問う』(田島哲夫訳, 大月書店, 2015) 등이 있다.

〈옮긴이〉
송태욱

연세대 국문과와 동 대학원을 졸업하고 문학박사 학위를 받았다. 도쿄외국어대 연구원을 지냈으며, 현재 연세대에서 강의하며 번역 일을 하고 있다. 지은 책으로『르네상스인 김승옥』(공저)이 있고, 옮긴 책으로는『세설』,『환상의 빛』,『탐구 1』,『윤리 21』,『포스트콜로니얼』,『트랜스크리틱』,『십자군 이야기』,『잘라라, 기도하는 그 손을』,『나는 고양이로소이다』등이 있다.

배승주

명지대 일어일문학과, 이화여대 통역대학원 한일통역과를 졸업하고, 현재 일본 도쿄를 중심으로 회의통역사로 활동하고 있다. 릿쿄立教대학 겸임강사.

최순애

동의대 일어일문학과를 졸업하고 일본 니쇼가쿠샤二松学舍대학에서 문학박사 학위를 받은 다음 건국대 등의 강사, 겸임교수를 거쳐 지금은 도쿄대학 객원연구원으로 있다. 공저로『역사로 풀어보는 일본』, 역서로『Los Angeles의 하늘』,『1920-30년대 조선인의 생로병사 무라야마 지준 사진집』,『조선의 장시 연구』, 논문으로「가와바타 야스나리 연구 가와바타 문학과 전통」,「김마스미의『Los Angeles의 하늘』에 나타난 재일2세 정체성의 변용」,「재일여성동인지『봉선화』연구」등이 있다.

박태규

오사카외국어대학 언어사회연구과에서 한일비교문화론을 전공했고, 세종대, 고려대 등에 출강했다. 현재 한국예술종합학교 무용원 세계민족무용연구소 상임연구원으로 있다.

오경헌

연세대 법학과를 나와 도쿄대학 법학정치학연구과(법조양성전공)를 졸업했다.

이승준

세종대 일어일문학과와 동 대학원을 나와 나고야대학 인문학연구과 일본문화학전공 박사후기과정을 밟고 있다. 전공은 소개疎開 체험에 관한 문학 및 문화사 연구. 주요 논문으로「소개 연구의 지평을 열다―전쟁 체험으로서의 '인구 소개'에 관한 학제적 연구를 위하여 疎開研究の地平を開く―戦争体験としての「人口疎開」に関する学際的研究のために」(『일본어문학』73집, 2016),「'쓰가루인' 다자이 오사무의 소개―「십오년간」,「이를 어쩌나」를 중심으로「津軽人」太宰治の疎開―「十五年間」「やんぬる哉」を中心に」(『과경跨境 일본어문학 연구』2집, 2015)가 있다.

이희경

이화여대 영문과, 한국외국어대 통역번역대학원 한일과를 졸업하고, 도쿄대학 사회과학대학원에서 문화인류학 석사과정을 마쳤다. 한일 동시통역과 번역 일을 하고 있다.

윤경일

세종대 일어일문학과를 졸업하고, 도쿄대학 총합문화연구과 언어정보과학 전공 석사과정을 수료하고 박사과정을 만기퇴학했다. 전공은 전후 일본문학.

이권희

단국대, 한국외국어대, 일본 도쿄대학에서 공부했으며, 현재 단국대 일본연구소 학술연구교수로 재직하고 있다. 전공은 일본 상대문학 및 근대 교육사상. 『고지키古事記 왕권의 내러티브와 가요』(2010), 『근대 일본의 국민국가 형성과 교육』(2013), 『국가와 교육』(2017) 등 10여 편의 저역서와 「근대 천황상 확립과 '황도주의皇道主義' 교육에 관한 고찰」, 「'학제學制'의 교육이념에 관한 고찰」 등 다수의 논문을 발표했다.

박소미

세종대 일어일문학과를 졸업하고 동 대학원 석사과정을 마쳤다. 주요 관심 분야는 차별, 인권, 여성문제.

김석희

경희대 국제지역연구원 HK연구교수이다. 전공은 일본 근대문학. 『말과 황하와 장성의 중국사』, 『내셔널 아이덴티티와 젠더』 등을 번역했고, 『환동해관계망의 역동성』(공저), 『환동해지역의 비판적 성찰』(공저), 『환동해지역의 이해』(공저), 「기층문화의 수평적 인식: 환동해지역의 샤머니즘을 중심으로」, 「동북아시아(환동해)지역 공간인식의 변화와 '집'의 공간문학: 한중일 현대문학 작품을 중심으로」, 「환동해지역의 풍경예술과 토포스: 풍경예술을 통해 본 '동해'와 '시베리아'」 등의 책과 논문을 썼다.

대화를 위해서
『제국의 위안부』라는 물음을 펼치다

2017년 6월 5일 초판 1쇄 찍음
2017년 6월 16일 초판 1쇄 펴냄

엮은이 아사노 도요미淺野豊美 · 오구라 기조小倉紀藏 · 니시 마사히코西成彦
옮긴이 이권희 외
책임편집 정종주

펴낸이 정종주
편집주간 박윤선
편집 김동석
마케팅 김창덕

펴낸곳 도서출판 뿌리와이파리
등록번호 제10-2201호(2001년 8월 21일)
주소 서울시 마포구 월드컵로 128-4 2층
전화 02) 324-2142~3
전송 02) 324-2150
전자우편 puripari@hanmail.net

디자인 가필드
종이 화인페이퍼
인쇄 · 제본 영신사
라미네이팅 금성산업

값 18,000원
ISBN 978-89-6462-086-1 (03300)

이 도서의 국립중앙도서관 출판시도서목록(CIP)은 서지정보유통지원시스템 홈페이지
(http://seoji.nl.go.kr)와 국가자료공동목록시스템(http://www.nl.go.kr/kolisnet)에서
이용하실 수 있습니다.(CIP제어번호:CIP2017012941)